本书为中央高校基本科研业务费项目人文社科专项（立项编号：X20220242）研究成果

重大法学文库

海洋法公约视角下
公海保护区建设困境与对策

胡 斌 ◎ 著

中国社会科学出版社

图书在版编目(CIP)数据

海洋法公约视角下公海保护区建设困境与对策 / 胡斌著 . —北京：中国社会科学出版社，2022.9

（重大法学文库）

ISBN 978-7-5227-0438-8

Ⅰ.①海… Ⅱ.①胡… Ⅲ.①国际海域—海洋法—研究 Ⅳ.①D993.5

中国版本图书馆 CIP 数据核字（2022）第 117877 号

出 版 人	赵剑英
责任编辑	梁剑琴
责任校对	夏慧萍
责任印制	郝美娜

出　　版	中国社会科学出版社
社　　址	北京鼓楼西大街甲 158 号
邮　　编	100720
网　　址	http：//www.csspw.cn
发 行 部	010-84083685
门 市 部	010-84029450
经　　销	新华书店及其他书店

印刷装订	北京市十月印刷有限公司
版　　次	2022 年 9 月第 1 版
印　　次	2022 年 9 月第 1 次印刷

开　　本	710×1000　1/16
印　　张	17.75
插　　页	2
字　　数	298 千字
定　　价	108.00 元

凡购买中国社会科学出版社图书，如有质量问题请与本社营销中心联系调换

电话：010-84083683

版权所有　侵权必究

《重大法学文库》编委会

顾　问：陈德敏　陈忠林
主　任：黄锡生
副主任：靳文辉
成　员：陈伯礼　陈　锐　胡光志　黄锡生
　　　　靳文辉　刘西蓉　李晓秋　秦　鹏
　　　　王本存　吴如巧　宋宗宇　曾文革
　　　　张　舫　张晓蓓

出版寄语

《重大法学文库》是在重庆大学法学院恢复成立十周年之际隆重面世的，首批于2012年6月推出了10部著作，约请重庆大学出版社编辑发行。2015年6月在追思纪念重庆大学法学院创建七十年时推出了第二批12部著作，约请法律出版社编辑发行。本次为第三批，推出了20本著作，约请中国社会科学出版社编辑发行。作为改革开放以来重庆大学法学教学及学科建设的亲历者，我应邀结合本丛书一、二批的作序感言，在此寄语表达对第三批丛书出版的祝贺和期许之意。

随着本套丛书的逐本翻开，蕴于文字中的法学研究思想花蕾徐徐展现在我们面前。它是近年来重庆大学法学学者治学的心血与奉献的累累成果之一。或许学界的评价会智者见智，但对我们而言，仍是辛勤劳作、潜心探求的学术结晶，依然值得珍视。

掩卷回眸，再次审视重大法学学科发展与水平提升的历程，油然而生的依然是"映日荷花别样红"的浓浓感怀。

1945年抗日战争刚胜利之际，当时的国立重庆大学即成立了法学院。新中国成立之后的1952年院系调整期间，重庆大学法学院教师服从调配，成为创建西南政法学院的骨干师资力量。其后的40余年时间内，重庆大学法学专业和师资几乎为空白。

在1976年结束"文化大革命"并经过拨乱反正，国家进入了以经济建设为中心的改革开放新时期，我校于1983年在经济管理学科中首先开设了"经济法"课程，这成为我校法学学科的新发端。

1995年，经学校筹备申请并获得教育部批准，重庆大学正式开设了经济法学本科专业并开始招生；1998年教育部新颁布的专业目录将多个部门法学专业统一为"法学"本科专业名称至今。

1999年我校即申报"环境与资源保护法学"硕士点，并于2001年获准设立并招生，这是我校历史上第一个可以培养硕士的法学学科。

值得特别强调的是，在校领导班子正确决策和法学界同人大力支持下，经过校内法学专业教师们近三年的筹备，重庆大学于2002年6月16日恢复成立了法学院，并提出了立足校情求实开拓的近中期办院目标和发展规划。这为重庆大学法学学科奠定了坚实根基和发展土壤，具有我校法学学科建设的里程碑意义。

2005年，我校适应国家经济社会发展与生态文明建设的需求，积极申报"环境与资源保护法学"博士学位授权点，成功获得国务院学位委员会批准。为此成就了如下第一：西部十二个省区市中当批次唯一申报成功的法学博士点；西部十二个省区市中第一个环境资源法博士学科；重庆大学博士学科中首次有了法学门类。

正是有以上的学术积淀和基础，随着重庆大学"985工程"建设的推进，2010年我校获准设立法学一级学科博士点，除已设立的环境与资源保护法学二级学科外，随即逐步开始在法学理论、宪法与行政法学、刑法学、民商法学、经济法学、国际法学、刑事诉讼法学、知识产权法学、法律史学等二级学科领域持续培养博士研究生。

抚今追昔，近二十年来，重庆大学法学学者心无旁骛地潜心教书育人，脚踏实地地钻研探索、团结互助、艰辛创业的桩桩场景和教学科研的累累硕果，仍然历历在目。它正孕育形成重大法学人的治学精神与求学风气，鼓舞和感召着一代又一代莘莘学子坚定地向前跋涉，去创造更多的闪光业绩。

眺望未来，重庆大学法学学者正在中国全面推进依法治国的时代使命召唤下，投身其中，锐意改革，持续创新，用智慧和汗水谱写努力创建一流法学学科、一流法学院的辉煌乐章，为培养高素质法律法学人才，建设社会主义法治国家继续踏实奋斗和奉献。

随着岁月流逝，本套丛书的幽幽书香会逐渐淡去，但是它承载的重庆大学法学学者的思想结晶会持续发光、完善和拓展开去，化作中国法学前进路上又一轮坚固的铺路石。

陈德敏

2017年4月

前　言

占地球面积3/4的海洋是世界上最大的生态系统，孕育着丰富多样的生命，构成了地球生物多样性的重要组成部分。在广袤的海洋当中，公海等国家管辖范围以外区域（ABNJ）的面积占到了全球海洋总面积的64%，占全球总量90%以上的海洋生物也多生存于此，公海也因此被视为全球海洋生物多样性的宝库。随着人类活动不断向深蓝迈进，公海生态环境的承载能力日益受到挑战。对此，国际社会一致认为，有必要引入海洋保护区这一在沿海国管辖海域内行之有年的海洋空间管理工具，来维护公海生物资源和生物多样性的可持续发展。

2002年，在世界可持续发展峰会上，国际社会一致承诺，到2012年，为保护海洋生物多样性和关键海洋生态系统，将建立起一个具有代表性的全球海洋保护区网络。多数沿海国对此积极响应，纷纷在各自管辖海域设立各种形式的海洋保护区。与此同时，在地中海、东北大西洋、南极南大洋等海域，出于共同的养护需求，部分国家开始在区域合作基础上展开公海保护区域实践。然而，由于缺乏普遍性国际公约的支持，这种建立在区域公约基础上的公海保护区很难获得普遍遵守。对于非缔约国而言，它们并无遵守此类公海保护区规定的国际法义务。公海保护区对公海活动的普遍性规制要求与公海自由之间的矛盾也由此产生。

公海保护区与公海自由原则之间的冲突进一步表现为公海保护区与公海船旗国专属管辖原则之间的矛盾。公海船旗国专属管辖不仅表现在公海船舶立法管辖的专属性上，同时还表现为船旗国对本国船舶执法和司法管辖方面的专属性。这种专属管辖对公海保护区养护和管理措施的执行构成了重大挑战。当船旗国没有加入相应的公海保护区机制，或者加入了但不愿意或没有能力有效监督本国船舶遵守公海保护区养护和管理措施时，公海保护区很有可能沦为所谓的"纸面上的保护区"，这无疑也是未来全面建设公海保护区必须认真思考的问题之一。

公海保护区建设面临的另一大挑战是公海治理机制重叠问题。公海虽属"全球公域"，但却并非"法律真空"。为维护这一片全人类共享公域的秩序，国际社会早已制定诸如《联合国海洋法公约》（以下简称《海洋法公约》）、《防止船舶污染海洋国际公约》（MAPOL73/78）等综合性或专门性国际公约来对各种公海活动进行调整。伴随着海洋公约和条约发展而来的是大量拥有特定海洋管理职权的国际条约机制和国际组织的出现，这些组织和机制既包括一些拥有特定职权的专门性国际组织，也包括一些由区域国家集团建立的区域性海洋环境保护或生物资源养护组织，如建立在各大海域的海洋环境保护组织和区域渔业组织/安排（RFMO/As）。这些全球和区域性、部门性和综合性条约与国际组织共同构成了一幅复杂的公海管理国际机制图景。这些国际机制的存在，也因此给公海保护区建设带来了另外一个重要课题，那就是如何在公海保护区建设过程中维持不同国际机制之间的良性互动。

当前，以公海生物多样性养护为目的的公海保护区建设已成为构建国际海洋新秩序的重要领域之一。2004年，联合国框架下正式确立了ABNJ海洋生物多样性养护与可持续利用的全球立法议程。依据联合国大会第59/24号决议，联合国决定设立不限成员名额非正式特设工作组，研究与ABNJ海洋生物多样性的养护与可持续利用有关的问题。此后，非正式特设工作组开始就ABNJ海洋生物多样性的科学、技术、经济、法律、环境、社会经济和其他方面展开相关背景研究，为正式国际协商进行立法准备。2015年6月19日，联合国大会第69/292号决议正式决定，在《海洋法公约》框架下达成一份关于ABNJ海洋生物多样性养护与可持续利用的实施协定（"ABNJ实施协定"）。2017年12月24日，在联合国大会第72/249号决议基础上，关于ABNJ海洋生物多样性养护与可持续利用实施协定的立法协商正式开始。截至2022年，国际社会已经就此举行了四届政府间协商会议，审议相关案文。中国作为远洋渔业大国、海运大国，以及重要的国际海底区域资源开发参与国，对包括公海保护区在内的一系列海洋事务拥有广泛的利益。中国如何看待公海保护区议题？在公海保护区建设业已获得国际社会广泛共识的情况下，中国应以何种立场参与全球公海保护区建设和立法工作？在建设海洋强国战略背景下，如何参与和推动公海保护区建设？回答上述问题无疑是中国经略海洋战略新边疆的重要课题。

针对上述问题，本书将在系统梳理公海保护区议题产生和发展历史的基础上，阐明公海保护区建设的国际法基础；进而结合现有典型公海保护区建设实践，分别就公海保护区建设与公海自由原则的冲突、公海保护区建设与公海船旗国专属管辖原则之间的矛盾，以及公海保护区建设过程中与现有国际机制之间存在的各种现实和潜在机制互动与冲突——予以分析和研究，并分别提出解决对策和建议。最后，落脚于中国参与公海保护区这一命题，就中国是否应该参与公海保护区建设，如何参与全球公海保护区建设提出法律和政策意见。

目 录

第一章 公海保护区建设缘起及其国际法基础 (1)
第一节 海洋保护区发展历史 (1)
一 海洋保护区雏形 (1)
二 当代海洋保护区的发展 (3)
第二节 海洋保护区的概念与类型 (5)
一 海洋保护区基本概念释明 (6)
二 海洋保护区的类型 (11)
三 海洋保护区建设的理论基础 (15)
第三节 海洋保护区在公海的应用 (26)
一 公海生物多样性衰退与公海保护区倡议的提出 (26)
二 公海保护区的特殊性 (32)
第四节 海洋保护区应用于公海的国际法基础 (36)
一 《海洋法公约》及其实施协定 (36)
二 《生物多样性公约》及其议定书 (41)
三 区域和部门性海洋环境公约与公海保护区建设 (44)

第二章 公海保护区建设区域实践 (45)
第一节 地中海派拉格斯海洋保护区 (45)
一 地中海派拉格斯海洋保护区的产生与发展 (45)
二 派拉格斯海洋保护区设立的区域法律框架 (48)
三 派拉格斯海洋保护区空间范围 (53)
四 派拉格斯海洋保护区的主要养护与管理措施 (54)
五 派拉格斯海洋保护区的运行机制与管辖安排 (55)

第二节　OSPAR 公海保护区 ································· (56)
　　一　OSPAR 公海保护区的产生与发展 ····················· (56)
　　二　OSPAR 公海保护区建立的区域法律基础 ··············· (57)
　　三　OSPAR 公海保护区的空间范围 ······················· (58)
　　四　OSPAR 公海保护区的主要保护与管理措施 ············· (58)
　　五　OSPAR 公海保护区运行机制与管辖安排 ··············· (60)

第三节　南极海洋保护区 ····································· (62)
　　一　南极海洋保护区产生与发展 ··························· (62)
　　二　南大洋公海保护区构建的区域法律基础 ················· (66)
　　三　南奥克尼群岛南大陆架海洋保护区 ····················· (70)
　　四　罗斯海公海保护区 ··································· (73)

第四节　公海保护区建设区域实践的不足与全球立法
　　　　　倡议的提出 ··· (76)
　　一　区域公海保护区建设面临的挑战与局限 ················· (77)
　　二　公海保护区全球立法倡议的提出及其立法进展 ··········· (80)

第三章　公海自由原则对公海保护区建设的挑战 ················· (83)

第一节　公海自由原则的产生与变迁 ··························· (83)
　　一　陆地空间秩序时代的海洋自由 ························· (83)
　　二　权力本位时代的海洋自由 ····························· (85)
　　三　权利本位的海洋自由 ································· (88)

第二节　公海自由原则对公海保护区建设之挑战 ················· (93)
　　一　公海自由对公海保护区建设挑战的具体表现 ············· (93)
　　二　公海自由对公海保护区建设构成挑战之根源 ············· (100)

第三节　公海自由之于公海保护区建设挑战的应对 ··············· (106)
　　一　基于科学方法原则选定和管理公海保护区 ··············· (106)
　　二　合理构建公海保护区管理模式 ························· (108)
　　三　合理分配公海保护区养护成果 ························· (110)

第四章　船旗国专属管辖对公海保护区建设的挑战及其应对 ········ (112)

第一节　公海船旗国专属管辖基本内涵 ························· (112)
　　一　作为公海自由原则表现的船旗国专属管辖 ··············· (112)
　　二　自成一类的公海船旗国专属管辖 ······················· (116)
　　三　呈现出权利与责任双重维度的船旗国专属管辖 ··········· (118)

第二节 船旗国专属管辖对公海保护区有效性的挑战 (121)
  一 方便旗船问题阻碍公海保护区措施的实施 (121)
  二 船旗国专属立法管辖阻碍公海保护区措施的普遍适用 (123)
  三 公海船旗国专属执法管辖阻碍公海保护区措施的落实 (126)

第三节 船旗国专属管辖挑战之应对 (131)
  一 引入港口国控制完善公海保护区执法 (131)
  二 建立公海保护区非船旗国执行管辖制度 (135)
  三 审慎利用贸易措施强化公海保护区管理措施的遵守 (140)

第五章 公海保护区建设中的国际机制重叠及其消解 (150)
第一节 国际机制与国际机制重叠 (150)
  一 国际机制 (150)
  二 国际机制互动 (154)
  三 国际机制重叠 (161)

第二节 公海保护区建设中面临的潜在国际机制重叠 (172)
  一 公海生物多样性养护的复杂国际机制背景 (172)
  二 公海保护区与IMO海运管理机制的潜在重叠 (175)
  三 公海保护区与"区域"机制的潜在重叠 (181)
  四 公海保护区与区域渔业管理机制的潜在重叠 (191)
  五 区域海洋环境保护机制与公海保护区建设的潜在重叠及其影响 (196)

第三节 国际机制协调视域下的公海保护区建设 (201)
  一 现有公海保护区建设中关于机制协调的实践 (201)
  二 机制协调视域下公海保护区全球立法的基本要求 (211)
  三 机制协调视域下公海保护区建设全球立法路径选择 (216)

第六章 公海保护区建设的中国参与 (222)
第一节 参与公海保护区建设的意义 (222)
  一 维护和拓展我国海洋权益的必然选择 (223)
  二 深度参与全球海洋治理的战略机遇 (227)
  三 中国"战略新疆域"经略的重要切入点 (229)

第二节 "海洋命运共同体"是中国参与公海保护区建设的理念指引 (232)
  一 "海洋命运共同体"提出的时代背景与基本意涵 (232)

二 "海洋命运共同体"之于公海保护区建设的价值指引……（242）
第三节　中国参与公海保护区建设的具体方略……………（247）
　　一 推进公海保护区全球立法进程…………………………（247）
　　二 参与公海治理区域机制提升公海保护区建设
　　　 全球话语权………………………………………………（252）

参考文献……………………………………………………………（257）

第一章

公海保护区建设缘起及其国际法基础

第一节 海洋保护区发展历史

尽管公海保护区晚近才成为政策制定和学术研究领域炙手可热的话题，但海洋保护区并非全然的新生事物。实际上，海洋保护区已经以各种形式存在了数千年，① 只不过直到 20 世纪六七十年代才逐渐成为一个海洋政策制定和科学研究的专门概念。

一 海洋保护区雏形

在人类漫长的海洋资源开发利用历史中，人类早已用在地的方式对生物资源进行管理和养护，② 古代的"禁渔区""禁猎区"可以说就是海洋保护区的雏形。③ 中国古代所谓的"数罟不入洿池，鱼鳖不可胜食也"正是体现了这种可持续利用和空间管理的思想。④ 20 世纪初，一些国家也开始运用海洋保护区来实现特定海洋管理目标，如 1913 年美国

---

① 刘洪滨、刘康编著：《海洋保护区——概念与应用》，海洋出版社 2007 年版，第 96 页。

② Grafton R. Q., T. Kompas, V. Schneider, "The Bioeconomics of Marine Reserves: a Selected Review with Policy Implications", *Journal of Bioeconomics*, Vol. 7, 2005, pp. 161-178.

③ Robert E. Johannes, "Traditional Marine Conservation Methods in Oceania and Their Demise", *Annual Review of Ecology and Systematics*, Vol. 9, 1978, pp. 349-364.

④ 邢望：《公海保护区法律概念界定》，《武大国际法评论》2019 年第 2 期。

在加利福尼亚州建立的海洋公园，以及1935年在佛罗里达州建立的杰斐逊国家纪念地（Fort Jefferson Reserve）。[1] 杰斐逊保护区的建立标志着在地养护这种空间管理手段正式从陆地延伸到海洋。[2] 此后，海洋保护区这种海洋空间管理工具逐渐在各国推行，以实现特定的海洋管理目标。[3]

在国际层面，通过国际合作在更广泛海洋区域内采取空间管理的做法也逐渐开始出现。例如，为保护濒临灭绝的北太平洋海豹，1911年，美、日、俄、英（代表加拿大）四国代表签订了《北太平洋海豹捕猎公约》。根据公约规定，成员国国民不得在北纬13°以北的太平洋，包括白令海、堪察加、鄂霍次克海和日本海捕猎海豹。[4] 该公约可以说是第一个将海洋空间管理工具用于区域海洋环境保护的国际公约。此后，针对单一物种及其栖息地保护的区域性公约陆续出现。如1933年非洲国家签订的《关于保护自然状态下的动植物公约》、1936年美墨之间关于候鸟、哺乳动物及其栖息地保护的双边协定、[5] 1948年针对鲸鱼设定鲸鱼庇护区制度的《国际捕鲸管制公约》等。

然而，总体而言，20世纪中叶以前，海洋保护区等划区管理工具在国际层面并未得到广泛运用。而且，与当时各国内实践类似，这些早期的零星实践虽有空间管理之名，但其关注的同样只是特定海洋物种，尤其是经济类海洋物种的保护，管理措施针对的也只是特定的海洋物种捕捞活动。因此，这些所谓的海洋保护区与针对单一环境威胁的传统管理方式并无二致。[6] 本质上，它们只是在特定海域实行传统的环境管制措施，而并非通过空间"隔离"来实现海洋管理。这些海洋保护区并不关注区域内

---

[1] Matthew T. Craig & Daniel J. Pondella, "A Survey of the Fishes of the Cabrillo National Monument", *California Fish and Game*, Vol. 92, 2006, pp. 172-183.

[2] Natalie Bown, etc., *Contested Forms of Governance in Marine Protected Areas: A Study of Co-manamgnement and Adaptive Co-management*, Oxon: Routledge, 2013, p. 157.

[3] 胡斌：《论海洋生态红线制度对我国海洋生态安全保障法律制度的发展》，《中国海商法研究》2019年第2期。

[4] Article 1 of the North Pacific Sealing Convention of 1911.

[5] Mexico Convention for the Protection of Migratory Birds and Game Mammals.

[6] Joachim Claudet, *Marine Protected Areas—A Multidisciplinary Approach*, Cambridge: Cambridge University press, 2011, p. 11.

海洋环境特点,也没有从生态系统整体视角出发对目标物种进行特殊管理。生态系统方法、预防原则等现代环境保护原则也无从谈起。此外,这些所谓的海洋保护区,虽然在一定程度上也保护到了海洋环境和生态系统,但其本质上关注的是这种保护背后的经济利益,即通过养护特定物种以实现最大可持续产量。① 但无论如何,这种海洋空间管理实践仍为人类探索新的环境保护方法奠定了有益的实践基础。

二 当代海洋保护区的发展

20世纪50年代到60年代初,伴随着人类开发利用海洋能力的不断提升,人类涉海活动的广度和深度也在不断增加,海洋环境和生态所面临的压力也开始不断加深,人类社会迫切需要创新海洋环境与资源管理方式来加以应对。② 在探索海洋环境与生态保护过程中,英国生物学家亚瑟·坦司雷(Arthur Tansley)提出的生态系统概念开始被越来越多的人重视。生态系统理论认为,整个世界构成了一个整体的系统,这一系统不仅包括有机体,同时也包括有机体所处的自然环境。③ 在这个系统当中,生物之间,以及生物与环境之间彼此密切联系,并动态发展,任何一个环节的扰动都可能造成整个生态系统的崩解,进而造成生物和环境退化。生态系统概念的提出,使得人类开始从整体视角出发思考环境保护与生物资源养护等问题。在此背景下,在地保护(In-Situ Conservation)、空间管理等概念也开始正式引入环境保护和生物资源养护领域,有关海洋保护区的讨论在国际环境保护领域开始增多。

1962年召开的世界国家公园大会(WCNP)首次提出了国家(海洋)公园这一概念,并详细探讨了国家公园的价值、目标、原则、管理方法等一系列内容,并鼓励在全球范围内推广国家公园建设。会议提出的代表性生态系统的概念及其认定标准,为此后联合国国家公园和同类保护区

---

① 邢旺旺:《从海洋保护区到公海保护区之法律概念的争辩》,载《中国海洋法年刊》,知识产权出版社2018年版,第57页。

② IUCN, "Guidelines for Establishing Marine Protected Areas", 14 November 2008, https://www.iucn.org/content/guidelines-establishing-marine-protected-areas.

③ Eugene Pleasants Odum, *Ecology and Our Endangered Life-Support Systems*, Sunderland: Sinauer Associates published, 1989, p.141.

名册("联合国保护区名册")的设立奠定了基础。① 在 WCNP 致力于推动国家公园建设的同时,一些国际环境保护文件也开始间接或直接提及海洋保护区这一概念。1972 年《斯德哥尔摩人类环境宣言》原则二和原则四当中就分别提到,"地球上的自然资源……特别是自然生态中具有代表性的标本,必须通过周密计划或适当管理加以保护……""人类负有特殊的责任保护和妥善管理由于各种不利因素而受到严重危害的野生生物及其栖息地……"

1975 年,国际自然保护联盟(IUCN)海洋保护区会议在东京召开。会议呼吁各国积极应对海洋环境和资源所面临的巨大压力,并特别强调应建立起一个具有代表性的,并得到有效监测的海洋保护区系统来加以应对。此后,IUCN 一直致力于发布各种《自然保护区建设指南》,以推动全球范围内海洋保护区的建设。②

IUCN 倡导的以生态系统为基础的(Ecosystem-based)、多目标的综合型海洋保护区得到了国际和国内社会的积极响应。1992 年联合国约翰内斯堡环境与发展大会行动计划——《21 世纪议程》中,各国承诺单独,或通过双边、区域全球范围内的合作来解决海洋生物资源养护与可持续利用问题,通过建立海洋保护区保护生物多样性和生产力水平高的海洋生态系统,如珊瑚礁生态系统、河口、温带和热带沼泽地和红树林、海草床、其他鱼类产暖和育幼地等。③

值得注意的是,在 IUCN 所倡导的这种以生物资源或生物多样性长期养护为目标的海洋保护区以外,在这一时期还出现了大量以单一物种/部门活动为养护/管理对象的海洋保护区。其中比较典型的有国际海事组织(IMO)为避免船舶航行对一些生态敏感或脆弱海域产生不利影响而设立的特别海域和特别敏感海域,以及国际海底管理局(ISA)为防止国际海底区域("区域")活动影响海洋生态环境而建立的特别环境利益区和环境影响参照区等。在区域层面,大量 RFMO/As 和区域海洋环境保护组织得以建立并在各自职权领域运用海洋保护区等划区管理工具来分别实现渔

---

① Alexander B. Adams, "First world conference on national parks", June 30-July 7, 1962, https://www.nps.gov/parkhistory/online_books/nps/first_world.pdf.

② 邢旺旺:《从海洋保护区到公海保护区之法律概念的争辩》,载《中国海洋法年刊》,知识产权出版社 2018 年版,第 59 页。

③ 《21 世纪议程》第 17.86 段。

业资源可持续捕捞和海洋环境保护。

1992年的《生物多样性公约》（CBD）首开先河，第一次在全球性公约当中界定了"保护区"这一概念。CBD第2条关于保护区的定义——"一个划定地理界限，为达到特定保护目标而指定或实行管制和管理的地区"，也成为海洋保护区概念形成的基础。

在国内层面，随着海洋保护区这种空间管理方式逐渐为人们所认可，越来越多的沿海国也开始运用海洋保护区来保护和养护沿海海洋环境与生态系统。据统计，1970年有27个国家设立了118个海洋保护区；十年后，这一数量分别增加到69个国家和430个海洋保护区；截至2019年，全球海洋保护区的数量更是达到了14880个之多，占全球海洋面积的7.6%。[①]

第二节 海洋保护区的概念与类型

尽管海洋保护区有着悠久的历史，但关于海洋保护区至今不存在一个统一的定义，甚至也不存在一个统一的称谓。基于在管理方式和目标等方面的认知上的不同，仅仅是海洋保护区的命名就呈现出五花八门的状态。如"海洋自然保护区""海洋特别保护区""海洋公园""海洋保留区""封闭区""海洋禁渔区""海洋庇护区"……从语言学角度来看，不同称谓的背后代表着含义上的差异。例如上述不同称谓背后可能代表着不同的空间管理方式和目标。如今，尽管多数政策制定者和学术研究者纷纷用海洋保护区这一名词来介绍和分析各种海洋空间管理，但不同人口中的海洋保护区是否指代的是一个事物并不确定。以至于人们不禁怀疑，在这样一个宽泛的术语之下，有关海洋保护区的各种讨论是否是在讨论同一事物。例如一些人所称的海洋保护区可能指的是一种以生态系统为对象的整体养护；而在另一些人的理解中，海洋保护区可能只是意味着一个海洋综合利用区。有关公海保护区的讨论同样面临上述问题。近年来，随着ABNJ生物多样性养护与可持续利用的国际立法协商的深入，越来越多的人开始讨

[①] IUCN, "World Database on Protected Areas", June 2018, https://www.iucn.org/theme/protected-areas/our-work/world-database-protected-areas.

论公海保护区议题,但他们是否在讨论同一对象不得而知。有鉴于此,在深入讨论公海保护区建设过程面临的主要挑战之前,本书将首先对此概念的内涵和外延予以释明,以为后续的讨论奠定概念基础。

一 海洋保护区基本概念释明

考察海洋保护区的产生与发展历史可以看出,这一概念本身的内涵和外延实际上是随着海洋保护区实践而不断演化和发展的。因此,要准确把握其含义,有必要对这一概念进行追根溯源,对不同文件、不同场域下有关公海保护区的概念进行逐一辨析。

1987年,第四届世界荒野大会(World Wilderness Conference)提出,所谓海洋保护区是指致力于保护和维持海洋生物多样性,以及自然和相关文化资源,通过法律或其他有效方式加以管理的陆地和/或海洋区域。[1]该定义为IUCN所接受,在1988年召开IUCN第十七次大会上,IUCN提出了关于保护区和海洋保护区的早期定义。其中,保护区是指任何致力于保护和维持生物多样性,以及自然和相关文化资源,并通过立法或其他有效方式加以管理的区域。海洋保护区则是指任何通过法律程序或其他有效方式建立的,对其中部分或全部环境进行封闭保护的潮间带或潮下带陆架区域,包括其上覆水域和相关的动植物群落、历史和文化特征。[2]由于这两个概念在内涵上大相径庭,为避免这种不协调,2008年,IUCN对保护区和海洋保护区重新进行了定义。按照其重新界定的概念,保护区是指"一个明确界定的海洋地理空间,通过立法或其他有效方式认可、设立和管理,从而实现对自然及其生态系统服务和文化价值的长期养护"[3]。按照这一定义,海洋保护区有两个核心的特征:第一,海洋保护区的养护对象为自然及其生态系统服务和文化价值;第二,其目标是实现对前述对象的长期养护。因此,那些临时设立的禁渔区或限捕区,如果它们设立的主要目标仅仅在于维持一定捕捞量,而没有更广泛的养护目标的

---

[1] Kelleher, G., etc., "Guidelines for Establishing Marine Protected Areas", 1992, https://portals.iucn.org/library/sites/library/files/documents/MRN-001.pdf.

[2] Lee Thomas, etc., "Guidelines for Protected Areas Management Categories", 1994, https://www.iucn.org/content/guidelines-applying-protected-area-management-categories-0.

[3] Nigel Dudley, "Guidelines for Applying Protected Area Management Categories", 2008, http://www.parki.mop.gov.si/tnp/iucncategories.pdf.

话，就不能被视为 IUCN 所界定的海洋保护区。

联合国粮农组织（FAO）对海洋保护区的界定与 IUCN 给出的定义有所不同，在一份有关渔业管理的不具正式法律约束力的行为指南当中，FAO 在考察了所有与渔业有关的空间管理和封闭管理措施基础上，给出了一个极为宽泛的海洋保护区的定义。① 按照其定义，所谓海洋保护区是指基于生物多样性养护或渔业管理之目的，采取较其周边海域更高保护水平的特定海洋地理区域。② 与前述 IUCN 的定义相比，FAO 的定义中并未强调长期养护这一要求。相反，这一概念实际上可以指涉所有空间管理措施。指南自身也承认，在这一关于海洋保护区的宽泛界定下，小到一个村庄范围内的渔业管理区，大到沿海国的专属经济区都可视为海洋保护区。③

在公约第 2 条关于保护区的定义基础上，CBD 下设的海洋与海岸保护区特设技术小组（The Ad Hoc Technical Expert Group on Marine and Coastal Protected Areas）出具的一份报告中，CBD 又进一步定义了海洋保护区：

> 任何位于或毗邻海洋环境的特定区域，包括其上覆水体和相关动植物、历史文化景观，这些要素将由立法或包括习惯在内的其他有效方式加以养护（reserved），以确保对海洋和/或海岸生物多样性提供较其周边海域更高水平的保护。

CBD 的定义与 IUCN 大体一致，但其定义一定程度上扩大了保护区适用的地理范围，同时明确将海洋生物多样性养护作为其根本目标。根据其定义，海洋保护区不仅包括海洋水体之上设立的保护区，还包括海岸带，甚至向海一面的陆域区域所设立的保护区均可视为海洋保护区。

海洋生态环境治理素有全球和区域两条路径齐头并进的传统。从 20

---

① FAO, "FAO Technical Guidelines for Responsible Fisheries", 2011, http://www.fao.org/3/i2708e/i2708e00.pdf.

② FAO, "FAO Technical Guidelines for Responsible Fisheries", 2011, http://www.fao.org/3/i2708e/i2708e00.pdf.

③ FAO, "FAO Technical Guidelines for Responsible Fisheries", 2011, http://www.fao.org/3/i2708e/i2708e00.pdf.

世纪 90 年代开始，联合国环境规划署（UNEP）推动下的区域海洋计划、区域海洋环境组织，以及部分 RFMO/As 都纷纷开始了海洋保护区实践。因此，海洋保护区这一概念也出现在这些区域机制的相关法律文件当中。然而，尽管很多文件当中均出现了这一概念，但对这一概念予以清晰界定的文件并不多。多数文件从保护区具体保护对象出发对海洋保护区进行了描述，如《东非野生动植物保护区的议定书》第 8 条规定，必要时，缔约方应在其管辖范围内建立保护区以保护东非区域内资源。此类保护区建立的目标在于保护关系到东非区域生态功能正常运行的关键生态和生物进程，以及东非代表性生态系统，因此保护区应最大限度保护生物种群数量，以及那些具有重要科学、美学、文化或教育意义的区域。《南极环境保护议定书》第 3 条也是通过这种目标导向的形式定义了海洋保护区。议定书第 2 条只是简单提到，"各缔约国承诺全面保护南极环境及依附于它的、与其相关的生态系统，特兹将南极指定为自然保护区，仅用于和平与科学"①。1995 年《关于地中海特别保护区和生物多样性的议定书》同样并未直接定义其特别保护区，而是在议定书第 4 条规定，特别保护区主要用来保护具有代表性的海岸和海洋生态系统，以及濒危和关键物种的栖息地。

在众多区域国际文书和机制框架当中，只有东北大西洋海洋环境保护委员会（OSPAR 委员会）与亚丁湾和红海环境养护区域组织（PERSGA）两个组织框架给出了相对综合的海洋保护区定义。PERSGA 关于海洋保护区的定义受到 CBD 的影响较大，在其 2005 年制定的《红海和亚丁湾保建立保护区网络和生物多样性养护相关议定书》第 2 条中，海洋保护区被定义为"任何地理上界定的海岸和海洋区域，通过规制和管理来实现特定养护目标"②。而 OSPAR 在其第 2003/3 号关于海洋保护区网络的建议案中，将海洋保护区定义为"海洋当中的一个区域，对该区域采取与国际法相一致的保护、养护、恢复或预防措施，以此保护和养护海洋环境当中的物种、栖息地、生态系统或生态进程"。

---

① 万霞编：《国际环境法资料选编》，中国政法大学出版社 2011 年版，第 519 页。

② IUCN, "The Protocol Concerning the Conservation of the Biodiversity and the Establishment of a Network of Protected Areas in the Red Sea and Gulf of Aden", 12 December 2005, https://www.ecolex.org/details/treaty/protocol-concerning-the-conservation-of-biological-diversity-and-the-establishment-of-network-of-protected-areas-in-the-red-sea-and-gulf-of-aden-tre-147472/.

在国内立法中，各国关于海洋保护区的理解与界定更加多样化。不同国家可能使用不同称谓来指称海洋保护区这种空间管理措施，并在特定海洋空间内采用相同或不同的养护和管理政策与措施。在美国、新西兰、加拿大等国家海洋立法和政策当中，海洋保护区被视为保护区中的特殊类型。[1] 例如按照美国国内法，所谓海洋保护区被认为是根据联邦和州的法律规定，对本国管辖海域内部分或全部海洋自然与文化资源予以持续保护。[2] 而一些国家，如南非和秘鲁则直接适用保护区这一上位概念，而没有在国内法中对海洋保护区进行单独定义。[3] 法国甚至都没有关于保护区的定义。[4] 澳大利亚等国直接使用了IUCN的定义。在中国，海洋保护区主要分为"海洋自然保护区""海洋特别保护区""海洋公园"三类。其中，海洋自然保护区是指"以海洋自然环境和资源保护为目的，依法把包括保护对象在内的一定面积的海岸、河口、岛屿、湿地或海域划分出来，进行特殊保护和管理的区域"[5]。海洋特别保护区是指"具有特殊地理条件、生态系统、生物与非生物资源及海洋开发利用特殊要求，需要采取有效的保护措施和科学的开发方式进行特殊管理的区域"[6]。与前述国际文书和其他国家国内法的定义相比，中国国内法中的特别保护区在目标设定上强调养护与利用并重。

不同国家的海洋保护区在规模上也存在差异。有些国家的海洋保护区可能只是一个村庄规模的社区管理区域，也有些国家所界定保护区是那种大型的、跨区域的海洋保护区或大型保护区网络。相同或不同称谓的海洋保护区背后所采取的保护或养护规则也可能大相径庭。例如，在部分国家，保留区属于禁止捕鱼区，而在另外一些国家，保留区并不禁止非破坏

---

[1] Marine Protected Areas, Executive Order No. 13158, 3 Federal Register 34909 (2000) s2; See also Canada Ocean Act, S. C. 1996, c. 31, s35.

[2] the Coastal Zone Management Act of 1972 (C2MA), 16u. s. c. ch. 33 § 1451 et seq.

[3] The National Forests Act of South Africa, 1998 (Act No. 84 of 1998); and The Mountain Catchment Areas Act, 1970 (Act No. 63 of 1970).

[4] Armelle Guignier, etc., "The Legal Framework of Protected Areas: France", 2010, https://www.iucn.org/downloads/france_en.pdf.

[5] 《海洋自然保护区管理办法》第2条。

[6] 《海洋特别保护区管理办法》第2条。

性的捕鱼活动。[1]

总体而言，从上述不同层面、不同国家关于海洋保护区概念的界定情况可以看出，当前对于海洋保护区在具体称谓、概念界定和理解上的确存在着广泛的差异，但基本理念仍是共通的。首先，海洋保护区是一种空间管理工具。与传统保护或养护方式相比，其管理对象是特定海洋空间，即通过对特定海洋空间内生态系统的整体管理来实现既定养护目标。其次，海洋保护区必须有明确的边界。这种边界可能是由物理特征所决定，如河口、闭海或半闭海等拥有自然边界的区域，或者海水低潮线；在不存在这种物理地貌特征时，随着现代卫星技术的发展，也可以用经纬度来确定边界；其他情况下，则由管理行动来决定，如约定的禁捕区。[2] 最后，海洋保护区是通过法律或其他有效方式建立起来的。这意味着海洋保护区必须是公开的，并且通过国际公约、协定、国内法或习惯等其他有效方式加以确认并管理的区域，其背后隐含的是对海洋保护区管理和执行方面的有效性要求。IUCN保护区世界委员会（IUCN-WCPA）还特别强调了海洋保护区设计和管理当中所具有两个要素：其一，任何海洋保护区或保护区网络都应该是一个长期的养护承诺，无论它属于海域生态系统健康已经受影响的海域，还是脆弱、敏感海域。其二，虽然强调其长期性，但同时也应该注意到，海洋保护区或保护区网络同时也应该是一种灵活的、适应性的管理手段。换言之，设立者应定期对其进行评估，并适时调整养护和管理措施。[3]

综合不同文件、不同机构、不同国家出于不同功能定位对海洋保护区的各种定义，可以认为，海洋保护区存在广义和狭义两种。狭义上的海洋保护区以IUCN所提定义为代表，是指一个通过法律或其他有效方式认可并加以管理的，为实现对自然及其附属生态系统服务和文化价值长期养护而清楚界定的海洋地理空间。基于保护水平和主要保护目标上的不同，这种海洋保护区也常常被冠以不同的名称，如保留区、海洋公园、海洋生境

---

[1] FAO, "FAO Technical Guidelines for Responsible Fisheries", 2011, http：//www.fao.org/3/i2708e/i2708e00.pdf.

[2] Nigel Dudley, "Guidelines for Applying Protected Area Management Categories", 2008, https：//portals.iucn.org/library/sites/library/files/documents/PAG-021.pdf.

[3] Nigel Dudley, "Guidelines for Applying Protected Area Management Categories", 2008, https：//portals.iucn.org/library/sites/library/files/documents/PAG-021.pdf.

管理区等。① 广义上的定义泛指任何为管理海洋资源和空间而划定的特定海洋地理区域，但其通常被称为划区管理工具，作为海洋保护区的上位概念而存在。当前正在协商中的"ABNJ 实施协定"关于"海洋保护区和其他划区管理工具措施"的提法也表明，国际社会已经认同这种广义和狭义的海洋保护区分类。

二 海洋保护区的类型

基于管理目标、养护标准和方式的差异、设立海域和管理对象的不同、可以把海洋保护区划分为不同类型，这些不同类型的海洋保护区背后也隐含着不同的功能取向和管理模式。

（一）IUCN 关于海洋保护区的类型划分

按照保护目的和管理上的差异，IUCN 将海洋保护区分为六大类。这种分类被视为目前有关保护区的最为权威的分类，被联合国和很多国家直接或间接加以引用。②

1. 严格的海洋保护区

此类保护区目的在于保护生物多样性和地貌特征，保护区的准入、利用和其他可能对保护区施加影响的活动都会被严格控制和限制，以确保对目标的有效保护。此类保护区主要用来养护区域、国家或全球层面的那些极为特殊的海洋生态系统、海洋物种和/或地貌，尤其是那些尚未受到人类活动影响的自然环境。因此对于此类保护区所保护的区域而言，将只允许进行有限的科研活动。对于那些只是受到人类活动轻微影响的区域，即通常所谓的荒野区，虽然同样要求控制区域内的人类活动，但在确保荒野区自然条件免受人类活动不利影响的情况下，其管理上可以适当放松。

2. 国家公园

主要用来保护大型自然环境，或接近自然状态的区域，通过保护区域内大尺度生态进程以及相关的物种和生态系统特性，为人类提供环境与文

---

① Browman, H. I. etc., "Marine Protected Areas as a Central Element of Ecosystem-Based Management: Defining Their Location, Size and Number", in H. I. Browman and K. I Stergiou, eds., *Perspectives on Ecosystem-based Approaches to the Management of Marine Resources*, *Marine Ecology Progress Series*, Theme Section, 2004.

② Nigel Dudley, "Guidelines for Applying Protected Area Management Categories", 2008, http://www.parki.mop.gov.si/tnp/iucncategories.pdf.

化兼容的精神享受、科研、教育、娱乐和参观的机会。如著名的美国黄石公园，中国的三江源国家公园等。

3. 自然纪念物保护区

顾名思义，此类保护区的主要功能在于保护特定自然纪念物，如海山、海底洞穴等。此类保护区通常面积较小，有些具有较高的旅游价值。

4. 生境/物种管理区

此类海洋保护区的主要目的在于保护特定物种及其栖息地。通过在地养护实现维持、养护和恢复该区域内的物种和栖息地的目的。此类保护区需要经常性的、积极的干预，以满足特定物种生存繁衍或栖息地环境维持的需要。

5. 海洋景观保护区

此类保护区主要用于保护那些在人与自然长期互动过程中所形成的，具有重要的生态、生物、文化和景观价值的独特环境。通过对这种人与自然互动过程的完整保护，实现长期可持续发展。

6. 资源管理保护区

用来养护生态系统和栖息地，以及相关的文化价值和传统的区域。此类保护区通常面积较大，大部分地区仍处于自然状态，其中一部分处于自然资源可持续管理和利用之中，对于此类区域的管理，其主要目标是实现自然资源的低水平非工业利用与自然保护的平衡发展与相互兼容。

IUCN提出的上述保护区分类指南，实际上相当于一套完整的保护区目标与管理体系，也因此很快为众多国家所接受。联合国国家公园和保护区名录也将该分类系统用作统计世界各国保护区数据的标准结构，部分国家甚至还直接将该分类系统纳入其国内立法当中。

（二）综合性海洋保护区与海洋划区管理工具

按照海洋保护区保护和管理对象和手段的不同，海洋保护区还可以分为综合性海洋保护区和以部门/物种导向的（Sector/Species-Specific）海洋保护区。前者是指那些以生态系统和生物多样性长期养护为目标，在风险预防原则和生态系统方法指导下，对特定海域进行管理的保护区；后者通常是指那些为了保护单一物种（通常是那些经济鱼类种群），或为了对船舶航行、"区域"活动、捕鱼、科研等单一部门活动进行管理而划定一定范围海域并对其加以特殊控制的空间管理。

如前所述，部门/物种导向的海洋保护区是最早的海洋保护区形式，直到今天，这种保护区依然大量存在。在国际层面，此类保护区包括 IMO 的"特别海域"和"特别敏感海域"、国际捕鲸委员会在印度洋和大西洋等海域划设的鲸鱼庇护区、ISA 先后在克拉里昂—克利伯顿区建立的九个"环境特别利益区"、[①] 联合国经济、社会与文化理事会（UNESCO）主导下建立的海洋文化遗址保护区，以及 RFMO/As 框架内建立的渔业资源养护区等。在国内社会中，最常见的是以渔业资源养护为目标的禁渔区，或其他以单一环境或环境要素为保护和管理标的的保护区，如保护沿海红树林的红树林自然保护区等。这些保护区的最大特点在于，它们往往只是专注于对保护区内单一活动的管理或单一物种或环境要素的保护，而不能或没有去关注物种之间、物种与环境要素之间，以及环境要素之间的联系。[②]

20 世纪四五十年代，随着人们对"生态系统"这一概念认识的深入，人们逐渐开始认识到单一物种/部门导向保护区的局限，以生态系统为基础的综合保护区逐渐开始为人们所重视。"生态系统"这一概念最早由亚瑟·坦斯利（Arthur Tansley）于 1935 年提出，是指一个由生物与环境所构成的完整系统，在这个系统当中，生物与环境之间发生复杂互动，相互影响、相互制约。因此，在一个生态系统当中，任何生物与非生物环境要素都不是孤立存在的。一个物种的兴衰会引起其上下游物种规模的变化；一个环境要素的改变可能会对生态系统内部其他生物与非生物要素产生影响。[③] 生态系统概念及其相关理论的提出，揭示出了生物与非生物之间的密切联系，也因此对传统的"头疼医头脚疼医脚"的环境管理提出了新的要求——对环境进行系统保护。

"生态系统"理念的真正流行要归功于美国著名生物学家奥达姆（Odum），通过他在《生态基础》（*Fundamentals of Ecology*）一书对这一概念和理论的系统阐述与研究，生态系统方法开始成为指导包括海洋保护

[①] ISA, Environmental Management Plan for the Clarion‑Clipperton Zone, ISBA/17/LTC/7, 13 July 2011.

[②] Daniela Diz Pereira Pinto, *Fisheries Management in Areas beyond National Jurisdiction—The Impact of Ecosystem Based Law‑making*, Boston: Nijhoff Published, 2013, p. 1.

[③] A. Tansley, "The Use and Abuse of Vegetation Concepts and Terms", *Ecology*, Vol. 16, 1935, pp. 284–307.

区在内的海洋生态环境管理的基本原则和方法。① 生态系统观对海洋环境和生物资源保护的最大意义在于：第一，即便最终目标在于保护特定海洋生物种群，也应该将该物种与其他物种之间的关系，以及物种与它们生存环境之间的互动纳入考量。第二，生态系统观视角下的海洋环境保护和生物资源养护必须将各种人类涉海活动和事件对海洋环境或物种的累积性影响纳入考量。例如，单纯考虑渔业活动的话，它给特定海域生态环境造成的影响可能并不显著，但如果把管道铺设、航运、海底声呐、捕鲸和深海采矿等诸多活动对该海域的累积性影响也纳入考量的话，则这些活动依然需要某种程度的综合管理。换言之，引入生态系统方法的海洋保护区等海洋管理措施需要综合考虑各类海洋活动和环境因素来做出综合决策。

本书所讨论的海洋保护区非特殊说明，一般而言是指狭义上的海洋保护区，此种海洋保护区通常以生物多样性养护为目标，在管理手段和管理对象上一般也更具有综合性。至于其他养护特定渔业资源、管理特定海洋活动的保护区则统称为划区管理工具。

（三）国家管辖外海域海洋保护区和国家管辖海域内海洋保护区

按照海洋保护区建立的海域是否位于沿海国主权管辖范围以内，海洋保护区还可以分为 ABNJ 的海洋保护区和国家管辖范围以内的海洋保护区。按照现代国际海洋法的规定，海洋被划分为内水、领海、毗连区、专属经济区、大陆架、外大陆架、公海、"区域"等不同法律意义上的海区。在不同海域，主权国家享有不同的权利，承担不同义务和责任。其中内水和领海属于一国领土的组成部分，沿海国对此享有完全主权，当然有权在此类海域当中建立海洋保护区。专属经济区虽非沿海国主权海域，但依据《海洋法公约》，沿海国对专属经济区环境和生物资源享有相应的管辖权，当然也包括建立海洋保护区的权利。类似的，沿海国对于本国大陆架的非生物资源和定居种资源享有以勘探和开发为目的的主权权利。基于这种主权权利，沿海国同样享有通过海洋保护区对大陆架上定居种生物资源进行养护的权利。当然，由于这已经不是沿海国领土主权海域，因此，在考虑设立海洋保护区时，沿海国还需要尽适当顾及义务，不得因此损害他国在专属经济区海域内的航行、飞越、铺设海底电缆和管道等海洋自由权利。

---

① E. Odum, *Ecology and Our Endangered Life-support Systems*, Sinauer Associates published, 1993.

上述国家管辖海域以外的海域则为公海和"区域",在这些区域所建立的海洋保护区则属于ABNJ海洋保护区,也常常被一概笼统称为公海保护区。与国家管辖海域以内所建立的海洋保护区相比,其最大差异在于海洋保护区建设主体、法律依据、执法主体和执法程序上方面特殊性。首先,公海保护区建设主体具有多样性。ABNJ属于非主权海域,也因此,任何公海保护区建设,理论上都是国际社会的全体,或至少是区域内部分国家集体行动的结果。因此,在设立主体上,既包括国家集团,也包括国际组织。其次,公海保护区建设的法律依据显然不可能依据任何国家的单方面立法,而是建立在条约等具有国际法拘束力的文件基础之上。最后,公海保护区的执法主体和执法程序具有分散性。受公海船旗国专属管辖原则的限制,任何公海保护区的养护和管理措施,除非存在特别约定,一般而言都由船旗国负责执行。

三 海洋保护区建设的理论基础

海洋保护区的兴起,是人类应对海洋环境不断恶化和海洋生物多样性不断退化的客观选择,体现了人类环境伦理观从人类中心主要向生态中心主义的转变;同时也是生态系统方法、可持续发展原则、预防原则等现代海洋环境治理原则在实践当中进一步落实的结果。

(一) 生态中心主义生态伦理观

生态伦理学是一门关注人与自然之间相互关系和人之于自然所应具有的态度和行为准则的学科,[1] 其核心在于解决和处理人类经济社会发展过程中与自然环境和生态系统之间的冲突问题。[2] 在人类发展的历史长河中,人类的生态理念经历了原始文明中的依附型生态伦理观、工业社会的人类中心主义生态伦理观和后工业时代的可持续发展型生态伦理观。

在原始文明时代,囿于对自然认识的极其有限,人类与自然处于混沌的原始统一状态,在人类无力认识和改造自然的情况下,人类只能依附于自然,被动接受自然的摆布。对于未知的自然,人类充满了想象和恐惧,关于海洋、大地等各种自然形态的神话也因此出现。进入农业文明之后,

---

[1] 范晓婷主编:《公海保护区的法律与实践》,海洋出版社2015年版,第22页。

[2] 栗战书:《文明激励与制度规范——生态可持续发展理论与实践研究》,社会科学文献出版社2012年版,第5页。

人类对自然的认识和改造能力得到提升,人类开始逐步从一味地依附于自然,转变为在改造自然中谋求生存与发展,人高于自然的思想在东西方文明当中逐步出现。农业文明的出现也因此意味着人类生态伦理观正式从依附型生态伦理观向人类中心主义的转向。17世纪的工业革命带领人类社会进入工业文明时代。科技的发展虽然给予了人类改造和利用自然的强大力量,但却尚未达到让人类充分认识自然以及人与自然关系的地步。在这一时期,人类尚未认识到多数自然资源的可耗竭性以及生态环境的承载限度问题,自然资源无限史观占据了人类认识的主导地位。① 在海洋资源的利用上,17世纪的格劳秀斯在论证海洋捕鱼自由时,其论据之一便是,与陆地、河流不同,海洋资源的无限性使得它无须被任何国家所独占。② 人类凭借自己的能力,按照自己需求从自然获取所需资源成为这一时代主流的环境伦理观。康德的"人是唯一的目的"这一命题的提出标志着人类中心主义在理论上的正式完成。

在人类中心主义伦理观之下,人类对自然的需索无度最终超出了大自然的承载能力,终遭自然界的报复。进入20世纪,人类开始不断尝到自己种下的苦果,大量环境、生态、资源问题出现,陆地、海洋和空气空间充斥着人类活动带来的污染,自然生态也开始不断退化。面对此景,人类开始反思这种生态伦理观,其中标志性的事件便是1962年蕾切尔·卡逊《寂静的春天》一书的发表。作者在书中警告人类,环境污染,最终都会通过生态循环进入人和一切生命赖以生存的世界,进入生物组织,"回馈"给人类自己。1972年,著名的罗马俱乐部发布了《增长的极限》,通过对世界人口、粮食生产、工业发展、资源消耗和环境污染五个要素的运行方式进行分析后,报告提醒人类,如果不能有效和有序利用地球资源,人类社会的增长将面临资源短缺的困境。同年,联合国首次人类环境会议在瑞典斯德哥尔摩召开,并提出了可持续发展的概念。1983年,世界环境与发展委员会向联合国大会提交了《我们共同的未来》,报告在系统讨论人类当前面临的主要经济、社会和环境问题之后,再一次指出可持续发

---

① 栗战书:《文明激励与制度规范——生态可持续发展理论与实践研究》,社会科学文献出版社2012年版,第13页。

② [荷]雨果·格劳秀斯:《论海洋自由或荷兰参与东印度贸易的权利》,马忠法译,上海人民出版社2013年版,第57页。

展道路是支持全球人类进步的道路。在此后的历次联合国人类环境会议中，《里约环境与发展宣言》《21 世纪议程》等国际文件进一步肯定了可持续发展原则，可持续发展原则也因此逐步成为国际环境法的基本原则之一。可持续发展原则彰显了一种新的环境与生态伦理观，肯定了人与自然的一体性。与人类中心主义的最大不同在于，可持续发展的生态伦理观强调地球是一个有机的生命体，人是自然的产物，又是自然界的一部分。尊重并承认生命以及自然界的独特价值也顺理成章地成为这一新的生态伦理观的核心意涵。在将人置于自然之中审视自然的过程中，在空间维度上，生态环境的保护也逐步从针对具体污染源的防治和针对具体物种的保护转变为对生态环境的整体和系统性的保护；在时空维度上，环境保护也逐步从对当代人利益的保护转变为兼顾对后代人利益的保护。人类的类群体属性开始凸显，人类意识到，过去的世代、当前世代和后代人都属于这个类主体的成员，当代人应善待过去世代留下的遗产，同时也应该为后代人妥为养护生态环境，可持续地利用自然资源，在满足当代人需要的同时，不损害后代人需求的权利。

在海洋生态环境治理方面，可持续发展首先表现为对海洋环境的整体性、有限性、不可逆性等方面的关注。也因此，国际国内海洋环境管理和立法也相应地从防治单一污染和保护单一物种分别向污染综合治理和生态系统全面保护的方向转变。海洋保护区所具有的预防性和整体养护的特点，以及对海洋生物多样性的关注无疑符合海洋可持续利用的要求。可持续发展观也直接催生了生态系统管理理论的勃兴。如前所述，所谓海洋生态系统管理，就是一种通过关注和调整生态系统的物理、化学和生物过程，以保证生态系统完整性和功能可持续性的一种管理方法。这种管理方式一方面针对生态系统本身的功能和过程；另一方面也关注引起生态系统过程变化的自然、人为因素。[①] 可持续发展的海洋生态伦理观还表现为对海洋环境内在价值的体认，人类开始认识到海洋、海洋生物及其多样性本身的价值，人不再是海洋生态环境和生物资源价值的唯一尺度。可持续发展的生态伦理观对海洋生态环境保护的发展还表现为对人与海洋生态环境利益协调一致的认同。换言之，人类开始意识到海洋环境保护生物多样性的养护与人类利益并不对立，而应该是和谐一致的关系。

---

① 范晓婷主编：《公海保护区的法律与实践》，海洋出版社 2015 年版，第 28 页。

海洋保护区正是这种伦理观反思下的产物。如前所述，生态系统以及生物多样性的长期养护是海洋保护区，尤其是狭义海洋保护区的基本目标。其强调对特定空间内生态系统整体的、持续的养护和管理，在海洋保护区所涵盖的空间内，生物、非生物的自然存在物，即生物及其环境构成的生态系统和生态过程都成为道德关怀的对象。海洋生物和生态系统的价值得到了充分的承认。① 换言之，在海洋保护区视阈下，经济价值虽然仍是保护区设立的重要考量因素，但海洋生态环境本身的价值，在今天同样是海洋保护区的重要价值追求之一。②

（二）生态系统方法

所谓的生态系统方法，可以理解为一种基于生态互动和过程的最佳理解，以维持特定生态系统结构和运行（Structures and Functioning）为目的的管理办法。生态系统方法的核心在于管理方法的整体性，即通过保护和维持特定生态系统的结构和功能来实现既定养护和管理目标。③ 从生态系统方法的角度来看，"整个海洋生态系统就像一件纺织品，其中每一种生物就是构成这件纺织品的丝线，当一根线被抽出，纺织品就受到磨损"④。当生态系统被撕开或损害到一定程度之后，海洋生态系统的状况将螺旋式向下，直至物种和生态系统崩溃。美国国家海洋和大气管理局（NOAA）对海洋生态系统方法的描述可以帮助我们进一步理解这一原则。按照 NOAA 的定义，基于生态系统方法的管理，本质上是在为海洋生物资源决策提供一个综合框架；与单一物种或单一问题管理不同，基于生态系统的管理将考虑一系列相关的生态、环境因素，包括人们在资源利用方面的社会选择。⑤

---

① 余谋昌：《环境哲学：生态文明的理论基础》，中国环境科学出版社 2010 年版，第 154 页。

② 秦天宝：《生物多样性国际法原理》，中国政法大学出版社 2014 年版，第 248 页。

③ UN, *Ocean-Related Activities Training Manual, Building on Integrated Coastal Management to Enhance the Resilience of Marine Ecosystems to Stressors, Such as Climate Change*, New York: United Nations Publication, 2019, p. 11.

④ [美] 杰克·索贝尔等：《海洋自然保护区》，马志华等译，海洋出版社 2008 年版，第 15 页。

⑤ Keith Alverson etc., "Implementing the Ecosystem Approach in Ocean Areas, with a Particular View to Open Ocean and Deep Sea Environments: the Importance of Analyzing Stakeholders and Their Interests", 2019, http://collections.unu.edu/eserv/UNU: 3096/DeepSea_Stakeholders. pdf.

2006 年联合国海洋和海洋法问题不限成员名额非正式协商进程第七次会议上提交的"生态系统方法与海洋"的专题报告,将生态系统方法的内涵归纳为如下几方面:第一,生态系统方法与管理生态系统中的人类活动有关,但绝不是管理或操控生态系统本身,因为人本身就是生态系统的一部分。第二,落实生态系统方法没有一成不变的做法,而应该根据实际情况灵活处理。[①] 基本上,这种方法是一种演进的,兼具实践性和适应性的、学科交叉的方法。[②] 生态系统方法虽名为方法,但实际上是一个环境治理的基本原则,其并未提供任何具体的环境管理方案。不同社会的需要、文化和价值的差异决定了在环境治理实践中对这一原则落实方式的不同。[③] 第三,科学知识对于成功实施生态系统方法十分重要,但科学认识的有限不应当妨碍生态系统方法执行进展。执行生态系统方法和预防性方法之间存在密切联系。根据对生态系统的理解采取实用、灵活的适应性办法恰恰是执行生态系统方法的恰当起点。第四,要以系统和综合的方式管理海洋,不仅需要加强部门化管理,还需要强化跨部门协同管理。包括部门间的信息和数据共享,以及管理措施方面的合作与协调。

　　传统的海洋环境保护和生物资源养护和管理是以单一部门或单一物种为基础的管理。虽然生态系统这一概念早在 20 世纪 30 年代便已经提出,但在此后很长一段时间,将各种环境与资源问题单独看待和处理依然是环境保护和资源养护的主要手段。直到一系列资源危机的频频爆发,人类才开始反思传统的环境和资源管理办法,基于生态系统的管理才真正开始引起人们的关注。生态系统方法这一概念也开始频频出现在国内外法律和政策文件当中,成为指导包括海洋生态环境保护在内的国际生态环境保护的

---

① Resolution adopted by the General Assembly on 20 December 2006, A/RES/61/156, 20 March 2006, para. 45.

② Division for Ocean Affairs and the Law of the Sea Office of Legal Affairs, *Ecosystem Approaches and Oceans*: *Panel Presentations during the United Nations Open-ended Informal Consultative Process on Oceans and the Law of the Sea (Consultative Process) Seventh Meeting*, United Nations Publication, Sales No. E. 07. V. 4, 2008, p. 98.

③ Division for Ocean Affairs and the Law of the Sea Office of Legal Affairs, *Ecosystem Approaches and Oceans*: *Panel Presentations during the United Nations Open-ended Informal Consultative Process on Oceans and the Law of the Sea (Consultative Process) Seventh Meeting*, United Nations Publication, Sales No. E. 07. V. 4, 2008, p. xvii.

重要原则。

《21世纪议程》第17章中明确提到，包括大洋和各种海洋以及邻接的沿海区域是一个整体，是全球生命支持系统的一个基本组成部分，也是一种有助于实现可持续发展的宝贵财富。为此，国际社会需要对海洋和沿海区域的管理和开发采取新的方针。这些方针的内容要一体化，在实施上要以防备和预测为主。《可持续发展问题世界首脑会议的执行计划》也承认，海洋、岛屿和沿海区域是一个统一整体，是地球生态系统的核心组成部分，对全球粮食安全、经济可持续发展和国民经济，尤其是发展中国家的经济至关重要。各国为此承诺确保海洋的可持续发展，承认在相关问题上应采取紧急行动，包括鼓励生态系统方法的适用，促进国家层面对海洋进行整合的、多部门的海洋管理的必要性。①

联合国大会同样认可了生态系统方法的重要性。在其多个决议中，海洋生态系统养护的重要性一再被强调，认为只有在维持和恢复海洋生态系统健康的前提下，才能够确保食物和环境服务的可持续供给，满足社会和经济可持续发展的需要。② 2005年，联合国大会海洋与海洋法不设议题非正式咨商进程将"生态系统方法和海洋"（Ecosystem Approaches and Oceans）列为会议主题进行讨论。③ 2006年，联合国大会第61/222号决议进一步要求各国考虑生态系统方法的适用，要求各国在《海洋法公约》及其实施协定的指引下适用生态系统方法。鼓励各国在合作与协调基础上采取一切必要措施，在符合国际法前提下，根据生态系统整体性要求，处理人类活动对国家管辖内外海域海洋生态系统的影响。④

---

① WSSD, "Plan of Implementation of the World Summit on Sustainable Development", 26 August-4 September 2002, https://www.un.org/esa/sustdev/documents/WSSD_POI_PD/English/WSSD_PlanImpl.pdf.

② See for example, Resolution adopted by the General Assembly on 20 December 2006, A/RES/61/222, para.119, 2007. Nature Knows No Borders: Transboundary Cooperation—A Key Factor for Biodiversity Conservation, Restoration and Sustainable Use, A/RES/75/271, 20 April 2021.

③ Report on the Work of the United Nations Open-Ended Informal Consultative Process on Oceans and the Law of the Sea at Its Seventh Meeting, A/61/156, 17 July 2006.

④ See for example, Resolution adopted by the General Assembly on 20 December 2006, A/RES/61/222, para.119, 2007. Nature Knows No Borders: Transboundary Cooperation—A Key Factor for Biodiversity Conservation, Restoration and Sustainable Use, A/RES/75/271, 20 April 2021.

其他一些国际文件和合作机制同样也在大力推动生态系统方法在海洋领域的适用。《执行1982年12月10日联合国海洋法公约有关养护和管理跨界鱼类种群和高度洄游鱼类种群的规定的协定》（以下简称《鱼类种群协定》）、CBD、FAO框架下制定的《负责任渔业行为守则》《雷克雅未克海洋生态系统负责任渔业行为宣言》《南极海洋生物资源保护公约》（CAMLR）等国际文书均要求基于生态系统方法对海洋生态环境进行了养护和管理。

《鱼类种群协定》对生态系统方法着墨颇多，除了在序言中提醒缔约方注意维持海洋生态系统的完整以外，协定正文中的若干规定也充分体现了生态系统方法的要求。如在有关术语定义中将"养护和管理措施"直接定义为"为养护和管理一种或多种跨界鱼类种群或高度洄游鱼类种群而制定和适用的措施"[①]。在跨界鱼类种群和高度洄游鱼类种群的养护与管理的一般原则规定中，明确要求缔约方制定措施确保跨界鱼类种群和高度洄游鱼类种群的长期可持续开发；在制定养护和管理措施时应考虑捕鱼方式、种群的相互依存，并评估捕鱼、其他人类活动及环境因素对目标种群和属于同一生态系统的物种或与目标种群相关或从属目标种群的物种的影响，必要时应采取一体养护和管理措施，以保持目标种群和相关种群数量，保护海洋环境的生物多样性。[②]虽然协定并未直接定义何谓生态系统方法，但上述规定中对多物种、多样人类活动的关注无疑都属于对生态系统整体性养护和管理要求的回应。

《负责任渔业行为守则》同样多处提到生态系统这一概念。如"促进对渔业以及与之相联系的生态系统和有关的环境因素的研究"[③]，各国应养护水生生态系统，在制定渔业养护和管理措施时应考虑渔业与生态系统的相互影响，对捕鱼方法进行管制时应保持生物多样性、保护种群结构和水生生态系统。在第6条一般原则的规定中，守则特别强调："管理措施不应局限于保护目标物种，而且还应该保护属于相同生态系统、依赖某个目标物种或与其相联系的物种。"

在CBD框架中，生态系统方法同样得到了高度肯定，被认为是均衡

---

① 《鱼类种群协定》第1.1条。

② 《鱼类种群协定》第5条。

③ 《负责任渔业行为守则》第2条。

实现 CBD 三大目标的基础，也是指引缔约方行动的基本原则之一。按照生态系统方法的要求，生物多样性养护应建立在适当科学方法基础之上，关注包含关键生态过程的生物有机体，它们与其他有机体及其所处环境的互动和运行。①

1982 年《海洋法公约》序言中实际上也提到了这一原则。公约序言提到，"意识到各海洋区域的种种问题都是彼此密切相关的，有必要作为一个整体来加以考虑"。显然，公约同样意识到了海洋环境问题的关联性，并因此倡导从生态系统整体出发思考和解决海洋问题。

全球环境基金（the Global Environmental Facility，GEF）、IUCN 等致力于环境保护的非政府组织也在积极推动生态系统方法的适用，例如 GEF 就鼓励各国适用"包含综合和跨部门方法的管理办法"或"整合生态系统管理"办法。② 目前，GEF 与 UNEP 共同支持的以生态系统为基础的气候变化适应项目就有 30 多个。③ 与此同时，主要沿海国家也都开始在海洋管理中引入这一原则和方法。

虽然海洋保护区并非践行生态系统方法的唯一手段，但毫无疑问，这种针对海洋生态系统进行整体养护的工具显然已经获得了各国和国际社会广泛重视。原因在于，相比于其他管理工具，海洋保护区能更完整地体现生态系统方法的整体性要求。一个或许不太恰当的比方是，传统的部门或物种导向的管理就像是头疼医头，脚疼医脚；而海洋保护区更强调对身体整体机能的维护。简言之，海洋保护区致力于保护生态系统健康、恢复力和能够持续自我组织的潜力。所谓生态系统健康是指它在某个时间点或时间段上的现状；恢复力是指生态系统对外来影响产生的额外压力的反应能力；而所谓持续自我组织的潜力则是指正常环境中生态系统自身的发展、再生和进化的能力。④ 海洋保护区对保护生态系统完整性的贡献在很大程

---

① CBD, "Ecosystem Approach", August 2021, https：//www.cbd.int/ecosystem/.

② GEF, "Operational Programme：Integrated Ecosystem Management", April 20, 2000, http：//207.190.239.143/Operational_Policies/Operational_Programs/OP_12_English.pdf.

③ Ecosystem-Based Adaptation, Harnessing Nature-Based Solutions, https：//www.unep.org/gef/index.php/focal-areas/climate-change-adaptation/our-work/ecosystem-based-adaptation.

④ UN, *Ocean-Related Activities Training Manual*, *Building on Integrated Coastal Management to enhance the Resilience of Marine Ecosystems to Stressors*, *such as Climate Change*, New York：United Nations Publication, 2019, p.11.

度上就是通过加强和支持该整体中的每个组成部分实现的。

（三）预防性原则/做法

预防原则/做法（Precautionary Principle/Approach），或风险预防原则是20世纪以来，人类面对日益严重环境问题所发展出来的基本原则。按照该原则，面对严重或不可逆转之环境或健康威胁，不得以缺乏科学上之充分证据为由，延迟或拒绝采取符合成本效益原则的措施以防止情势恶化。[1] 易言之，预防原则本质上属于风险管理的范畴，要求人类面对纷繁复杂的环境或健康威胁情况，采取有效预防措施以避免情势恶化之可能。它是针对环境恶化结果发生的滞后性和不可逆转的特点而提出来的，并特别强调不能以科学上的不确定性作为不行动或迟滞行动的理由，以免在等待科学上的确定性论证的过程中失去制止和扭转环境恶化的机会。[2]

预防原则在环境法的引入源于人们意识到环境或生态损害的不确定性和自身认识具有局限性的结果。虽然人类科学技术已经有了长足进步，对自然环境的认识也在日渐深入，但人类同时也清醒地意识到，面对复杂的自然环境与自然进程，人类的认识仍极为有限，也因此，人类应该以谨慎的态度看待人类活动对自然环境的影响。早在1966年，有学者就提出，在自然面前，人类不应该被动地等待危险的怜悯，而应合理预测环境的改变以及可能面临的灾难，并及时采取预防措施。[3]

20世纪70年代，预防原则首先在德国和瑞士国内法当中确立。面对酸雨、全球暖化、海洋污染等问题，1976年，联邦德国（西德）法律中首次规定："环境政策无法做到完全避免潜在或现实的环境危害，因此，有必要引入一种预防性环境政策来更为谨慎地应对现实需要。"[4] 此后不久，这一要求正式进入联邦德国环境法当中成为指导德国环境保护的基本原则。

在国际环境法当中，预防原则早期主要表现为损害预防，或者说最早纳入国际环境法领域的原则实际上是一个与现代风险预防原则十分接近，但又有所区别的原则——损害预防原则。损害预防原则和风险预防原则的

---

[1] 万霞编：《国际环境法资料选编》，中国政法大学出版社2011年版，第7、11页。

[2] 邵沙平主编：《国际法》，中国人民大学出版社2007年版，第498页。

[3] Arie Teouwborst, *Evolution and Status of the Precautionary Principle in International Law*, The Hague/London/Boston: Kluwer Law International, 2002, pp. 10–11.

[4] Arie Teouwborst, *Evolution and Status of the Precautionary Principle in International Law*, The Hague/London/Boston: Kluwer Law International, 2002, p. 17.

相同之处表现在，它们都以预防环境损害的发生为目的。区别在于风险预防原则重在采取预防措施以避免环境恶化之可能，并且所针对的是科学上尚未得到明确证实的、严重或不可逆转的环境损害之威胁或风险，而损害预防原则针对的则是确定的风险。换言之，按照损害预防原则，在环境损害风险得以确定之前不需要采取行动。例如，除非有确切的关于过度捕捞造成不利影响的结论性证据，国家不会减少捕捞配额。然而，如前所述，人类并非总能准确评估人类活动的环境影响，也无法就环境损害找到足够的科学证据。也因此，损害预防原则逐渐为风险预防原则所取代。

1985年《保护臭氧层维也纳公约》首次确认了这一原则。公约缔约方承诺在国内和国际层面全面适用该原则。此后，联合国欧洲经济理事会框架下制定的《关于可持续发展的卑尔根部长级宣言》也引入了这一原则。宣言规定："为实现可持续发展，环境政策必须基于预防原则。环境措施应预测、防止和消除环境退化的原因。面对严重环境威胁或不可逆转之损害，不能以缺乏科学确定性为由拒绝采取措施防止环境退化。"

《21世纪议程》吸收了这一原则，按照议程第17章，各国应在海洋和沿海区域的管理和开发中采取新的方针，各国环境政策应以防备和预测为主，对海洋环境予以综合管理。同时，沿海国也承诺，在国家管辖内海域有关项目规划和实施方面，将采取预防和防备方针。[①] 类似的，CBD第8条也要求缔约国制定或采取办法以酌情管制、管理或控制由生物技术改变的活生物体在使用和释放时可能产生的危险，以防止对环境可能产生的不利影响。

在海洋环境保护和资源养护方面，预防原则也为众多国际公约和协定所吸收。《鱼类种群协定》第6条大篇幅地规定了有关预防性做法的适用。该条明确规定，各国对跨界鱼类种群和高度洄游鱼类种群的养护、管理和开发应广泛适用预防性做法，以保护海洋生物资源和保全海洋环境；不得以资料不充分为借口推迟或拒绝采取养护和管理措施。为此，各国应尽可能广泛收集和共享资料，确定特定物种参考点，在超过参考点时应立即采取措施恢复种群；特别考虑关于种群大小和繁殖力的不明确情况，同时基于预防原则，同样要求对非目标鱼种情况进行监测和评估。

---

① United Nations Conference on Environment & Development Rio de Janerio, Agenda 21, para. 17.5（d）.

预防做法实际上也是生态系统方法的内在要求。作为践行生态系统方法的海洋保护区，其能够为维持、保护和恢复健康的海洋生态系统起到预防或完整保障的作用。对于受损的生态系统，它们能够起到恢复和重建的作用；而对于健康的系统，它们可能起到全面预防和保护的功能。海洋保护区对于生态系统的养护本身即充分体现了预防做法的精神，对于这一点，空想自然保护主义者奥尔多·利奥波德（Aldo Leopold）下列一段话对此提供了一个很好的注解。

对于某一动物或植物，无知的人最后会问一句："它究竟有什么好处？"如果陆地上的机制整体上是好的，那么每一部分都是好的，不管我们理解与否。如果在漫长的年代里，生物界曾经产生了一些我们不理解但是却很美好的东西，那么除了傻瓜外，谁会抛弃这些看起来似乎无用的部分？保留每一个齿轮和零件是聪明的预防措施的第一步。[①]

（四）可持续发展原则

对海洋保护区重要性的认识与可持续发展原则的日益深入人心密不可分。1972年联合国人类环境发展会议中，海洋保护区就开始被视为实现海洋环境与资源可持续开发的重要手段。1987年，挪威首相布伦特兰夫人领导的世界环境与发展委员会发表的《我们共同的未来》报告中首次提出了可持续发展这一概念之后，[②] 获得了众多国际环境条约和国内法的接受，成为一项环境保护与资源开发方面的基本原则。1946年《国际捕鲸公约》、1992年CBD、《联合国气候变化框架公约》等众多国际公约中均规定了这一原则。同时，这一原则也得到了国际司法判例的肯定。在"多瑙河水坝案"中，国际法院就确认和应用了可持续发展原则。在该案中，国际法院提到，可持续发展已经发展成为新的国际环境法规范，根据可持续发展的要求，各国在发展经济时应同时考虑环境保护，[③] 关于这一

[①] 转引自［美］杰克·索贝尔等《海洋自然保护区》，马志华等译，海洋出版社2008年版，第22页。

[②] 世界环境与发展委员会编：《我们共同的未来》，国家环境局外事办公室译，世界知识出版社1989年版，第19页。

[③] Gabčikovo-Nagymaros Project (Hungary/Slovakia), Judgment, I. C. J. Reports 1997, p. 78.

原则的具体内涵，英国著名国际环境法学者菲利普·桑德斯（Philippe Sands）将其概括为"代际公平、代内公平、可持续利用和环境与发展一体化"四个方面。①

海洋保护区作为一种化解海洋生物多样性压力的主要政策手段，在防止过度捕捞，保护海洋重要物种及其栖息地和一些脆弱与敏感的海洋生态系统方面扮演着重要角色。如前所述，海洋保护区与传统海洋环境管理工具之间的最大不同在于其养护和管理的整体性与预防性，及其目标的多元性，这些特点无疑也符合可持续发展原则的要求。某种程度上，诚如学者所言，今天的海洋保护区本身已经成为可持续发展概念普遍适用于环境和社会各领域的典型形式。②

第三节 海洋保护区在公海的应用

包括公海在内的ABNJ是地球上最大的生物多样性存储区域。随着人类脚步不断向海洋深处迈进，ABNJ生物资源也开始面临巨大压力。证据显示，越来越多的远洋鱼类种群正在崩溃，深海底脆弱的生态系统正遭受破坏。为解决ABNJ日益严重的生物多样性衰减问题，国际社会开始呼吁将海洋保护区这一被证明行之有效的海洋生态系统管理工具运用于公海。

一 公海生物多样性衰退与公海保护区倡议的提出

（一）公海生物多样性面临的主要威胁

在广袤的海洋当中，ABNJ的面积占全球海洋的64%，③占全球总量90%以上的海洋生物也生存于此，公海也因此被视为全球海洋生物多样性

---

① Philippe Sands, etc., *Principles of International Environmental Law*, Cambridge: Cambridge University Press, 2012, p.56.

② Jean-Francois Noel, etc., "Marine Protected Areas: From Conservation to Sustainable Development", *International Journal of Sustainable Development*, Vol.10, No.3, 2007, p.233.

③ Kristina M. Gjerde, "Protecting Earth's Last Conservation Frontier: Scientific, Management and Legal Priorities for MPAs beyond National Boundaries", *Aquatic Conservation: Marine and Freshwater Ecosystems*, Vol.26, 2016, p.46.

的宝库。① 公海之下的海床洋底存在着诸如海沟、海峡、海底山脉、海底火山、热液喷口、冷泉、淤泥平原等丰富多样的海洋地貌。这些独特的海洋地貌也是大量海洋生物，包括海洋鱼类、微生物的栖息、生长、繁衍和觅食地。据统计，全球海洋生物生产力的一半以上是由公海所创造。有研究指出，公海为人类社会至少提供了供给性服务、管理性服务、栖息地服务、文化服务等 15 种关键性的生态服务。其中，供给性的服务（Provisioning Services）主要包括食物、原材料、基因资源、医疗资源和装饰材料；管理性服务（Regulating Services）主要包括空气净化、气候调节、废物处理和生物防治（Biological Control）；栖息地服务（Habitat Services）主要包括维持生命循环和基因池保护；文化服务（Cultural Services）主要包括休闲娱乐、美学、文化创作的灵感（Inspiration for Culture）、实现认知发展的艺术、设计和信息。② 按照 1997 年的一份研究报告的评估，海洋给人类社会带来的生态服务，其经济价值相当于每年 21 兆美元，其中有 40% 就是由公海所创造。③

然而，作为典型的"全球公域"（Global Commons），不属于任何国家主权管辖范围的公海正面临人类日益增长的海洋开发利用活动的影响。捕鱼、航行、人为因素引起的气候变化、污染、外来物种入侵、废物处置、海底矿物开采、人为水下噪声、海洋废弃物、海洋科研、碳吸收、海底管道和电缆铺设、人工岛屿建设等传统和新兴海洋活动都在不同程度地影响着公海生物多样性的维持。

1. 不可持续公海捕鱼活动

在上述活动当中，捕鱼是最为传统同时也是最容易对公海生态系统造成直接影响的活动之一。④ 作为人类最为古老的海洋活动之一，捕鱼会影响全球海洋生态环境，过度捕捞甚至有可能深刻改变海洋生态系统，对脆

---

① Nele Matz-Lück Johannes Fuchs, "The Impact of OSPAR on Protected Area Management beyond National Jurisdiction: Effective Regional Cooperation or a Network of Paper Parks?", *Marine Policy*, Vol. 49, 2014, pp. 155-166.

② Jeff A. Ardron, etc., "The Sustainable Use and Conservation of Biodiversity in ABNJ: What can be Achieved Using Existing International Agreements?", *Marine Policy*, Vol. 49, 2014, pp. 98-108.

③ Robert Costanza, etc., "The Value of the World's Ecosystem Services and Natural Capital", *Nature*, 1997, p. 253.

④ Oceans and the Law of the Sea, *Report of the Secretary-General*, A/60/63/Add. 1. 2008.

弱的生态系统及其相关生物多样性的功能和状况的影响尤其如此。不可持续捕捞俨然已成为当前公海生物多样性养护所面临的单一最大风险。据统计，目前有52%公海鱼类种群的捕捞已经濒临极限，另有25%已处于捕捞过度或枯竭状态。① 通过对17种主要金枪鱼种群的定期评估发现，浅海层中近60%的种群亟待恢复或减少捕捞压力。对深海金枪鱼及其相似鱼类捕捞的调查也显示，全球九个主要公海渔场中，金枪鱼和长咀鱼近年来已经减少了约90%。此外，由于刺网、蟹网、拖网、定置网、陷阱和延绳捕捞等捕捞工具和方法的大量使用，海龟的七大种类无一幸免，都面临灭绝的危险。②

在深海捕捞过程中，由于深海拖网捕捞的出现，加上深海鱼类本身具有寿命长、成熟晚、自然死亡率低、生育力弱、补充水平低、年度补充差异大，以及生长地区的积聚性的特点，深海鱼类面临的威胁更为严重。此外，由于深海捕捞常常以海隆和海脊等海底地貌作为目标，因此那些以此类海洋地貌作为重要栖息地的海洋生物，如硬珊瑚、软珊瑚、海绵和其他以悬浮觅食生物为主的海底物种群在捕捞过程中也会遭受伤害和破坏。除此以外，在捕捞过程中，一些深海活动的哺乳动物，如海豚、鲸鱼等也同样面临着IUU捕捞行为的威胁。

2. 人为因素引起的气候变化

人为原因引起的气候变化不仅会造成全球气候异常，对大洋和深海环境同样会产生重大影响。调查显示，在过去50年中，全球海洋的大部分地区都出现了变暖的趋势，由此也导致海洋生态系统一系列的异常变化。部分全球热盐环流系统因此而关闭，海洋的洋流、氧化和温度以及浅海水域的生产力也都不同程度地受到影响。气候变化对海洋生态环境的上述影响进一步传导到生物物种后，海洋浮游动植物、自游生物和大型海底生物种群的结构、鱼类增殖、海鸟和海洋哺乳动物的区域丰度和繁殖成功率都

---

① Erik J. Molenaar, "Integrating Climate Change in International Fisheries Law", in Elise Johansen, etc., eds., *The Law of the Sea and Climate Change, Solutions and Constraints*, Cambridge University Press, 2021, p. 263.

② Erik J. Molenaar, "Integrating Climate Change in International Fisheries Law", in Elise Johansen, etc., eds., *The Law of the Sea and Climate Change, Solutions and Constraints*, Cambridge University Press, 2021, p. 263.

可能因此而受损。①

3. 船源污染

全球货物贸易的90%以上是通过海洋运输来完成的，船舶航行过程中排放出来的污染物也是当前公海面临的主要环境威胁之一。船源污染对海洋环境造成的压力主要表现在三个方面：事故污染、船舶航行过程中的排放污染以及对海洋生物栖息地的物理损害。《21世纪议程》等国际文件也因此纷纷呼吁国家监测并防止船源污染，通过规划船舶航线措施等方式对船舶航行活动进行严格管理，以避免船舶航行对海洋栖息地的影响。

4. 其他影响因素

在上述三种主要的公海生物多样性威胁以外，人为海洋噪声、海洋碳汇开发、海底采矿、海洋科研等活动同样会对公海环境和生态系统造成不同程度的影响。以海洋噪声为例，调查发现，航运中船舶螺旋桨、机器、船体的流体动力学水流、石油和天然气的勘探、科研、军事活动所带来的海洋噪声正以每十年增加一倍的速度增长。这些海洋噪声会影响那些听声敏感的海洋物种的音讯，进而对它们的迁徙、觅食、生育造成重大影响。据科学家分析，近年来频频出现在新闻报道中的鲸鱼搁浅事件，很大程度上要归咎于这种海洋噪声对鲸鱼音讯的扰乱。②

近年来，面对社会经济发展和气候变化应对的双重压力，各国在大力节能减排的同时，也开始在传统森林碳汇以外，寻找通过海洋这一地球最大的碳库来实现"碳中和"。在开发红树林、海草床和盐沼等海岸带碳汇的同时，还有国家试图通过在海洋大面积播散铁粉来增加海洋微生物碳汇能力。这种向海洋施铁肥的活动虽然可以极大增加海洋微生物碳汇潜力，但这种增汇行为是否会损害海洋环境和海洋生物多样性仍存在争议。例如，有研究认为，快速催生的嗜铁浮游植物有可能产生神经毒素，这些神经毒素会通过食物链传导危害鱼类、鸟类和海洋哺乳动物等。此外还可能抑制其他海洋物种生长，对生物多样性乃至生态造成不可修复的影响。③ 除此以外，通过向深海或海底注入二氧化碳实现长期碳封存的活动也可能对公海和深海底生物

---

① R. E. Turner, M. S. Kearney and R. W. Parkinson, "Sea-level Rise Tipping Point for Delta Survival", *Journal of Coastal Research*, Vol. 34, 2018, pp. 470-474.

② Oceans and the law of the sea, *Report of the Secretary-General*, A/60/63/Add. 1, 2008.

③ Karen N. Scott, Ocean Acidification, in Elise Johansen, etc., eds., *The Law of the Sea and Climate Change, Solutions and Constraints*, Cambridge University Press, 2021, p. 104.

多样性造成威胁。

随着海底油气资源,以及深海底矿物资源的大量发现,人类海底采矿活动也在大量增加,这些海底勘探、开发活动也会对底栖生物的栖息地造成破坏。例如在开发深海底多金属结核时,探矿、勘探和开发活动所掀起洋底沉积层的沉积土就可能掩埋掉栖息于沉积层的线虫纲动物。[1]

海洋科研活动同样可能对公海生态环境产生不利影响。尽管相当一部分海洋科研本身有助于人类更深入了解海洋生态系统,如探索如何可持续地使用生物资源,以及评估其他海洋活动的影响,但一些不谨慎的海洋科研活动本身也可能对公海生态环境造成不利影响。如经常性地去同一个区域调查和不断重复取样的行为本身可能对水体和海底造成干扰;科研考察过程中所带来的光亮、杂音、热等都可能对一些脆弱和敏感海洋生态系统造成扰乱。

(二) 公海保护区倡议的提出

针对公海生物资源和生物多样性所面临的日益严重的威胁,国际社会开始思考将海洋保护区这一工具运用于公海生物多样性的养护。1972年,联合国人类环境会议通过的《联合国人类环境宣言》便表达了这样一种共同信念:地球上的自然资源,包括空气、水、土地、动植物,特别是自然生态类中具有代表性的标本,必须通过周密计划或是适当管理加以保护。为此,各国在按照自己的环境政策开发本国资源的同时,还应确保本国管辖或控制内的活动不至于损害其他国家的或ABNJ环境。[2] 2000年,第二次世界自然保护大会,以及2002年的约翰内斯堡世界可持续发展峰会达成的《可持续发展问题世界首脑会议执行计划》当中,各国政府普遍承诺通过包括海洋保护区在内的多种办法和工具,包括生态系统方法,来消除破坏性捕鱼做法等有损海洋生态环境的活动所造成的不利影响。特别是承诺在2012年之前建立一个代表性的海洋保护区网络。[3] 2003年召开的IUCN世界保护区大会以及CBD缔约方大会(CBD/COP)历次会议中,公海保护区议题一再被提出,并逐渐成为国际社会关注的焦点。

---

[1] Holly J. Niner, etc., "Deep-sea Mining with No Net Loss of Biodiversity—An Impossible Aim", *Frontiers*, 2018.

[2] 万霞编:《国际环境法资料选编》,中国政法大学出版社2011年版,第7、11页。

[3] UN, *Declaration of the United Nations Conference on the Human Environment*, A/CONF. 199/PC/L. 5. Add. 1, June 1972, para. 15.

作为关注生物多样性养护的专门性国际机制，CBD 在推动公海保护区建设中扮演着重要角色。2004 年 CBD/COP 第 7 次大会肯定了海洋保护区在海洋生物多样性养护方面的根本重要性。在会议通过的《保护区工作计划》中，各缔约方重申了 2002 年约翰内斯堡峰会的承诺，并要求全体缔约方通过全球集体合作网络，确保在 2012 年以前建立一个综合性的、管理有效且具有生态代表性的国家和区域保护区网络。[①] CBD/COP 第 8 次会议上，ABNJ 生物多样性养护以及遗传资源的综合管理被正式提上 CBD 议事日程。墨西哥等缔约方的代表提出，为实现海洋生物多样性的持续利用和保护，应考虑在公海设立海洋保护区。在这次会议上，CBD/COP 还通过了公海保护区建设区域的科学识别标准，以及全球代表性海洋保护区网络规划的科学指南。与此同时，大会还承诺就识别 ABNJ 有保护需求的重要海域成立专家组，以便为缔约方和联合国的相关讨论提供科学依据。[②] 2010 年，CBD/COP 第 11 次会议中提出了著名的"爱知目标"，其中的第 11 项目标规定，到 2020 年，应在至少占全球 10% 的沿海和海洋区域，尤其是在对于生物多样性和生态系统服务具有特殊重要性的区域，建立有效且得到公平管理的、在生态上具有代表性和相连性良好的保护区系统。[③] 这一目标也得到了 2012 年联合国可持续发展峰会的肯定，在《我们想要的未来》(The Future We Want) 中，这一目标再次得以重申。[④] 在此后历次的 CBD/COP 大会中，ABNJ 生物多样性养护与持续利用问题逐渐成为热点。在 2013 年印度召开的 CBD/COP 第 14 次会议上，缔约方和其他与会的国际组织代表再次就公海生物多样性养护议题展开了广泛的讨论和磋商，通过国际合作养护 ABNJ 生物多样性的国际共识逐步形成。但面对这样一个生物多样性和海洋法的交叉议题，讨论和协商的平台最终从 CBD 转移到了联合国海洋框架内。

对于公海保护区建设问题，联合国大会也较早予以了关注。2009 年，联合国大会便通过了关于 ABNJ 海洋保护区建设问题的决议。决议要求各

---

① CBD, *Decision Adopted by the Conference of the Parties to the Convention on Biological Diversity at Its Seventh Meeting*, UNEP/CBD/DEC/VII/28 13, April 2004, para. 18.

② CBD, *Marine and Coastal Biodiversity*, Decision IX/20 (2008), paras. 14 and 19.

③ CBD, *Decision Adopted by the Conference of the Parties to the Convention on Biological Diversity at its Tenth Meeting*, UNEP/CBD/COP/10/DEC/X/2, 29 October 2010.

④ The United Nations General Assembly, *The Future We Want*, A/RES/66/288, 27 July 2012.

国直接和通过主管国际组织,努力利用多种办法和手段养护与管理脆弱的海洋生态系统,包括依照《海洋法公约》所述国际法,根据现有的最佳科学资料,考虑建立海洋保护区,形成具有代表性的全球海洋保护区网络。[①] 2015年6月19日,联合国大会第69/292号决议正式决定在《海洋法公约》下就ABNJ生物多样性养护与可持续利用达成一份实施协定。2017年12月24日联合国大会通过第72/249号决议,正式决定在联合国主持下展开协定的政府间谈判。

二 公海保护区的特殊性

公海保护区是海洋保护区的一种特殊形式。形式上来看,它无非是一种建立在公海上的海洋保护区。也因此,在当前的学术研究当中,很多学者会不假思索地基于一般意义上所理解的海洋保护区展开对公海保护区相关内容的分析和研究,甚至有学者认为,尝试去总结或筛选公海保护区的定义只不过是一件冗长而无意义的工作。[②] 然而,由于其设立的空间位置处于全球公域之上,公海保护区在设立和执行上显然有别于传统意义上的海洋保护区。

(一) 公海保护区的设立场域

作为一种海洋空间管理,与任何海洋保护区一样,公海保护区首先是一个界定清晰的海洋空间。在水平维度上,公海保护区顾名思义,其设立的地理范围是处于国家管辖范围以外的公海区域,按照《海洋法公约》第86条的规定,也就是沿海国专属经济区、领海或内水或群岛国的群岛水域以外的全部海域。然而,《海洋法公约》生效以来所带来的"世界地图的最后大修改"仍远未落幕,目前不仅仍有相当部分的海洋邻国尚未划定彼此的海洋边界。69份大陆架外部界线划界案仍在等待联合国大陆架

[①] UN, *Resolution Adopted by the United Nations General Assembly*, A/RES/63/111, 12 February 2009, paras. 121-135.

[②] Kevern L. Cochrane, etc., "MPAs: What's in a Name", *Ocean Yearbook*, Vol. 22, 2008, pp. 183-218; Ronan Long and Anthony Grehan, "Marine Habitat Protection in Sea Area under the Jurisdiction of a Coastal Member State of the European Union: The Case of Deep-Water Coral Conservation in Ireland", *International Journal of Marine and Coastal Law*, Vol. 17, 2002, pp. 235-262. 同时参见何志鹏《在国家管辖外海域推进海洋保护区的制度反思与发展前瞻》,《社会科学》2016年第5期。

划界委员会的裁决。① 很多海洋相邻或相向国家之间，包括地中海邻国之间的专属经济区也都尚未划定，但这并不意味着这些国家因此就不能划定本国专属经济区了。在与邻国达成协议情况下，这些国家仍可能完成海洋划界，划定各自的专属经济区。这也意味着公海的地理空间范围实际上仍处于待定状态。

另外一个值得注意的点是南大洋，南大洋一般而言是指位于南纬60°以南的海域，通常被统称为南极区域。南极作为最后一块主权未定区域，尽管其85%以上陆地区域已经被众多国家提出主权主张，但基于《南极条约》，这些国家对南极大陆的领土主权主张暂时被"冻结"。然而，冻结并不意味着对这些国家领土主权主张的否定，一旦解冻，那么基于陆地统治海洋的原则，这些国家按照《海洋法公约》将有权主张领海、专属经济区、大陆架和外大陆架的海洋区域。换言之，南大洋的公海和国际海底区域的空间范围同样尚未确定。同样的情形也发生哈顿滩（Hatton Bank）和哈顿—罗科尔海盆（Hatton-Rockall Basin），这两个区域尽管目前被视为ABNJ，但未来有可能被划定为英国的外大陆架。②

除了公海保护区水平空间范围的界定，还需要考虑公海垂直维度下不同海洋法律空间的存在及其影响。从法律上而言，海洋在垂直维度上还可以分为水体和海床洋底两个部分。尽管这两个区域在生态、地缘上关联密切，且在历史上很长一段时间均适用同一原则——公海自由原则，但随着《海洋法公约》的生效，这两个区域被赋予了不同的法律地位，并分别适用不同海洋法律制度。具言之，在国家管辖海域内，对于沿海国领海基线以外200海里的海洋空间，上覆水体为专属经济区，水体之下的海床洋底则为沿海国享有相应主权权利的大陆架。在ABNJ，其上覆水体属于公海，但公海之下的海床洋底，大部分属于"区域"，为全人类共同继承财产；小部分为那些拥有优越自然禀赋的沿海国的外大陆架。这种对海洋空间垂

---

① Ocean & Law of the Sea United Nations, "Submissions through the Secretary General of the United Nations, to the Commission on the Limits of the Continental Shelf, pursuant to article 76, paragraph 8, of the United Nations Convention on the Law of the Sea of 10 December 1982", March, 2022, https://www.un.org/Depts/los/clcs_new/commission_submissions.htm.

② Elizabeth M. De Santo, "Implementation Challenges of Area-based Management Tools (ABMTs) for Biodiversity beyond National Jurisdiction (BBNJ)", *Marine Policy*, Vol. 97, 2018, pp. 34-43.

直维度上的多种法律界分也因此给公海保护区空间范围的界定带来了相当程度的复杂性。因为如果简单将公海视为公海保护区设立的空间范畴,则可能意味着对"区域"和外大陆架法律地位的潜在侵蚀。例如在公海某个海域设立了海洋保护区之后,国际社会对于"区域"矿物开发的权利和沿海国对本国外大陆架资源开发的权利将受到限制。这种不同海洋空间之间地缘关系上的密切关联,客观上也增加了公海保护区建设的难度。即便最终通过国际制度的协调而将"区域"部分纳入公海保护区的地理范围,公海与沿海国外大陆架之间在立体空间上的重叠仍很难以实现协调。① 事实上,在当前"ABNJ实施协定"的立法协商过程中,挪威等国家就提出,在公海保护区地理范围的界定上应排除沿海国的外大陆所在空间。从最新公布的"ABNJ实施协定"草案第8条中有关"协定不得损及《海洋法公约》缔约国的权利、管辖权和责任"的措辞可以看出,这些国家的提议显然得到了实施协定的认可。也因此,虽然名为公海保护区,但国际社会实际上并没有在任何公海区域设立保护区的自由。

(二)公海保护区的养护目标与管理对象

为实现对特定海洋生态系统的有效养护,以生态系统整体养护为原则的海洋保护区应将区域内所有涉海活动对环境的现实或潜在不利影响均考虑在内,并在综合评估各类活动对海洋活动的累积性影响基础上,制定和采取相应的养护和管理措施。这一点对于设立在国家管辖内海域的海洋保护区而言并不存在太多制度上的障碍,即便是对于仍采取传统的分部门海洋管理的国家而言,也仍有可能通过设立综合性管理机构,或在整合部门职能基础上通过部门间联合管理等方式来实现这一目标。② 然而,对于公海而言,这一点却难以实现。诚如本书第五章将会详细讨论的那样,海洋环境与生态治理并不存在单一的国际机制,而是由众多"各为其主""各自为政"的国际组织和国际机制构成的复杂机制网络。今天的海洋,渔业、航行、海底采矿、海洋科研、海洋生物资源养护、海洋环境保护等众多活动分别由不同国际机制加以管辖。在这种复杂国际机制背景下,任何

---

① Petra Drankier, "Marine Protected Areas in Areas beyond National Jurisdiction", *The International Journal of Marine and Coastal Law*, Vol. 27, 2012, pp. 291-350.

② Natalie Bown, etc., *Contested Forms of Governance in Marine Protected Areas: A Study of Co-management and Adaptive Co-management*, New York: Routledge published, 2013, p. 14.

综合性公海保护区的设立都将面临如何与这些现有机制进行协调和互动的问题。

(三) 公海保护区的设立主体

在公海自由原则下,任何国家不得对公海任何部分主张主权或主权权利。任何国家固然可以在公海设立任何形式的公海保护区,从某个角度来看,这样做,既是这些国家行使公海自由权利的表现,同时也是各国履行《海洋法公约》有关海洋保护和生态养护义务的行为。但无论如何,除非其他国家同意接受或尊重这些国家所设立的公海保护区措施,否则这些单边制定的养护和管理规则并不能约束任何第三方。也因此,目前并没有任何国家单边在公海设立海洋保护区,而是选择通过 RFMO/As、区域海洋环境保护组织,或由 IMO、ISA、IWC 等专门性国际组织来设立海洋保护区或划区管理工具。

目前,东北大西洋、地中海、南大洋等海域已经在区域海洋环境保护公约基础上展开了公海保护区建设实践,并取得了一定之实效。大量 RFMO/As 也开始基于生态系统方法设立了各种渔业资源养护区。值得一提的是,这些区域渔业资源养护区的养护和管理措施存在着突破条约相对性的倾向。按照《鱼类种群协定》的规定,既不参与 RFMO/As,也不同意接受 RFMO/As 养护和管理措施的缔约国,不得授权其本国渔船在 RFMO/As 所管制区域内从事跨界鱼类和高度洄游鱼类种群的捕捞活动。当然,这种试图突破条约相对性的安排目前仍受到诸多挑战和质疑,[1] 未来公海保护区是否能循此例仍不得而知。未来要扩大公海保护区覆盖范围,将由何种主体负责建设公海保护区仍将是国际社会需要重点思考的问题。

(四) 公海保护区的法律依据

多元建设主体背景下公海保护区建设的法律依据上也因此极为多样,全球性公约、区域条约,全球和区域国际组织中通过的有关公海生物资源和生物多样性养护的决定等都是当前公海保护区实践的主要法律依据。在全球层面,IMO 和 ISA 等国际组织在设立划区管理工具时,其主要法律依据是各国际组织框架下制定的条约、规则和程序。如 IMO 据以建立特别

---

[1] Jessica F. Green, "Closing the High Seas to Fishing: A Club Approach", *Marine Policy*, Vol. 115, 2020, pp. 2-4.

海域、特别敏感海域的法律依据主要是 MARPOL73/78，而 ISA 设立特别环境利益区的法律依据则主要是《海洋法公约》第十一部分以及 ISA 在公约授权下制定的"区域"规章。在区域层面，RFMO/As 设立渔业资源养护区的主要国际法依据是《鱼类种群协定》、FAO《负责任渔业守则》等国际法律和非法律文件，以及由 RFMO/As 自行制定或通过的养护和管理决定等。至于一些区域海洋环境保护组织下设立的公海保护区则完全建立在区域协定基础之上。总体而言，目前尚不存在有关公海保护区建设的普遍适用的国际法依据，有关公海保护区建设及其管理，包括保护区选址标准、设立依据、管理标准等仍处于各行其是的碎片化状态。[①] 正因为如此，2014 年以来，国际社会便开始讨论公海保护区全球立法问题，希望为全球范围内公海保护区法律制度的建设提供一个更为明确的、具有普遍约束力的国际法依据。

第四节 海洋保护区应用于公海的国际法基础

尽管目前尚未有任何全球性国际法律文件就公海保护区建设和管理做出统一和明确规定，但《海洋法公约》及其实施协定，以及 CBD 等国际公约仍为公海保护区建设及其国际合作提供了相应的法律框架和基础。

一 《海洋法公约》及其实施协定

素有"海洋宪法"之称的《海洋法公约》，显然已经意识到了海洋利用与由此产生的各种海洋环境问题之间的密切关联。这一点可以从公约第 12 部分规定看出，该部分在重点规定缔约国在海洋环境污染防治方面的权利和义务的同时，对海洋生态养护也予以了相当程度的关注。囿于时代的局限，公约固然无法完全预见到今天海洋生态环境所面临的新问题，但公约及其实施协定中那些体现了海洋空间和生态系统管理的

---

① Odile Delfour-Samama, etc., "Review of Potential Legal Frameworks for Effective Implementation and Enforcement of MPAs in the High Seas", *ICES Journal of Marine Science*, Vol. 5, No. 71, 2014, pp. 1031-1039.

规则和制度安排,[①] 包括公约中有关公海生物资源养护和管理及其国际合作义务的规定仍为公海保护区建设及其后续国际立法奠定了基础。

(一)《海洋法公约》关于海洋空间管理和生态系统管理的规定

海洋空间管理和生态系统方法的要求在《海洋法公约》前言中就有所体现。公约前言提到,考虑到各种海洋问题之间的密切关联,它们的解决应作为整体来加以考虑。这种整体性的思想一定程度上也反映了20世纪最后30年间国际海洋生态环境治理理念的转变,即从对海洋污染防治转向海洋空间和海洋生态系统管理。也正是在这一海洋环境治理理念的转变过程中,现代意义上的海洋保护区得以产生并逐渐成为各国海洋环境与生态管理的主要工具和手段。

有关生态系统养护理念在《海洋法公约》中的确立还表现在公约对两个关键性概念——"养护"(Conservation)与"保全"(Preservation)的频繁使用。[②] 养护的概念承继于《捕鱼及养护公海生物资源公约》(以下简称《公海养护公约》)。所谓"养护",按照《公海养护公约》的界定,是指确保海洋生物资源保持最适当而持久的产量,俾克取得食物及其他海洋产品的最大供应量之措施的总称。"最适当而持久的产量"的措辞虽然仍表现出浓烈的"人类中心主义"色彩,但一定程度上也还是对可持续发展理念进行了回应。公约对"保全"这一概念的使用同样表明了公约对海洋生态环境系统养护的重视。尽管在中文中"保护"和"保全"常常被混用,也极少有人对二者内涵上的差异做明确界分,但从语义学角度,保护和保全实际上恰恰代表了两种不同的环境理念。按照《韦氏词典》和《牛津词典》的解释,"保护"意指"使人或物免于伤害、损失等"。因此,海洋环境保护主要是指确保海洋环境免于污染或其他破坏,其所反映的正是传统的环境治理观。而"保全"除了同样具有确保免于伤害或损失的含义以外,其更多强调的是"使……保持其原有或良好状态"。因此,海洋环境保全,除了采取行动使海洋免于污染等破坏以外,还强调对海洋生态环境原有状态的保持,使其免于人类海洋活动的扰动。

---

① Munyaradzi Mawere, "Traditional Environment Conservation Strategies in Pre-colonial Africa: Lessons for Zimbabwe to Forget or to Carry Forward into Future?", *Afro Asian Journal of Social Sciences*, Vol. 4, 2013, p. 5.

② Øystein Jensen ed., *International Environmental Agreements*, Routledge pressed, 2011, p. 14.

"养护"与"保全"所体现的环境观也正是今天海洋保护区所追求的主要目标和功能价值所在。

与《公海养护公约》不同的是，尽管《海洋法公约》一再提及"生物资源养护"，但其并未明确界定何谓养护，有关养护的具体内容和要求也散见于各个条款当中。这种立法形式从一个侧面也表明，《海洋法公约》有意摆脱《公海养护公约》的束缚，希望赋予养护更为广泛的内涵。换言之，《海洋法公约》中的养护已经不再只是一个满足人类对海洋生物资源消费需求的保证，[①] 保持海洋生态环境的良好状态同样成为公约的价值追求之一。

（二）《海洋法公约》有关公海渔业资源养护的特殊规定

《海洋法公约》对《公海养护公约》的承继还表现为对各国公海生物资源养护国际法义务的发展与完善。首先，公约在肯定了各国享有公海捕鱼自由权利的同时，也对这种自由进行了一系列限制。按照公约第116条，各国的公海捕鱼自由权受到条约义务、公约有关高度洄游和迁徙鱼类种群养护义务，以及公约其他关于公海生物资源养护义务的限制。所谓条约义务，结合公约第311条，是指在不与公约规定相冲突情况下，缔约方根据其他国际公约或条约所承担的义务，如沿海国和/或捕鱼国集团在区域层面达成的海洋渔业养护合作协定或海洋环境保护协定。后两项限制主要体现在《海洋法公约》第117—120条。其中，第117条一般性规定，所有国家均有义务单独或合作为其本国国民采取必要措施以养护公海生物资源。在此基础上，第118条、第119条和第120条进一步就各国公海生物资源养护合作的方式，合作目标以及公海哺乳动物的养护合作做出了具体规定。按照这些规定，公海捕鱼国有义务通过设立RFMO/As就公海生物资源养护和管理展开相互合作。合作过程中，各国应以最可靠科学证据为依据，在考虑发展中国家特殊需求、相关环境与经济因素的客观限制基础上，确保对相关鱼类种群的可持续捕捞。

公约对公海渔业资源养护和管理的要求本身也是公海生物多样性养护的重要手段和内容之一，毕竟不可持续捕捞本身就是公海生物多样性面临的最主要传统威胁。公约有关RFMO/As的规定也为此后公海保护区建设

---

① 魏德才：《公海渔业资源养护机制变革的国际法考察》，博士学位论文，吉林大学，2017年，第30页。

提供了部分的国际法依据。在生态系统方法引入区域渔业养护与管理之后，很多 RFMO/As 框架内设立的渔业资源养护和管理区实际上已高度接近于综合性的公海保护区。[1]

(三)《海洋法公约》有关海洋环境保护与生态养护的规定

与"日内瓦海洋法四公约"相比，《海洋法公约》对海洋环境保护与生态养护予以了高度的关注。公约以专章（第 12 章）的形式就缔约方在海洋环境保护与生态养护方面的义务与责任进行了专门的规定。其中某些原则和规则已经成为国际社会所普遍遵行的习惯国际法原则和规则。[2]

公约第 192 条陈述了一个基本的习惯国际法义务，即各国有保护和保全海洋环境的义务。按照这一条的规定，对于任何海洋区域，无论是一国管辖范围以内的领海还是 ABNJ，所有国家均有义务保护和保全海洋环境。尽管其并未明确规定保护和保全的方式，但从这一基本义务设定可以合理认为，若科学研究已经证明海洋保护区在海洋生态养护方面十分重要且有效，则各国就应当有义务参与国际合作，共同建立和管理公海保护区。

与公海保护区建设关联更为紧密的规定是第 194 条 5 款。按照该款规定，各国依据公约采取的防止、减少和控制海洋污染的措施，"应包括为保护和保全稀有或脆弱生态系统，以及衰竭、受威胁或有灭绝危险的物种和其他形式的海洋生物的生存环境，而很有必要的措施"。"必要措施"的措辞更是暗示，国家可以采取任何必要措施，包括必要时设立公海保护区来实现对稀有或脆海洋生态系统的养护。实际上，当前的海洋生态科学研究以及各国海洋保护区实践均已有力证明了海洋保护区在海洋生态系统整体养护方面的重要价值和功用。正因为如此，这一措辞甚至被部分国家和学者视为进行公海保护区建设的直接国际法依据。[3]

《海洋法公约》第 197 条为缔约方设定的海洋环境保护和保全义务同

---

[1] Robert Blasiak, etc., "Shaping an International Agreement on Marine Biodiversity beyond Areas of National Jurisdiction: Lessons from High Seas Fisheries", *Marine Policy*, Vol. 71, 2016, pp. 210-216.

[2] Tullio Scovazzi, "Marine Protected Areas in the High Seas: Some Legal and Policy Considerations", *The International Journal of Marine and Coastal Law*, Vol. 19, No. 1, 2004, p. 15.

[3] Kapil Narula, "Ocean Governance: Strengthening the Legal Framework for Conservation of Marine Biological Diversity beyond Areas of National Jurisdiction", *Journal of the National Maritime Foundation of India*, Vol. 12, No. 1, 2016, pp. 65-78.

样为公海保护区的立法与实践提供了相应的国际法基础。按照第 197 条的规定,为保护和保全海洋环境,各国应该在全球或区域基础上,直接或通过主管国际组织进行合作,制订和拟订相关的国际规则和标准。第 197 条之于公海生物多样性养护的重要意义在于:其一,该条重申了国际环境保护合作义务这一习惯国际法原则。合作是解决全球性环境问题的唯一途径,对于公海这种全球公域的治理而言尤甚。在"北海大陆架"案中,国际法院指出,国际合作并非一句口号,而是一项有着实质内容的习惯国际法原则,其首先要求国家秉承善意开展谈判和协商,包括针对具体问题展开集体行动。[①] 在 2001 年的"混合氧化物燃料厂"(MOX Plant)案中,国际海洋法庭再一次指出:"通过合作防止海洋污染是《海洋法公约》以及一般国际法下的一项基本原则。"[②] 也因此,面对公海生物多样性不断退化的问题,如果有必要,国际社会同样有义务就是否建立公海保护区,以及如何建设公海保护区等相关问题展开合作。其二,该条同时也为各国就包括公海在内的海洋环境保护与生态养护问题展开合作提供了两种可选择的路径——全球或区域办法。全球路径包括就公海生物多样性养护与持续利用订立新的全球协定,或者在现有的全球性机制,如 IMO、FAO 等全球性专门机制下开展合作。区域办法则包括通过区域渔业或环境合作实现对区域海洋的治理。[③] 在公海保护区实践中,国际社会在这两条道路上均已进行了尝试。全球层面上如 IMO 框架下的特别海域和特别敏感海域实践,区域层面包括区域渔业养护区和区域公海保护区实践。

(四)《鱼类种群协定》与公海保护区建设

为进一步落实《海洋法公约》有关跨界鱼类和高度洄游、迁徙鱼类种群养护责任,改善各国之间的合作,1993 年,国际社会在公约框架下达成了一项补充协定——《鱼类种群协定》。《鱼类种群协定》为公海渔业资源养护所确立的可持续海洋渔业、预防性做法、生态系统为基础的养护原则,以渔业资源长期养护与持续利用为目标的公海保护区的建设提供

---

① The North Sea Continental Shelf cases, I. C. J., Report of Judgement, Advisory Opinions and Orders, 1969, para. 85.

② Usine MOX (Irlande c. Royaume – Uni), mesures conseratoires, ordonnance du 3 décembre 2001, p. 95.

③ Kristina M. Gjerde, "High Seas Marine Protected Areas and Deep–Sea Fishing", November 2006, http://www.fao.org/3/a1341e/a1341e02d.pdf.

了法律依据和基础。如前所述,《鱼类种群协定》第 5 条对可持续渔业原则、预防性做法和生态系统方法等原则的强调,直接影响了 RFMO/As 公海渔业资源养护和管理实践,促进其从传统的单一物种养护向综合的海洋生态系统养护的发展。

当然,客观而言,《鱼类种群协定》并不是一个有关公海生物多样性养护的条约。诚如菲茨莫里斯(Fitmaurice)等人所言,《鱼类种群协定》虽然也强调对海洋生物资源的养护,但其根本目的在于通过养护来保障人类食物的充足,与生物多样性所要求的对物种、基因多样性和生态系统的全面养护与持续利用相比存在明显的差异。[①] 前者追求的是"最大可持续产量",而后者追求的是生物多样性本身的价值。但无论如何,以生态系统为基础的渔业资源管理客观上仍起到了促进公海生物多样性目标实现的作用。换言之,《鱼类种群协定》所追求的目标,以及对渔业这一部门活动的要求本身仍为公海保护区建设提供了重要的规范和实践基础。[②]

二 《生物多样性公约》及其议定书

公海保护区建设的主要目标之一在于实现公海生物多样性养护与持续利用,也因此,CBD 这样一个专门针对生物多样性养护的框架协定及其实施机制同样为公海保护区的实施提供了相应的国际法基础。在肯定生物多样性经济价值的同时,CBD 认同生物多样性的内在价值,以及生物多样性及其组成部分的生态、遗传、社会、教育、文化和美学等非经济价值。更重要的是,CBD 首次在全球性法律文件中确认,生物多样性养护属于"全人类共同关切"(The Common Concern of Humankind)。[③] "全人类共同关切"首次出现在 1988 年联合国大会第 43/53 号决议中。决议提到,气候变化事关人类生存的基本条件,因此其属于"人类共同关切"。[④] 一

[①] M. Fitzmaurice and O. Elias, *Contemporary Issues in the Law of Treaties*, Utrecht: Eleven International Publishing, 2005, p. 333.

[②] Qureshi, Waseem Ahmad, "Marine Biodiversity Conservation: The International Legal Framework and Challenges", *Houston Journal of International Law*, Vol. 40, 2018, pp. 845-936.

[③] Lopez, Tanya Marie, "Biodiversity: Implementation of the 1992 CBD in Malaysia", *International Journal of Legal Information*, Vol. 40, 2012, pp. 273-308.

[④] UN, *Protection of Global Climate for Present and Future Generations of Mankind*, A/RES/44/207, December 1989.

般认为,"人类共同关切"是一个较"人类共同继承财产"更为模糊的概念,是在无法将气候变化、生物多样性等全球环境问题定性为"人类共同继承财产"背景下的权宜之计。[1] 将生物多样性养护问题提高到"全人类共同关切"的高度,意味着生物多样性养护对于所有国家,乃至整个国际社会而言同等重要,是人类共同利益之所系。在时间维度上,则表明生物多样性养护是一个长期任务,此类事项的解决不仅事关当代人,同时也事关后代人的权利和义务。[2] 当然,将生物多样性养护视为人类共同关切,也意在表明,生物多样性养护这一使命的完成需要全人类的共同参与。

CBD 对在地生物多样性养护重要性的强调,客观上也强化了公海保护区在公海生物多样性养护议题中的地位。CBD 序言提到,在地保护生态系统和自然生境,维持物种在其自然环境中的种群是生物多样性养护的基本要求。[3] 公约第 8 条进一步规定,缔约方应酌情建立保护区系统或采取特殊措施以保护生物多样性,确保保护区内外生物资源的养护与持续利用。

CBD 规范的主要是国家管辖范围以内生物多样性养护与可持续利用问题,对 ABNJ 生物多样性养护、利用以及公海保护区的设立着墨不多。然而,公约的某些规定仍间接地提到了 ABNJ 生物多样性的问题。例如,公约序言就提到,缔约国在行使开发生物多样性主权的同时,也有责任确保在管辖和控制范围内的活动不至于对国家管辖以外地区的环境造成损害。[4] 每一缔约国应尽可能并酌情直接与其他缔约国或通过相关国际组织就保护和持续利用 ABNJ 的生物多样性开展合作。[5] 正是上述规定为 CBD 将其目光转向 ABNJ 生物多样性养护与可持续利用议题提供了法律基础。

---

[1] Jimena Murillo Chavarro, "Common Concern of Humankind and Its Implications in International Environmental Law", *Macquarie Journal of International and Comparative Environmental Law*, Vol. 5, No. 2, 2008, pp. 133-148.

[2] Mostafa K. Tolba, "The Implications of the Common Concern Mankind Concept on Global Environmental Issues", *Revista Instituto Interamericano de Derechos Humanos*, 1991, p. 239.

[3] The Preamble of CBD.

[4] CBD, Article 3.

[5] CBD, Article 5.

2002年，CBD开始关注ABNJ海洋生物多样性养护与可持续利用问题，在CBD/COP第6次会议上，CBD提出了在全球范围内建立具有代表性海洋保护区网络的目标。在2004年CBD/COP第7次会议上，又进一步成立了有关海洋保护区设立的不设成员名额特设工作组，授权其就ABNJ海洋保护区建设展开研究。此后的数次会议当中，ABNJ生物多样性养护以及海洋保护区的建设工作在CBD框架内得以持续推进。2006年，CBD缔约方大会决议正式肯定了海洋保护区之于ABNJ生物多样性养护的重要意义，并提请联合国大会就此展开磋商。[①] 2008年，CBD还针对ABNJ生物多样性养护相关技术问题提出了两份技术指南——《确定公海水域或深海生态环境中需要加以保护的具有重要生态或生物学意义的海域的科学准则》和《建立包括公海和深海生态环境在内的代表性海洋保护区网络选址的科学指导意见》。2010年，CBD制定了著名的"爱知目标"，提出"到2020年，至少有17%的陆地和内陆水域以及10%的沿海和海洋区域，特别是那些对生物多样性和生态系统服务特别重要的区域应通过有效并得到公平管理的、具有生态代表性和连接良好的保护区系统和其他划区管理工具加以保护，并将其整合进更广泛的陆地和海洋景观当中"[②]。

在ABNJ生物多样性养护与持续利用立法工作正式转移到联合国大会框架内之后，CBD转而开始积极参与国际立法协商进程，在技术层面提供指导意见和建议。尽管联合国大会尚未肯定CBD在科学和技术领域的咨商地位，但部分CBD缔约方显然有意在推动联合国有关ABNJ海洋生物多样性养护和可持续利用国际立法方面扮演更重要角色。[③] 目前，CBD框架下有关遗传序列数据、环境影响评估、海洋战略环境评估等方面的研究工作仍在对"ABNJ实施协定"国际立法发挥着事实上的影响。[④]

---

① CBD, *Decision Adopted by the Conference of the Parties to the Convention on Biological Diversity at its Eighth Meeting*, UNEP/CBD/COP/DEC/VIII/24, 15 June 2006.

② CBD, Aichi Biodiversity Targets, (June 2011), https://www.cbd.int/sp/targets/.

③ Gjerde, K. M. & Rulska-Domino, A., "Marine Protected Areas beyond National Jurisdiction: Some Practical Perspectives for Moving Ahead", *International Journal of Marine and Coastal Law*, Vol. 27, No. 2, 2012, pp. 351–374.

④ Laidre, K. L. etc., "Arctic Marine Mammal Population Status, Sea Ice Habitat Loss, and Conservation Recommendations for the 21st Century", *Conservation Biology*, Vol. 29, No. 3, 2015, pp. 724–737.

三 区域和部门性海洋环境公约与公海保护区建设

一些区域海洋环境保护法律文件和框架也为其管辖海域内的公海保护区建设提供了直接的法律依据。如东北大西洋、地中海和南大洋区域的公海保护区区域实践。这些区域公海保护区实践分别建立在 OSPAR 公约及其议定书、《地中海海岸和海洋环境保护公约》以及《地中海行动计划》，以及 CALMR 等区域海洋环境保护法律文件基础之上。

与此同时，IMO、ISA、IWC、UNESCO 等国际组织也分别在各自职权范围内开展了广义上的公海保护区建设实践。例如，根据《海洋法公约》的授权，自 2007 年始，ISA 已经陆续在克拉里昂—克利伯顿区建立了九个环境特别利益区，以保护"区域"生物多样性、生态系统的结构和功能不受"区域"活动的影响，同时也作为参照和对比区，以监测和评估其他"区域"内活动对海底生态的影响。[1] IMO 框架下，MARPOL73/78 以公约附件形式为特别海域、特别敏感海域设立提供了法律依据。IWC 和 UNESCO 也分别从各自职权出发，分别就鲸鱼养护和水下文化遗产保护展开了相应的海洋空间管理。这些区域和部门层面实践为全球层面的公海保护区建设提供了有益的经验和借鉴。[2]

---

[1] 胡斌：《论公海保护区全球管理机制构建中面临的机制重叠问题及其解决思路》，《中国海洋大学学报》（社会科学版）2020 年第 1 期。

[2] FAO, *Marine Protected Areas: Interactions with Fishery Livelihoods and Food Security*, 2017, https://www.fao.org/3/i6742e/i6742e.pdf.

第二章

公海保护区建设区域实践

在国际社会就公海保护区建设展开全球立法协商的同时，在地中海、东北大西洋海域，以及南大洋等海域，部分国家已经开始在区域海洋环境保护组织基础上开始了公海保护区的探索。这些区域层面的公海保护区探索为未来全面建设公海保护区提供了有益的借鉴。

第一节 地中海派拉格斯海洋保护区

一 地中海派拉格斯海洋保护区的产生与发展

地中海总面积虽然不到全球海洋总面积的1%，但仍是世界上重要的海洋生态区和海洋生物多样性热点地区。其所拥有的生物种类占全球近20%，近50%的物种为地中海所独有。① 地中海还是众多鲸鱼类哺乳动物的重要栖息地。其中数量最多的鲸类为长须鲸和条纹海豚，其次是抹香鲸、长鳍巨头鲸、里索海豚、柯氏喙鲸和宽吻海豚。沿岸国家对此引以为豪，作为海洋学专家的摩洛哥国王阿尔伯特一世就曾感慨，其最为自豪的不是在北极航行冒险，而是在他宫殿的窗口欣赏地中海游弋的鲸群。然而，这一曾经让他自豪不已的景象，随着沿岸城市化水平的不断提升、繁荣的旅游、航行、过度捕

---

① Catherine Gabrié etc., "The Status of Marine Protected Areas in the Mediterranean Sea", 2012, https://www.cbd.int/doc/meetings/mar/ebsaws-2014-03/other/ebsaws-2014-03-submission-medpan-1-en.pdf.

鱼、污染和全球气候变化一度消失。直到 1986 年，科学考察队才在科西嘉、法国和意大利海岸之间的海域重新发现了大规模鲸群。①

1975 年，为应对日益严重的地中海海洋环境问题，在 UNEP 区域海洋计划的推动下，地中海国家签署了《地中海行动计划》，成为 UNEP 区域海洋计划实施后的首个区域实践。次年，地中海沿岸国家又在巴塞罗那签署了《保护地中海免受污染公约》（以下简称《巴塞罗那公约》），该公约于 1978 年正式生效，并附加了一系列议定书。按照公约规定，在协调单位（Coordinating Unit）监督下，将由六个区域活动中心按照缔约方大会的决定负责地中海行动计划的具体实施。

1990 年，特提斯研究所（Tethys Research Institute）在对利古里亚海等海域的鲸鱼类种生存情况进行了调研之后发现，该区域的海洋生物丰度和生态环境极具代表性，也是包括鲸鱼在内的很多远洋海洋生物的关键栖息地。因此，研究所向欧洲环境协会（European Association Rotary for the Environment）提出了在该海域建立海洋保护区的建议。建议内容包括在利古里亚—科西嘉—普罗旺斯海盆所在的公海区域建立生物圈保护区，并成立相应的国际机构负责海盆自然资源的可持续管理和养护。同年，意大利政府发布 18/07/09 号令，通过国内立法在该海域建立了生物保护区，禁止意大利本国渔民在该公海区域进行流网捕捞。1991 年，特提斯研究所、欧洲扶轮社环境分部，以及世界野生动物基金会（WWF）等社会团体共同提出了"派拉格斯项目"，试图在科索—利古里亚海盆（Corso-Ligurian Basin）建立自然保护区，但这一保护区并未获得沿海国官方认可。直到 1992 年，法国、意大利和摩纳哥三国政府才正式就派拉格斯庇护区的设立开展政府间协商。

1995 年，作为对联合国里约环境与发展大会倡议的响应，缔约国对《巴塞罗那公约》进行了修正，并更名为《地中海海岸和海洋环境保护公约》。按照修正案的规定，地中海属于共同继承财产，沿海国有责任对其加以养护和可持续利用，以便当代和后代均能享受由此而生之利益。② 缔

---

① Guiseppe Notarbartolo-Di-Sciara, ets., "The Pelages Sanctuary for Mediterranean Marine Mammals", *Aquatic Conservation Marine and Freshwater Ecosystems*, Vol. 18, No. 4, 2008, p. 253.

② The Convention for the Protection of the Mediterranean Sea Against Pollution (the Barcelona Convention), preamble, para. 2.

约方承诺"单独或集体采取一切必要措施……阻止、减少、控制和尽可能地消除地中海污染,保护和增进海洋环境质量"①。在修正公约的同时,上述国家还签订了《关于地中海生物多样性和特别保护区的议定书》(以下简称《地中海保护区议定书》)。按照议定书的规定,在符合以下条件之一的国家管辖范围内海域,缔约国应在本国管辖海域内建立相应的特别保护区(Specially Protected Areas):(1)代表性海洋生态系统,确保其长期可变异性和生物多样性;(2)行将消失或面积正在减少的自然区域;(3)濒危动植物物种的关键栖息地;(4)其他具有重大科学、美学、文化或教育利益的区域。与此同时,《地中海保护区议定书》还建立了一个所谓的"具有地中海重要性保护区名录"(List of Specially Protected Areas of Mediterranean Importance, list of SPAMI),对地中海一些重要和关键生境加以识别,以进一步有针对性地强化地中海区域海洋生态、濒危物种及其栖息地的养护和管理。按照 SPAMI 程序,对于地中海重要生物多样性组成部分、地中海独有的濒危物种栖息地或任何海洋生态系统、具有特殊科教、文化、美学价值的海域或海洋地貌,任何缔约方可以单独或联合提出提案,将包括公海在内的任何特定地中海海域视为 SPAMI,经 UNEP 审核批准后列入 SPAMI 名录。与前述特殊保护区不同,SPAMI 不仅可以设立在缔约国管辖海域,还可以申请设立在地中海公海区域。一旦被列入 SPAMI 名录,则意味着所有缔约国均应遵守该保护区的特殊管理要求,不得授权或进行任何与此类保护区目标相冲突的活动。

1999 年,法国、意大利和摩纳哥三国签署《保护地中海哺乳动物创设地中海庇护区协定》(以下简称《派拉格斯保护区协定》)。次年,该协定正式生效。按照协定规定,派拉格斯保护区总面积达 84000 平方千米,其中部分位于公海,是世界上首个在区域海洋合作框架下建立的公海保护区。② 2001 年,派拉格斯保护区被列入 SPAMI 名录,派拉格斯保护区也因此成为"巴塞罗那公约"体系的组成部分。换言之,其保护区的法律地位也因此得到了其他 21 个地中海国家的认可和尊重。

---

① Guiseppe Notarbartolo-Di-Sciara, ets., "The Pelagos Senctuary for Mediterranean Marine Mammals", *Aquatic Conservation Marine and Freshwater Ecosystems*, Vol. 18, No. 4, 2008, p. 256.

② Conservation of Mediterranean Cetaceans, "Collisions between Vessels and Large Cetaceans in the Pelagos Sanctuary", March, 2012, http://www.souffleursdecume.com/docs/collisions_souffleurs_d_ecume_EN.pdf.

二　派拉格斯海洋保护区设立的区域法律框架

(一)《地中海海岸和海洋环境保护公约》

经修正后的1995年《巴塞罗那公约》继承了1976年公约的大部分内容，防止海洋环境污染和破坏仍是关注的重点。除一般性规定了缔约国采取一切必要措施防止、减少、消除地中海各类海洋污染外，公约分别就海洋倾废、船源污染、陆源污染、海底采矿污染、跨界污染等进行了专门性规定。当然，在传统海洋污染防治以外，作为对1992年里约环境与发展峰会关于可持续发展和生态系统养护的响应，1995年公约也吸收了一些先进的环境理念与思想，如要求将地中海环境与资源保护纳入地区发展进程之中，在海洋发展过程中不仅应考虑当代人利益，同时也要兼顾后代人利益。[①] 除此以外，预防原则、污染者付费原则、环境影响评估等现代国际环境法基本原则也被纳入公约当中。[②] 在海洋生物多样性养护方面，公约第10条特别要求缔约方单独或联合采取一切适当措施养护地中海生物多样性，保护稀有或脆弱生态系统、珍稀、受威胁或濒危物种及其栖息地。

作为地中海区域环境合作的框架性公约，公约还就公约及其议定书的实施、环境损害责任与赔偿、缔约方会议及其职能、公约及议定书的修订等相关内容做出了规定。此外，在公约框架下，公约成员国还可以另外在双边或多边基础上签订环境协定，就更为具体的环境保护领域展开合作，这种"公约+议定书+特别协定"的伞状结构也因此成为地中海区域环境合作的一大特色。[③]

(二)《地中海保护区议定书》

1995年在巴塞罗那正式签署并生效《地中海保护区议定书》由正文和三个附件组成。正文主要就地中海特别保护区和SPAMI的设立和管理等方面进行了规定，附件一为SPAMI名录保护区设立标准、附件二为地

[①] Convention for the Protection of the Marine Environment and the Coastal Region of the Mediterranean, Article 4.2.

[②] Convention for the Protection of the Marine Environment and the Coastal Region of the Mediterranean, Article 4.3.

[③] 刘天琦、张丽娜：《南海海洋环境区域合作治理：问题审视、模式借鉴与路径选择》，《海南大学学报》（人文社会科学版）2021年第2期。

中海濒危物种名录、附件三为受管制开发物种名录。

在地理范围上，按照《地中海保护区议定书》第 2 条的规定，其将涵盖整个地中海海域，包括沿海国领海和部分内水。纳入调整范围的内水包括沿海国领海基线向陆一侧的水体、海床和底土直到淡水分界线。这种地理范围的界分充分体现了地中海国家对于地中海海洋和海岸整体养护共同价值的体认。在垂直维度上，议定书的适用范围较《巴塞罗那公约》有了进一步扩大，其范围不仅包括地中海上覆水体，还包括水体之下的海床和底土。

由于地中海的半闭海特殊地貌，多数地中海国家并未按照《海洋法公约》的授权划定 200 海里专属经济区和大陆架。但这并不意味着地中海沿海国因此放弃了此一权利。对此议定书也特别明确，《地中海保护区议定书》以及基于议定书采取的任何措施都不会损及（prejudice）缔约国当前或未来根据《海洋法公约》所享有的任何权利、主张或法律立场，特别是有关海洋区域的属性、海洋划界等事宜。同时基于本议定书所采取的任何行动也不构成国家主权或管辖权主张成立的基础。[①]

根据《地中海保护区议定书》的规定，所有缔约方承担以下一般义务：（1）采取必要措施，以可持续和环境审慎的方式，通过建立特殊保护区，保护、养护和管理具有特殊自然或文化机制的海域；保护、养护和管理濒危或受威胁海洋生物种群。（2）识别对生物多样性养护和可持续利用具有重大影响的生物多样性组成部分，并对影响或可能影响该生物多样性组分的活动进行持续监测。（3）直接或通过主管国际组织开展合作，以实现对区域内生物多样性的养护。（4）就生物多样性养护及其资源的持续利用制定战略、计划和规划，并将其纳入国内部门或跨部门政策当中。（5）基于议定书所采取的任何措施不得损害缔约方和其他国家主权或管辖权，任何措施必须同时符合国际法的要求。《地中海保护区议定书》的最大成就在于建立了具有地中海特色的特殊保护区制度。[②] 原则上，任何缔约方均有权在本国海域内设立特殊保护区。同时，若缔约国拟在边境地区设立海洋保护区，相邻缔约国还有义务进行合作，尽最大努力

---

① The Protocol Concerning Specially Protected Areas, Article 2.

② T. Scovazzi, "The Declaration of a Sanctuary for the Protection of Marine Mammals in the Mediterranean", *International Journal of Marine and Coastal Law*, Vol. 8, 1993, p. 510.

达成合作协议,由后者在本国毗邻海域建立起同类特殊保护区或采取任何其他适当的协调措施。即便拟设立特殊保护区所毗邻海域并非议定书缔约国所管辖海域,缔约国同样有与之展开类似合作的义务。①

对于依据《地中海保护区议定书》所设立的特殊保护区,所有缔约方承担以下一般责任:(1)禁止向保护区倾废或排放任何可能对特殊保护区完整性造成直接或间接不利影响的物质。(2)遵守保护区有关船舶通行、停泊或锚泊的要求。(3)遵守保护区有关外来物种的管理规定。(4)遵守保护区内海底资源开发的要求。(5)遵守保护区科研活动的要求。(6)遵守保护区捕鱼、捕猎、采集,动植物贸易等特殊要求。(7)遵守对任何有可能损害或扰乱物种、危及生态系统及物种养护、损害特殊保护区自然或文化特征行为的管制要求。(8)遵守任何其他目的在于保护生态和生物进程和景观的措施。上述义务性要求适用于所有议定书缔约国。②

针对上述基本责任,《地中海保护区议定书》进一步就缔约国应当采取的具体养护和管理措施进行了规定。按照第7条的规定,任何设立特殊保护区的缔约国应:(1)建立一个总括性管理计划,确定保护区的法律和制度框架,及其应当适用的具体养护管理措施等。(2)对保护区内生态进程、栖息地、种群物种数量和人类活动影响进行持续监测。(3)采取措施确保土著和当地社区对保护区管理工作的参与,评估保护区的设立对土著及其社区的影响。(4)为保护区的促进和管理工作提供财政支持。(5)制定任何符合管理目标的管理规定或许可。(6)培训管理人员和技术人员并配置相关基础设施。③ 与此同时,《地中海保护区议定书》第三部分"物种养护和保护"还规定,缔约方应以维持动植物最佳养护状态为目标采取养护措施。为此,缔约方应尽快识别并列明本国管辖海域内濒危和受威胁动植物种群,并赋予其相应的养护地位,同时采取措施对濒危

---

① Shane A. Blowes, etc., "Mediterranean Marine Protected Areas have Higher Biodiversity via Increased Evenness, Not Abundance", *Journal of Applied Ecology*, 2019.

② Ameer Abdulla, etc., "Challenges Facing a Network of Representative Marine Protected Areas in the Mediterranean: Prioritizing the Protection of Underrepresented Habitats", *Oxford Journals*, Vol. 4, 2008, pp. 25-31.

③ Ameer Abdulla, etc., "Challenges Facing a Network of Representative Marine Protected Areas in the Mediterranean: Prioritizing the Protection of Underrepresented Habitats", *Oxford Journals*, Vol. 4, 2008, pp. 25-31.

或受威胁物种及其栖息地存在不利影响的活动予以控制。为保护特定海洋生物种群，缔约方可以对此类物种的捕猎、贸易、运输以及为商业目的的展览予以控制或禁止。对于那些可能扰乱物种繁育、孵化、冬眠、迁徙，或其他生态进程的活动，有义务予以限制或禁止。为有效养护高度迁徙海洋物种，缔约方除了单独采取上述措施外，必要时还应与其他缔约国展开双边或多边合作，必要时以条约形式达成养护合作。在海洋植物养护方面，缔约方有义务管制，必要时应禁止所有形式的破坏和扰乱，包括采集、砍伐、拔除、贸易，或商业目的的运输和展览受保护植物物种行为。同时，缔约国也应对保护区物种的人工种植等行为制定相关措施。[①]

为进一步强化地中海缔约国之间在保护濒危物种及其栖息地养护和管理方面的合作，在上述保护区当中，《地中海保护区议定书》在特别保护区基础上又进一步建立了所谓的 SPAMI 保护区名录，要求缔约国在此类保护区上承担更高的合作义务。按照《地中海保护区议定书》规定，对于具备以下条件之一的特殊保护区，可以将其列入 SPAMI 名录：（1）对养护地中海生物多样性组成部分具有重要性的保护区；（2）地中海特殊生态系统或濒危物种栖息地；（3）具有特殊科教、文化、美学价值的保护区。对于列入 SPAMI 名录中的保护区，各缔约国承认其重要性，承诺遵守保护区养护和管理措施，且不在区域内从事或授权从事任何与保护区建立目标相悖的活动。除此以外，按照《地中海保护区议定书》附件的要求，此类保护区还必须同时能够体现地中海区域价值。区域价值的判断标准包括独特性、自然代表性、多样性、自然性（naturalness）、所保护的栖息地是否为濒危或区域特有物种栖息地、文化代表性等。但在养护和管理措施方面，设立主体并非可以完全自主，其制定的养护和管理措施，目标设定等方面仍需要符合附件一所设定的共同标准。例如，附件一要求 SPAMI 保护区的养护和管理目标应清楚界定，以此作为评估保护区管理措施适当性和有效性的重要基础。保护区规划和管理措施的设定必须符合其长期和短期目标，并将其面临的主要威胁纳入考量。保护、规划和管理措施必须基于对自然环境、社会经济和文化等诸多要素信息和知识的充分掌

---

① Casablanca & Morocco, "Summary Report on the First Intercountry Meeting of National Focal Points for Antimicrobial Resistance in the Eastern Mediterranean Region", 17 March 2016, https://applications.emro.who.int/docs/IC_Meet_Rep_2016_EN_18947.pdf.

握。此外，有关 SPAMI 的日常行政管理和养护措施实施的职权和责任必须在保护区立法当中明确界定。被列入 SPAMI 名录的保护区，如果其处于一国管辖范围以内，则其具体的管理计划和管理措施将主要由该国制定；如果保护区全部或部分位于公海，则由授权申请设立此类保护区的国家具体制定。①

在建立程序和设立范围上，SPAMI 与一般性的特殊保护区有所区别。在设立范围上，特殊保护区只能由缔约国单独或在合作基础上在各国管辖海域内设立，但 SPAMI 既可以在位于缔约国主权和管辖范围内的海域设立，也可以全部或部分位于公海。对于一国管辖海域内已建或拟建的保护区，缔约国应单独或联合其他相关缔约国向"特殊保护区区域行动中心"（以下简称"中心"）提交报告，报告内容包括区域的地理位置、物理和生态特征、法律地位、管理计划及其实施方式，以及它对地中海的重要性。对于建立在公海或主权争议海域的保护区，相关邻国间应彼此协商，以确保保护和管理措施及其实施的一致性。② 同时，对于每一个拟建的 SPAMI，缔约方应向国家协调中心（National Focal Points）提交提案，证明其所提 SPAMI 符合共同指南和《地中海保护区议定书》第 16 条所设立的标准，经评估后，对于那些拟在一国管辖海域内设立的 SPAMI，在其符合指南和共同标准情况下，UNEP 进一步评估后可将其提交缔约方大会通过。对于那些拟建于公海或未完成划界海域的保护区，符合指南和共同标准的，可以由"中心"转交 UNEP，并由后者提交缔约方大会讨论，经缔约方大会协商一致后将此类保护区列入 SPAMI 名录。同时缔约方大会还会就保护区措施予以审批。保护区被正式列入 SPAMI 名录后，申请设立的缔约方应按照其提案规定采取措施，同时其他各缔约方有义务遵守保护区养护和管理规定。③

---

① The Convention for the Protection of the Marine Environment and the Coastal Region of the Mediterranean, Part C, Annex 1.

② Christina K. A. Geijer, etc., "A Network Approach to Migratory Whale Conservation: Are MPAs the Way Forward or Do All Roads Lead to the IMO?", *Marine Policy*, Vol. 51, 2015, pp. 1-12.

③ UNEP, *Report of the MAP Focal Points Meeting*, UNEP (DEPI) /MED WG 337/20, 28 August 2009.

三 派拉格斯海洋保护区空间范围

派拉格斯保护区位于西北地中海，涵盖法国东南部、摩纳哥、意大利西北部和北部的撒丁岛，包括科西嘉岛和托斯卡纳群岛。其水域包括利古里亚海和科西嘉与蒂勒尼安海的大部分。水域内法国、摩纳哥和意大利的内水占15%、领海占32%，公海面积占53%。值得一提的是，作为典型的半闭海，地中海无法容纳沿海国按《海洋法公约》的规定充分伸展的海洋权利，因此地中海沿岸国家目前都还没有主张专属经济区，但这并不意味着沿海国已经放弃专属经济区主张的权利。某种程度上，这也意味着地中海的公海范围仍处于未定状态。正因为如此，《地中海保护区议定书》第2条特别规定，议定书以及基于议定书所采取的任何行动都不得被视为对任何成员方当前或未来任何权利的减损，也不代表任何缔约方关于海洋法的任何法律立场，尤其是关于海洋区域的范围和法律性质，以及海岸相邻或相对国家海洋划界的任何立场。[①] 因此，一旦未来地中海国家开始主张专属经济区，则派拉格斯保护区内的公海范围可能有所减少甚至不再存在。

此外，值得一提的是，尽管派拉格斯庇护区主要试图保护鲸鱼及其栖息地，但出于政治因素的考量，庇护区并未完全按照生态边界划定庇护区。事实上，科西嘉和意大利大陆之间一大片鲸鱼活动并不频繁的海域被划入了庇护区，而科西嘉以西的一些重要的远洋鲸类栖息地反而被排除在庇护区以外。这样做，其主要目的是要公平划定庇护区内意大利和法国之间的海洋边界。[②] 有学者认为，从鲸鱼保护视角来看，派拉格斯庇护区保护的都是一些价值相对较低的区域，而庇护区东南部和西部一些极为重要的高价值栖息地反而因为政治原因或出于管理难度等方面考虑而没有纳入。[③]

[①] The Protocol Concerning Specially Protected Areas and Biological Diversity in the Mediterranean, Article 3; also Article 2.2 & 2.3.

[②] Tundi Agardy, etc., "Mind the Gap: Addressing the Shortcomings of Marine Protected Areas through Large Scale Marine Spatial Planning", *Marine Policy*, Vol. 35, 2011, pp.226-232.

[③] Tundi Agardy, etc., "Mind the Gap: Addressing the Shortcomings of Marine Protected Areas through Large Scale Marine Spatial Planning", *Marine Policy*, Vol. 35, 2011, pp.226-232.

四 派拉格斯海洋保护区的主要养护与管理措施

20世纪80年代初,派拉格斯海洋保护区倡议首次提出时,其主要目标是管制区域内的流网捕鱼,避免造成海洋哺乳动物伤亡;同时防止陆源污染、地震勘测、航行、旅游业等海洋活动对该海域生态环境造成不利影响。但基于生态系统养护方法,派拉格斯保护区将其管制对象扩大为一切可能对保护区内物种和生态系统产生直接或间接不利影响的人类活动。因此,尽管派拉格斯海洋保护区的主要保护对象为海豚、鲸等远洋海洋哺乳动物,但其功能已经远远超出了鲸鱼庇护区的范畴。

派拉格斯保护区的具体养护目标主要包括以下三个方面:(1)保护海洋哺乳动物及其栖息地。通过建立保护区确保保护区内哺乳动物及其栖息地免于船舶噪声、船舶碰撞、捕鱼作业、船源污染、军事声呐等人类活动的直接或间接的不利影响。(2)保护哺乳动物觅食网络和生态系统。保护区的管理不仅强调对目标物种生态环境的保护,同时还对它们生态支持系统予以关注。因此,在对区域内海洋哺乳动物进行保护的同时,生态系统内的其他物种,如鲨鱼和其他海洋生物种群都会得到一体保护。例如,在对长须鲸的养护过程中,除了对鲸鱼本身予以保护以外,保护区还对其主要饵料——磷虾进行保护。[①](3)保护地中海海盆内高度迁徙哺乳动物。针对此类物种迁徙的特性,派拉格斯在对区域内的目标物种予以保护的同时,还特别关注区域外活动对它们的影响,通过与黑海等其他区域海计划的协调,来实现对此类物种的协同养护。

从采取的具体养护和管理措施来看,派拉格斯保护区与其他SPAMI一样,并没有对渔业活动进行特别的管理。但是,在船源污染方面,按照《巴塞罗那公约》第6条的要求,各缔约方需采取一切符合国际法的措施,确保有关船舶排放的一般国际标准的实施。对于海底采矿活动,保护区同样进行了规制。按照公约规定,缔约方有义务采取一切适当措施,避免大陆架和海床洋底的矿物勘探与开发活动所造成的污染。

---

① High Seas MPAs, *Regional Approaches and Experiences*, UNEP (DEPI) RS. 12/INF. 6. RS., September 2010.

五 派拉格斯海洋保护区的运行机制与管辖安排

派拉格斯保护区早期的管理和运行机制较为松散，按照《地中海保护区议定书》的要求，各国需要在本国设立一个国家协调中心，并通过该中心与特别保护区区域活动中心就《地中海保护区议定书》实施过程中的技术和科学方面进行沟通与协调。2004年，《地中海保护区议定书》缔约方通过了联合管理计划（Joint Management Plan），并按照联合管理计划成立了国际管理办公室和常设秘书处两个区域保护区管理机构，此后，派拉格斯保护区又成立了科学和技术管理委员会。缔约方大会、科学和技术管理委员会、特别工作组和常设秘书处各司其职，在协同分工基础上开展具体的管理工作。[①] 其中，缔约方大会负责决定保护区重大立法和政策制订，科学和技术管理委员会提供科学和技术层面的支持和建议，人类活动工作组、渔业工作组、高速交通工具竞赛工作组、海洋交通工作组、观鲸工作组、海洋监管标准化工作组、研究和监管工作组、海洋污染工作组、沟通与警示工作组、数据库工作组这十个特别工作组负责各自专业领域事项，而常设秘书处主要负责派拉格斯保护区日常行政事宜。

为解决一些跨部门活动所带来的海洋环境威胁，派拉格斯保护区也尝试同其他国际机制展开协调与合作。《巴塞罗那公约》缔约方大会第14次会议就建议缔约方评估和查明那些因国际航运活动而面临的现实或潜在环境风险，进而考虑向IMO提议设立PSSAs来加以管控。[②] 第16次缔约方大会也呼吁地中海行动计划秘书处和特别保护区区域行动中心加强与现有区域渔业组织（如渔业总会、大西洋金枪鱼养护委员会等）和其他相关国际组织的联系，以确保对包括公海内的资源在内的可持续管理。[③]

[①] UNEP, *Joint Management between the Mediterranean Action Plan and the European Commission on the Identification of Potential Sites for Creating SPAMIs in the Open Seas, Including the Deep Seas*, UNEP (DEPI) /MED WG. 371/4. rev1, 22 June 2012.

[②] UNEP, *Report of the 14th Ordinary Meeting of the Contracting Parties to the Barcelona Convention and its Protocols*, UNEP (DEPI) /MED IG. 16/13, 30 November 2005.

[③] UNEP, *Report of the 16th Ordinary Meeting of the Contracting Parties to the Barcelona Convention and its Protocols*, UNEP (DEPI) /MED IG. 19/8, 24 November 2009.

第二节　OSPAR 公海保护区

一　OSPAR 公海保护区的产生与发展

1967 年，在东北大西洋发生了著名的"托利·堪庸"（Torrey Canyon）号海洋油污事件。该艘美国油轮在驶往英国途中触礁，1.17 万吨原油被倾倒入海，造成了史无前例的海洋环境与生态灾难。这一灾难性事件的发生也直接促成了东北大西洋国家之间的区域海洋环境合作。1969 年，比利时、丹麦、法国、德国、荷兰、挪威、瑞典、英国、冰岛和欧洲经济共同体签署了第一份有关东北大西洋环境保护的区域协定——《解决北海油污合作协定》（《波恩协定》）。1972 年，为进一步控制海洋倾废对东北大西洋海洋环境的污染，上述区域国家进一步签订了《防止船舶和飞行器倾废污染海洋公约》（以下简称《奥斯陆公约》）。在《奥斯陆公约》正式生效的同一年，区域内国家又进一步针对陆源污染、水源污染和管道污染等问题展开协商，进而形成了 1978 年《防止陆源污染公约》（以下简称《巴黎公约》）。1992 年，《奥斯陆公约》和《巴黎公约》委员会代表，以及卢森堡、瑞士和欧盟代表召开巴黎会议并达成了《保护东北大西洋海洋环境公约》（以下简称《OSPAR 公约》）。在《OSPAR 公约》基础上，区域国家开始通过设立海洋保护区来实现区域海洋环境保护与生态养护。

《OSPAR 公约》对海洋保护区的定义较为宽泛，按照公约的定义，海洋保护区是指"一个采取保护、养护、恢复或预防措施的区域，目的在于保护或养护物种、栖息地、生态系统或海洋环境的生态进程"[1]。1998 年，《辛特拉部长声明》（Sintra Statement）之后，OSPAR 框架内有关海洋保护区网络的讨论正式开始。声明中，各国承诺通过委员会促进海洋保护区网络的建设，以确保海洋生物多样性及其生态系统的可持续利用、保护和养护，[2] 并将东北

---

[1] OSPAR, "Marine Protected Areas", 26 April 2018, https://www.ospar.org/work-areas/bdc/marine-protected-areas.

[2] The OSPAR Commission, "Sintra Statement", 20 June 2021, https://www.ospar.org/site/assets/files/36552/98_sintra_statement_english.pdf.

大西洋海洋保护区网络的总体目标设定为：（1）保护、养护和恢复受人类活动影响的物种及其栖息地和生态进程；（2）基于预防原则，避免物种减少、栖息地和生态进程的退化、损害；（3）保护和养护具有代表性的物种、栖息地和生态进程。[①]

二 OSPAR 公海保护区建立的区域法律基础

《OSPAR 公约》及其议定书是当前东北大西洋沿岸国家开展海洋保护区合作的区域法律基础。《OSPAR 公约》体系除公约本身外，还包含五个附件和三个附录。公约本身基本上仍属于传统的海洋环境保护公约，其关注的焦点仍是陆源污染、倾废污染、离岸污染等各类海洋环境污染。真正意义上海洋生态养护的规定主要集中在附件五。在附件五中，缔约国承诺采取必要措施保护和养护区域内海洋生态系统和生物多样性，恢复受到人类活动不利影响的生态系统，以及在必要时合作制订海洋生态养护区域行动计划。1998 年，OSPAR 部长会议同意就促进区域海洋保护区网络建设展开合作，经过一段时间的准备工作之后，2003 年 OSPAR 部长会议通过第 2003 号建议案，决定在 2016 年以前，在东北大西洋建立一个生态协调、管理良好的海洋保护区网络。与此同时，OSPAR 还与地中海赫尔辛基公约体系（HELCOM）共同制订了一个生物多样性战略和共同工作计划，由此形成了东北大西洋海洋保护区网络构建的主要法律基础。2010 年，OSPAR 部长会议对 2003 年建议案进行了修订，要求缔约国继续在东北大西洋海洋保护区网络建设上展开合作，并基于该修正案明确东北大西洋海洋保护区建设的两个具体工作目标：（1）到 2012 年建成一个生态协调的，所有具有代表性的生物地理区域纳入其中的 OSPAR 海洋保护区网络，并与 CBD 有效养护海洋和海岸生态区域的基本目标保持一致；（2）到 2016 年，建成一个管理良好的区域海洋保护区网络。

值得一提的是，由于区域内缔约国同时也是欧盟成员国，因此欧盟的相关海洋环境保护指令对 OSPAR 海洋保护区网络的构建也产生了重要且实质性的影响。某种程度上，OSPAR 有关海洋保护区的实践，实际上也

---

① The OSPAR Commission, "2017 Status Report on the OSPAR Network of Marine Protected Areas", 26 April 2018, https：//www.ospar.org/site/assets/files/1378/assessment_sheet_mpa_status_2017.pdf.

是成员国履行欧盟共同环境政策的结果。例如以海洋保护区来保护海洋生态环境本就是欧盟海洋战略框架指令（The EU Marine Strategy Framework Directive）的基本要求。① OSPAR 附件五中对特定海洋生物栖息地的保护同样也是履行欧盟理事会养护自然栖息地和野生动植物第 92/43 号指令和鸟类养护第 79/409 号指令要求的结果。

三 OSPAR 公海保护区的空间范围

2005 年以来，OSPAR 公约的 12 个缔约国已经分别在各自管辖海域和 ABNJ 区域选定了海洋保护区网络设立位置。截至 2020 年，OSPAR 所建立的区域海洋保护区网络已经拥有了 552 个海洋保护区，总面积达 874127 平方千米，涵盖 OSPAR 管辖海洋空间范围的 6.5%。这些海洋保护区主要分布在大北海区域、凯尔特海区、泛大西洋海区、比斯开湾、伊比利亚海区五个 OSPAR 管辖海域。前三个海域中的海洋保护区建设最具代表性，分别占 OSPAR 中海洋保护区总面积的 19%、17.1% 和 8.3%，后两个海区的海洋保护区建设相对而言较为迟缓，保护区面积仅占总面积的 5.9%。②

与多数区域海洋公约不同，OSPAR 区域海洋治理的空间范围涵盖了较大范围的公海区域。据估计，OSPAR 海洋保护区网络当中，约 40% 的海域属于公海。上述 552 个海域中，7 个位于 ABNJ，分别是查理—吉布斯北部公海保护区、查理—吉布斯南部公海保护区、米恩海山杂岩公海保护区、阿泰尔海山公海保护区、中大西洋海脊亚速尔北部公海保护区、安迪尔泰海山公海保护区和约瑟芬海山公海保护区。③

四 OSPAR 公海保护区的主要保护与管理措施

按照 OSPAR 的要求，基于预防原则，区域内公海保护区的主要任务

---

① The EU Marine Strategy Framework Directive，Article 13.4.

② The OSPAR Commission，"Status of the OSPAR Network of Marine Protected Areas in 2020"，June 2020，https：//oap-cloudfront.ospar.org/media/filer_public/94/bd/94bdc35b-05f6-4efa-9e1d-f84cb5ebe0f9/assessment_sheet_mpa_status_2020.pdf.

③ The OSPAR Commission，"Status of the OSPAR Network of Marine Protected Areas in 2020"，June 2020，https：//oap-cloudfront.ospar.org/media/filer_public/94/bd/94bdc35b-05f6-4efa-9e1d-f84cb5ebe0f9/assessment_sheet_mpa_status_2020.pdf.

是养护和恢复受到人类活动不利影响的物种及其栖息地和生态进程。除渔业和航行活动外，几乎所有可能对区域海洋有不利影响的人类活动都被纳入了 OSPAR 的管辖对象。

OSPAR 的目标是建立一个网络化的区域海洋保护区，也因此海洋保护区之间的生态协调性（Ecological Coherence）成为东北大西洋海洋保护区建设和管理的基本原则与目标。这一点在 OSPAR 一系列指南当中一再被重申。按照生态协调性原则，海洋保护区首先要做到目的上的协调；其次则是在此基础上做到管理标准、对象和管理措施的协调。① OSPAR 发布的《建立一个生态协调的 OSPAR 海洋保护区网络指南》提出了生态协调的海洋保护区网络建设和检验的三个标准：(1) 组成网络的各个部分本身应符合网络建设的总体目标。(2) 一个生态协调的海洋保护区网络应考虑到海洋物种与它们所在环境的关系和互动，这一点无论是在目标设定还是具体组成要素的识别标准方面都应该加以考虑。(3) 功能上相互协调的海洋保护区网络应该保持与更大范围内的环境的互动。OSPAR 海洋保护区网络建设和管理过程中，应考虑海洋生态系统以及与其相联系的，位于保护区以外的某些物种、栖息地和生态进程。而且也正是由于此类生态联系的复杂性和范围的广泛性，海洋保护区才没有局限于成员国管辖海域以内，而是适当地向公海扩展。

根据上述三个基本的养护目标，OSPAR 分别就区域内海洋保护区的设立、管理等制定了一系列指南。在海洋保护区的选划上，《OSPAR 保护区识别和选址标准指南》确立了生态（Ecological Criteria）和实践（Practical Criteria）两大标准。生态标准主要包括：(1) 受威胁或有退化危险的物种、栖息地、生境；(2) 重要物种和栖息地或生境；(3) 生态重要性；(4) 高度自然生物多样性；(5) 代表性；(6) 敏感性；(7) 不受人为扰动自然生境。实践标准是指海洋区域内社会、经济环境等诸多非生态因素，包括：(1) 生态系统规模；(2) 生态系统的可恢复性；(3) 可接受性；(4) 成功管理的潜在可能性；(5) 人类活动的潜在损害；(6) 科学价值。实践标准的提出，充分展示了 OSPAR 在保护区建设问题上的务实态度。也因此，在公海保护区建设过程中，生态标准和实践标准

---

① OSPAR, *Guidelines on Development an Ecologically Coherent Network of OSPAR Marine Protected Areas*, BDC 07/12/1, 2003.

这两个标准会针对不同海域状况进行综合考量。① 例如，如果海洋保护区网络的目标是保护、养护和恢复受人类不利影响的物种、栖息地和生态进程，则需要同时考虑第（1）项生态标准和第（1）、（2）、（3）、（4）、（6）项实践标准。若待建海洋保护区网络目的在于防止物种、栖息地和生态进程退化和损害，则需要同时考虑第（1）、（2）项生态标准和第（1）、（3）、（4）、（5）项实践标准。如果待建保护区网络目的在于保护和养护代表性物种、栖息地和生态进程，则需要同时考虑第（3）、（4）、（5）、（7）项生态标准和第（1）、（3）、（4）、（6）项实践标准。

OSPAR 在建立和完善海洋保护区网络的同时，会关注到每一个保护区的特殊性，并针对每一个保护区制定相对独立的管理和养护措施。按照《OSPAR 管理指南》的要求，每一个保护区应制定自己的管理计划。计划应结合海域主要的物理、生态、文化特征、海域利用情况，制定相应的保护区管理方法，建立相对独立的主管部门进行保护区的执法与监督。②

五　OSPAR 公海保护区运行机制与管辖安排

OSPAR 的主要决策机制为部长会议，部长会议由各国委派代表组成，负责 OPSAR 海洋保护区的审议和建设。OSPAR 委员会是其执行机构，按照《OSPAR 公约》第 15 条规定，委员会主要负责监督公约的实施，评估海区环境，对环境保护和生态养护措施的有效性，包括任何附加措施采取的必要性和优先性予以定期评估。同时，委员会还负责审查对海洋环境存在现实或潜在不利影响的规划和措施，并对 OSPAR 保护区养护和管理工作计划进行定期评估。为履行上述职能，委员会有权针对上述具体事项做出决定或建议。在公约没有另做约定情况下，委员会做出的决定经 2/3 多数即可以通过，在决定通过后的 200 天内，若无缔约方对此提出保留，该决定将对所有缔约方产生约束力。与决定不同，委员会做出的建议案不具有法律约束力，但由于委员会做出的建议案往往针对的是一些具体的技术事项，在 OSPAR 实践当中，这些建议案一般都会得到各缔约国遵循。

---

① OSPAR, *Guidelines on Development an Ecologically Coherent Network of OSPAR Marine Protected Areas*, BDC 07/12/1, 2003.

② OSPAR, "Guidelines for the Management of Marine Protected Areas in the OSPAR Maritime Area", 21 June, 2021, https://www.ospar.org/work-areas/bdc/marine-protected-areas/guidance-for-the-development-and-management-of-the-ospar-network.

按照《OSPAR 公约》第 11 条的规定，OSPAR 框架内还设立了所谓的观察员制度。任何非缔约国、国际组织，包括政府间和非政府间国际组织，在缔约方全体一致同意下可以成为 OSPAR 观察员。观察员有权参与委员会会议，并可以向委员会提交与公约目标一致的任何信息或报告。

当然，OSPAR 本质上只是一个防止海洋环境污染的国际法律机制，尽管其职权已有明显扩张，但其仍无权处理有关渔业、海洋航运问题，更无权处理诸如大西洋远洋海底的采矿活动。因此，为更好地实现对管辖海域的综合保护和养护，OSPAR 采取的策略是强化与相关国际组织的协调和合作。[1] 在 OSPAR 海洋保护区网络建设过程中，作为其职能履行的一部分，OSPAR 主要通过备忘录的方式与其他国际组织和机制进行协调，以解决自身职能的不足，同时也避免与其他国际机制间发生潜在机制重叠乃至冲突问题。目前，OSPAR 已经分别与国际原子能机构、《保护、管理和发展大西洋沿岸西非、中非和南非区域的海洋和沿岸环境公约》机制（以下简称《Abidjan 公约》机制）、欧洲环境署（the European Agency）、联合国欧洲经济理事会、海洋勘探国际理事会（ICES）、ISA、北大西洋三文鱼养护组织、东北大西洋渔业委员会（NEAFC）、IMO、马尾藻海洋联盟（Sargasso Sea Alliance）等国际组织和机制签署了合作谅解备忘录（见表 2-1）。这些备忘录对 OSPAR 和其他国际组织或机制及其成员而言并不具有任何法律约束力，其主要功能是在两个组织或机制间建立起一个信息沟通和交流渠道。当前，建立在谅解备忘录基础之上的机制间合作主要集中在信息共享方面。例如，2006 年，OSPAR 与 ICES 之间在合作备忘录基础上开展了环境监测协调计划（Coordinated Environmental Monitoring Programme），在该计划当中，后者主要扮演数据中心的角色，并与 OSPAR 一起合作审议缔约方提交的数据和信息。[2] 2014 年，OSPAR 又与 NEAFC 建立了集体行动安排（Collective Arrangement），按照该安排，两个组织通过联席会议、相互委派观察员、提供书面通知、联合审议等方式进行了跨部门和跨组织合作。目前，ISA 也初步参与到了这一集体行动安排

---

[1] D. Smith, J. Jabour, "MPAs in ABNJ: Lessons from Two High Seas Regimes", *ICES J. Mar. Sci.*, Vol. 75, No. 1, 2018, pp. 417-425.

[2] Elizabeth M. De Santo, "Implementation Challenges of Area-based Management Tools (ABMTs) for Biodiversity beyond National Jurisdiction (BBNJ)", *Marine Policy*, Vol. 97, 2018, pp. 34-43.

当中，但尚未形成正式的参与机制。①

表 2-1　　OSPAR 与其他国际组织签署的合作谅解备忘录

国际组织	类型	签署年份
IMO	《促进伦敦公约及其议定书的谅解备忘录》	2018
《Abidjan 公约》机制	《谅解备忘录》	2013
北大西洋鲑鱼养护组织	《谅解备忘录》	2013
马尾藻海联盟	《协作安排》	2012
ISA	《谅解备忘录》	2010
IAEA	《实际安排》	2009
NEAFC	《谅解备忘录》	2008
国际海洋开发理事会（ICES）	《谅解备忘录》	2006
IMO	《谅解备忘录》	1999
欧洲环境署（EEA）	《谅解备忘录》	1998
联合国欧洲经济理事会（ECE）	《谅解备忘录》	1991

第三节　南极海洋保护区

一　南极海洋保护区产生与发展

南极渔业资源丰富，磷虾是各国在南极捕捞的主要物种之一，但对磷虾的过度捕捞也造成了磷虾及其关联种群，如鲸鱼、海豹等物种的减少。磷虾以外，南极犬牙鱼同样面临数量锐减的问题。犬牙鱼本身生命周期较长，随着非法、未报告、无管制捕捞活动（IUU）在南极的肆虐，犬牙鱼的数量自 21 世纪初以来也一直呈现显著下降的趋势。南极海洋同样也是

---

① K. Hoydal, D. Johnson, A. H. Hoel, " Regional Governance: The Case of NEAFC and OSPAR", in S. M. Garcia, J. Rice, A. Charles eds., *Governance for Fisheries and Marine Conservation: Interaction and Co-evolution*, New York: Wiley-Blackwell, 2014, pp. 225-238.

鲸鱼等大型哺乳动物长期出没、活动的地点。据统计，南极地区存在17种鲸鱼。南极鲸鱼的出没也因此吸引了大量捕鲸船的到来。尽管早在1986年，按照《国际商业捕鲸管制公约》的规定，国际社会已经全面禁止了商业捕鲸，但素有捕鲸传统的日本却仍以科研为由继续在此海域捕鲸。①

外来物种同样威胁着南极的生物多样性。随着人类在南极科考、旅游活动的不断增加，大量外来物种也随之进入南极海域，并在全球暖化情况下越来越多地存活了下来，进而威胁到南极特有的海洋生态系统。最近调查显示，南极所面临的外来物种威胁之一便是鼠患，由于南极特殊地貌，使得南极栖息的鸟类及其鸟卵都暴露在老鼠的捕猎之下。②

南极生态环境面临的另一个主要威胁来自全球暖化。随着全球气候变暖，南极多数生物所赖以生存的冰川开始大面积融化。大量海洋生物的栖息地也因此消失。全球暖化带来的另一个主要问题是海水酸化的问题。海水酸化使得作为海洋碳循环一部分的海蜗牛大量灭绝，企鹅等物种的生存和栖息环境也因此发生了巨大改变。③

为应对南极生态环境不断退化的威胁，在《南极条约》框架基础上，《南极条约》缔约国先后签订了《保护南极海豹公约》、CAMLR、《南极矿产资源活动管理公约》、《南极条约环境保护议定书》（以下简称《马德里议定书》）等专门性环境保护条约。这些专门条约与《南极条约》共同构成了"南极条约体系"（ATS），为南极以及南大洋环境保护与生物多样性养护提供了一个国际法律制度基础。

为更有效养护南极生态环境，海洋保护区这一工具开始运用于南极。1964年，按照《养护南极动植物协定措施》的要求，《南极条约》协商会议（以下简称协商会议）正式建立了南极特别保护区（Specially Protected Areas, ASPAs）制度，以保护那些具有代表性、独特性或其他特殊价值的陆地或淡水区域。1998年《马德里议定书》生效后，1964年协定中的特别保护区规定为《马德里议定书》附件五的相关规定所取代。

---

① 何志鹏、姜晨曦：《南极海洋保护区建立之中国立场》，《河北法学》2018年第7期。

② Kevin A. Hughes et al., "Invasive Non-native Species Likely to Threaten Biodiversity and Ecosystems in the Antarctic Peninsula Region", *Global Change Biology*, Vol. 25, 2020, p. 210.

③ Steven L. Chown, etc., "Antarctica and the Strategic Plan for Biodiversity", *Ocean Sciences*, Vol. 3, 2017, p. 56.

2002年，根据《马德里议定书》附件五的规定，协商会议又通过了"南极特别保护区命名与编号系统"，将南极已经建立的各类保护区重新划分为两大类：南极特别保护区和南极特别管理区（Antarctic Specially Managed Areas, ASMAs）。前者主要用来保护那些具有重要环境、科学、历史、美学或荒野价值的南极陆地或海洋区域；后者主要用于那些已经存在部分人类活动，或将来可能被安排某些活动的海洋区域。特别管理区的设立，目的在于协调这些区域的人类活动，促进缔约方合作，最低限度减少人类活动所带来的负面环境影响。目前，由缔约国单独或联合申请成立的特殊保护区数量达75个，特殊管理区7个。[①] 1972年，为保护南极具有历史意义（historical interest）的海区和遗迹，协商会议还在南极建立了一系列历史遗迹保护区，并创立了南极历史遗址和遗迹官方名录。[②] 该名录中，目前共有92个历史遗址和遗迹保护区。[③] 这些保护区基本分布在南极大陆沿海海域，总体规模较小。

在2002年世界可持续发展峰会提出"2012年海洋保护区网络建设"目标之后，负责实施CAMLR的国际组织——南极海洋生物资源养护委员会（CCAMLR）的成员方也开始就如何实现这一目标开始了相关的讨论。[④] 2004年，CCAMLR第23次会议正式提出了海洋保护区建设议题，并敦促科学委员会将其视为优先事项尽快着手准备。同年，CCAMLR海洋保护区工作组成立，其主要任务为梳理当前有关海洋保护区的原则与实践、思考如何运用海洋保护区实现CCAMLR南极海洋生物资源养护目标，以及在南极建立海洋保护区所需的科学信息，包括如何识别生物地理区域。2005年，工作组提交报告指出，南大洋生物区域化应是识别有待保护的代表性海洋区域的科学基础。所谓生物区域化（Bioregionalisation）是指一个根据相关的环境和生物学信息与知识，将一个广泛空间区域与其他区域区隔开来的过程。简言之，也就是一个识别生态代表性海洋区域，进

[①] The ATCM, "Status of Antarctic Specially Protected Area and Antarctic Specially Managed Area Management Plans", 20 June 2021, https://documents.ats.aq/ATCM41/WW/atcm41_ww005_e.pdf.

[②] The ATCM, "Area Protection and Management/Monuments", 21 June 2021, https://www.ats.aq/e/ep_protected.htm.

[③] Revised List of Historic Sites and Monuments, Measure 9 (2016) Annex.

[④] Danielle Smith and Julia Jabour, "MPAs in ABNJ: Lessons from Two High Seas Regimes", *ICES Journal of Marine Science*, Vol. 75, No. 1, 2018, pp. 417-425.

而决定海洋保护区选址的过程。① 在参考了工作组报告后，CCAMLR 意识到就南大洋海洋环境保护制定战略计划和相应区域管理机制的必要性。为此，CCAMLR 邀请了南极条约环境保护委员会参与到其新设立的南大洋生物区域化工作组（The Workshop on Bioregionalisation of the Southern Ocean），以进一步就南大洋生物区域化展开研究。与此同时，CCAMLR 就南大洋海洋保护区建设设定了两个阶段目标，第一阶段为南大洋生物区域化的技术发展方法；在此基础上的第二阶段目标则是落实海洋保护区的选划和建设工作。② 在随后的三年中，工作组在生物区域化领域取得了巨大进展。海洋底栖生物和远洋生物界定大尺度生物区域、制定远洋鱼类种群活动地貌图、系统养护规划等得以确立。在南极生物区域化工作组研究成果基础上，2008 年，CCAMLR 正式决定在南大洋建立一个代表性海洋保护区系统，并优先在工作组已经识别出来的区域开展海洋保护区工作。③

与此同时，在南极条约体系外，有关 ABNJ 海洋保护区的科学理论和实践均取得了一些进展。理论层面，CBD/COP 第九次会议的第 IX/20 号决议提出了 ABNJ 海洋保护区建设标准和指南。实践层面，此时的 OSPAR 已经开始了大西洋中海脊保护区工作；北太平洋渔业理事会为应对气候变化而设立的海洋保护区也充分证明，以生态系统为尺度设计的海洋保护区，不仅对人类理解气候变化对渔业影响至关重要，同时也是培育特定海洋生态系统适应性和韧性的重要手段。同一时期，美国在夏威夷背风群岛（Leeward Islands）建立的国家纪念区（National Monument）——全球最大的海洋保护区也取得成功。这些有关海洋保护区的理论与实践充分证明，在海洋中建立适当的大范围海洋保护区来满足海洋开放性和海洋物种大尺度空间需求既有必要，也是可能的。也因此进一步坚定了 CCAMLR 在南大洋建立大型海洋保护区的决心。

---

① P. Penhale and S. Grant, "Workshop on Bioregionalization of the Southern Ocean", August 2007, https://www.ccamlr.org/en/system/files/e-sc-xxvi-a9.pdf.

② P. Penhale and S. Grant, "Workshop on Bioregionalization of the Southern Ocean", August 2007, https://www.ccamlr.org/en/system/files/e-sc-xxvi-a9.pdf.

③ CCAMLR XXVII Commission Report, para. 7.2 (vi), 12 July 2020.

二 南大洋公海保护区构建的区域法律基础

(一) 1959 年《南极条约》

20世纪初,面对南极洲这一块最后的无主地,众多国家垂涎三尺,阿根廷、澳大利亚、智利、法国、新西兰、挪威和英国七国基于发现、先占,甚至是所谓的"扇形理论"(Sector Principle)等不同理由,纷纷主张对南极地区的主权。苏联和美国虽然尚未对南极陆地领土提出领土主权要求,但也宣布保留对南极主张领土主权的权利及其在南极的重大利益。[①] 英国与阿根廷甚至在南极发生过海上摩擦,两国不仅相互搜查并焚毁了对方的南极科考站,甚至还为此发生过武装冲突。[②] 与此同时,英、法、澳、新、挪五国之间已经达成默契,愿意相互承认各自对南极区域的领土主权要求。然而,随着国际地理年(International Geophysical Year)活动的开展,国际社会对南极的科考价值和资源价值的认识也在不断深入,和平利用南极成为国际社会的普遍愿望。1957年,国际科学联盟理事会(International Council of Scientific Unions, ICSU)成立了南极研究特别委员会(后更名为南极科研委员会),并由其主要负责协调各国南极科研考察。[③] 此后,南极主要用于和平与科学研究的共识逐步达成。1958年,在美国牵头下,南极11国开始就《南极条约》的制定展开磋商,1959年《南极条约》正式制定并于1961年生效。概括而言,《南极条约》的内容主要包括三个方面:南极和平利用与科研自由、南极共管制度,以及南极领土主权处理问题。

《南极条约》确认南极仅用于和平目的,[④] 并延续了国际地理年的做法,肯认了南极科研自由。按照条约第2条的规定,在符合条约规定前提下,国际地理物理年中所实行的南极科学调查的自由和为此目的而进行的合作应得以继续。由于其强调的是按照国际地球物理年所称的科研自由,

---

[①] 胡德坤、唐静瑶:《南极领土争端与〈南极条约〉的缔结》,《武汉大学学报》(人文社会科学版) 2010年第1期。

[②] 吴依林:《〈南极条约〉的背景意义及展望》,《中国海洋大学学报》(社会科学版) 2009年第3期。

[③] 吴依林:《〈南极条约〉的背景意义及展望》,《中国海洋大学学报》(社会科学版) 2009年第3期。

[④] 《南极条约》第1条。

因此这一条不仅是对《南极条约》缔约国而言所指的科研自由，同时对非缔约国而言，它们同样享有这种南极科研自由。为促进南极科研调查的国际合作，《南极条约》要求各缔约国在切实可行范围内，尽力促进有关科研项目情报、探险队和工作站科研人员与科学观测和成果的交流和自由利用。为进一步强调南极和平利用之目的，《南极条约》第5条特别单独指出，禁止在南极进行任何核试验和处理放射性核废料。

为实现上述目标，《南极条约》第9条又进一步确立了南极共管制度。按照该条规定，有关南极和平利用、南极科研及其便利的提供、南极国际科研合作便利化、南极观察员制度及其实施的便利化、南极管辖权问题、南极生物资源的保护和保存等南极共同关切事项，将由《南极条约》缔约国定期协商决定。①

"冻结"对南极的领土主权主张是国际法上的一大创举，也是南极得以和平利用的前提。为避免南极愈演愈烈的领土主权主张阻碍南极科研自由与和平利用，《南极条约》创造性地提出了冻结南极领土主权主张的规则。虽然《南极条约》确立了南极科研自由与缔约国共同管理的制度，但这一制度的设立并不意味着任何缔约国因此放弃了它已经或未来可能提出的对南极的领土主权或权利要求；也不得被解释为任何缔约国放弃或缩小它可能得到的对南极的领土主权要求的任何依据；当然，条约的签订对于那些对南极尚未明确提出领土主权声索的国家而言，也不意味着它们就已经承认或否认任何其他国家对南极领土主权的权利主张或要求所依据的立场。②

客观而言，《南极条约》并未过多关注南极环境问题，其核心目标与基本内容基本上都在围绕南极和平、科研自由与国际合作等展开。当然这也是可以理解的，毕竟，在南极领土争端一触即发，南极和平利用与科研自由的利益可能因此受到影响的背景下，通过签订这一条约来中止南极紧张局势无疑是及时的，也是必要的。正是因为《南极条约》的签订，南极领土主权要求与南极科研与和平利用之间的矛盾才得以缓和，进而为南极科研自由、和平利用与南极生态环境的养护提供了重要的国际法基础。也正是在这个条约的基础上，其他有关南极资源开发利用的国际合作才得

---

① 《南极条约》第9条。

② 《南极条约》第4条。

以顺利展开。

为促进《南极条约》的履行，处理条约实施过程中出现的问题，由全体缔约国代表组成的协商会议每年召开一次，该会议机制也因此成为南极条约下的基本执行机制。协商会议之下还设立了一个环境保护委员会会议机制，主要负责南极环境保护相关事宜的处理。这两个会议机制以外的南极研究科学委员会则主要负责向协商会议和环境保护委员会提供各个领域，尤其是海洋环境保护与养护相关方面的独立和客观的科学建议。这些组织机构的设置，也为南极后续的环境保护与资源养护区域立法留下了发展空间。①

（二）南极生态环境保护专门协定

1961年《南极条约》生效后，为进一步推动南极环境与资源养护与持续利用。南极缔约国先后于1964年签订了《保护南极动植物议定措施》（以下简称《议定措施》）、1972年《南极海豹保护公约》、1980年《南极生物资源养护公约》、1991年《马德里议定书》及其五个附件。在《马德里议定书》第5条中，缔约国承诺对包括南大洋在内的南极区域采用空间管理。从而形成了一个较为全面的南极生物资源养护区域法律制度体系。

1964年《保护南极动植物议定措施》是南极第一个关于南极生物资源养护的专门协定。协定除重申《南极条约》科研考察合作和信息分享等相关承诺外，还一般性禁止了缔约国捕猎、伤害当地哺乳动物和鸟类或扰乱其生境。议定措施附件A中还特别列出了一些重要的、需要予以特殊保护的土著哺乳动物和鸟类。对于这些本土哺乳动物或鸟类，未取得许可证不得捕猎。《议定措施》还首次在南极地区运用了海洋保护区这一工具。按照《议定措施》第8条的规定，对于那些具有重大科研利益的区域（附件B所列区域），将通过设立"特别保护区"的方式予以特别保护，以养护其独特自然生态系统。同时，那些海洋活动频繁地区，则可以建立南极特别管理区来协调各类海洋活动，减少用海冲突，降低人类活动对南极环境的累积性影响。原则上，这些特别保护区内将禁止一切采集、航行活动。

---

① 陈力：《南极海洋保护区的国际法依据辨析》，《复旦学报》（社会科学版）2016年第2期。

1972年，为进一步促进和实现对南极海豹的保护、科研与合理利用，各国专门针对南极海豹的保护与持续利用制定了《南极海豹养护公约》，公约不仅禁止了对罗斯海豹等濒危海豹的捕猎，还就其他海豹的捕猎设定了捕猎总量和捕猎季。按照这一规定，南极缔约方协商会议特别指定了六个季节性海豹禁猎区和三个长期禁猎区。

通过上述两个国际条约，南极重要哺乳动物和鸟类等生物资源得到了一定程度的保护，但同一时期，南极的其他捕鱼活动，尤其是随着人类对南极磷虾捕捞兴趣的不断提升，南极磷虾的捕捞活动正变得日益频繁，南极生态环境和生物多样性受到了前所未有的压力。与此同时，IUCN 荒野保护（Wilderness Protection）理念的提出，也使得越来越多的非政府间国际环境组织开始游说咨商会议全面禁止南极采矿。[1] 甚至主张将南极建成一个受到永久保护的，免于所有破坏性人类活动的世界公园（World Park）。[2] 在此背景下，1975 年《南极条约》缔约方大会通过了第 VIII-10 号建议案，提请国际社会关注南极海洋生物资源的保护、科研和合理利用问题。1977 年，咨商会议通过第 IX-2 号建议案，正式呼吁《南极条约》缔约方就南极海洋生物资源展开科学研究，遵守有关临时性养护指南，并通过召开特别咨商会议来建立一个正式的养护制度。1978 年有关南极海洋生物资源养护的特别咨商会议正式召开。1980 年 5 月 20 日该会议正式制定并通过了 CAMLR，并于 1982 年正式生效。

CCAMLR 缔约方包括 24 个国家和欧盟，加上公约生效后加入的 11 个国家，共 36 个成员方。公约的基本目标是养护南纬 60°以南海域、南极大陆以及南极辐合带（Antarctic Convergence）上的海洋生物资源，包括海洋内的鱼类、软体动物、甲壳类动物和其他一切有机生物体，包括鸟类。[3] 从地理涵盖范围来看，CAMLR 较《南极条约》和《马德里议定书》有所扩大，其范围不再完全局限于南纬 60°以南区域，还包括南极生态边界——南极海域辐合带。当然，与多数海洋生物资源养护公约或条约一

---

[1] Kees Bastmeijer & Steven van Hengel, "The Role of the Protected Area Concept in Protecting the World's Largest Natural Reserve: Antarctica", *Utrecht Law Review*, Vol. 5, No. 1, 2009, p. 65.

[2] L. Goldsworthy, "World Park Antarctica, An Environmentalist's Vision", in G. D. Triggs ed., *the Antarctica Treaty Regime: Law, Environment and Resources*, Cambridge: Cambridge University Press, 2009, p. 90.

[3] CCAMLR, Article 1.

样，CCAMLR 所提到的"养护"也包括合理利用。合理利用的标准为：（1）确保可持续产量；（2）维持捕捞与物种种群恢复之间的生态关系；（3）基于预防原则，防止生态系统改变或将变化的风险降到最低。在CAMLR 第9条第2款（g）项，缔约国再次承诺通过建立开放或封闭海域、区域或次区域办法来推动南极科研和生物资源养护。

2011年，CCAMLR 通过了关于海洋保护区养护措施的决议,[①] 要求按照最佳可得科学证据原则在南大洋建立海洋保护区，以实现以下基本目标：（1）通过建立适当规模的海洋保护区来实现对典型的、具有代表性的海洋生态系统、生物多样性和生物栖息地的保护，使其在长期内维持可变性和完整性；（2）保护关键生态进程、栖息地和物种，包括种群数量和生命历史阶段；（3）建立科学参照区观测自然变异和长期改变，或观测捕捞和其他人类活动对南极海洋生物资源及其所在的生态系统的影响；（4）保护对人类活动脆弱和敏感海域，包括独特、稀有或高度生物多样性的栖息地和地貌；（5）保护对当地生态系统运行至关重要的环境；（6）建立保护区确保特定海洋区域在气候变化情况下保持韧性并适应气候变化。[②] 按照这六大目标，CCAMLR 框架内先后开始了有关南奥克尼群岛大陆架海洋保护区和罗斯海保护区的建设工作。

三 南奥克尼群岛南大陆架海洋保护区

2009年，在英国提议下，CCAMLR 通过 CM91-03 号决议，正式在南极建立了第一个大型海洋保护区——南奥克尼群岛南大陆架海洋保护区，由于该保护区并未影响到主要国家在周边的捕鱼活动，因此该保护区提案很快得以通过。

（一）南奥克尼群岛南大陆海洋保护区的空间范围

南奥克尼群岛南大陆架海洋保护区（以下简称南奥克尼保护区）位于南奥克尼群岛南部的一个"凹"字形区域，其大致范围为南纬60°30′（中间有凹入部分）、南纬64°、西经48°和西经41°内的区域。总面积约

[①] CCAMLR, *General Framework for the Establishment of CCAMLR Marine Protected Areas*, Conservation Measure 91-04, 2011.

[②] CCAMLR, *General Framework for the Establishment of CCAMLR Marine Protected Areas*, Conservation Measure 91-04, 2011.

为9.4万平方千米，覆盖南大洋的大片海域，是南大洋内第二大海洋保护区。

尽管多数学者和媒体均将其称为全球第一个公海保护区，但考虑到南极的特殊情况，该海洋保护区是否真的就是一个典型的公海保护区仍不是很确定。首先，按照陆地统治海洋的基本原则，南奥克尼群岛南大陆架的法律地位，按照《海洋法公约》的规定，将由其陆地领土的法律地位来决定。换言之，其是否属于公海，仍取决于它所依附陆地领土的法律地位，以及它与陆地领土的距离。如前所述，目前关于南极大陆的主权争议只是冻结，但却并未得到根本解决。事实上，对于南奥克尼群岛，英国和阿根廷长期以来都各自宣称其拥有对该群岛的主权。[①] 尽管两国的主权声索均未得到国际社会的承认，但无论如何，只要南极大陆法律地位之争仍存，则南奥克尼群岛南大陆架的法律地位始终处于未定状态。当然，从当前以《南极条约》为基础的南极治理实践来看，南极大陆以及南纬60°以南的南大洋已经被事实上"基于全人类共同继承财产的原则在运作"[②]，因此，该区域所设立的海洋保护区也的确属于国际共同管理之下的保护区。

另外值得注意的是，尽管CCAMLR以生物区域化作为海洋保护区建设的基本原则，但南奥克尼海洋保护区实际上并未严格以海洋生态系统为尺度来加以设计；相反，在该海洋保护区的设计过程中，不影响捕鱼国的捕鱼利益反而成为保护区制度设计中的一个重要考量。[③] 为满足日本、韩国在该区域的捕鱼利益，在英国提出的保护区初始提案中，北部一个海洋生物多样性富集的区域被排除在保护区以外。同样，为了满足俄罗斯在原定保护区西北部海域的捕虾利益，原定保护区的范围也再次被切割，从而形成了今天所见到的凹陷部分。2014年欧盟向CCAMLR提交的一份报告就指出，尽管南奥克尼保护区的初衷在于保护典型的远海生物区、季节性

---

① Laurence Cordonnery, etc., "Nexus and Imbroglio: CCAMLR, the Madrid Protocol and Designating Antarctic Marine Protected Areas in the Southern Ocean", *The International Journal of Marine and Coastal Law*, Vol. 30, 2015, pp. 727–746.

② UN, *Statement by Mr. Austad (Norway) in United Nations General Assembly Records*, 39th Session, 52nd Meeting of First Committee, A/C. 1/39/PV. 52, 30 November 1984.

③ Julia Jabour-Green, etc., "Bioprospecting in Areas Outside National Jurisdiction: Antarctica and the Southern Ocean", *Melbourne Journal of International Law*, Vol. 4, 2013, p. 23.

海冰区，以及具有高度初始生产力区域和前沿区（Frontal Areas），但数个远海生物区同样因为经济利益的原因而并未被纳入保护区的管辖范围。从该区域的海洋生物学勘测结果来看，南奥克尼群岛地区真正具有高度养护价值的区域恰恰是群岛沿海区域，该区域生物多样性极为丰富，丰富的磷虾资源使得这里成为企鹅和众多海鸟的主要觅食地，然而，同样是为了维护少数国家在此区域的磷虾捕捞利益，这一最值得保护的区域也被排除在南奥克尼保护区范围以外。① 也因此，我们今天所见到的南奥克尼海洋保护区的空间范围实际上并非全然基于生态系统整体养护出发而设计；相反，在很大程度上，它仍不过是一个海洋生态养护利益和海洋资源经济利益之间的妥协。有学者也因此评价认为，建立南奥克尼保护区不过是一个"摘下低垂果实"之举，对南大洋该区域的海洋生物多样性养护而言，宣示性意义远大于其实际价值。②

（二）南奥克尼保护区养护管理目标与措施

按照 2009 年 CCAMLR 制定并颁布的管理措施，南奥克尼保护区的基本目标在于实现区域内海洋生物多样性的养护和管理。区域内采取的主要养护和管理措施包括：（1）原则上禁止一切捕捞活动，但获得了委员会批准并在其监督下的科学渔业研究活动，以及在科学委员会建议下，并符合委员会养护要求的活动除外；（2）保护区内禁止任何形式的污染物排放或倾倒；（3）禁止任何与渔船有关的转运活动；（4）为监测保护区内交通情况，鼓励行经保护区的渔船在进入保护区之前就船旗、船舶吨位、IMO 编号（识别码）、行经路线等信息通知养护管理委员会秘书处；（5）涉及海上人命安全时，上述措施可不予适用。③

---

① Cassandra M. Brooks, "Competing Values on the Antarctic High Seas: CCAMLR and the Challenge of marine protected areas", *The Polar Journal*, Vol. 3, 2013, pp. 277-300.

② Elizabeth M. De Santo, "Implementation Challenges of Area-based management tools (ABMTs) for Biodiversity beyond National Jurisdiction (BBNJ)", *Marine policy*, Vol. 97, 2018, pp. 34-43. See also Cassandra M. Brooks, "Competing Values on the Antarctic High Seas: CCAMLR and the Challenge of marine protected areas", *The Polar Journal*, Vol. 3, 2013, pp. 277-300; and Danielle Smith and Julia Jabour, "MPAs in ABNJ: Lessons from Two High Seas Regimes", *ICES Journal of Marine Science*, Vol. 75, No. 1, 2018, pp. 417-425.

③ CCAMLR, *The Application of Conservation Measures to Scientific Research*, Conservation Measure 24-01 (2019).

（三）南奥克尼保护区运行机制

南奥克尼保护区设立之后，在遵循最佳科学证据前提下，CCAMLR 负责制定、通过和修订保护区养护措施，并在其职权范围内对其进行持续监控。同时，为避免与区域内《南极条约》咨询会议、渔业委员会制定或建议的任何措施或规定发生冲突，CCAMLR 还有责任将海洋保护区的实施细节向《南极条约》咨商会议和渔业委员会加以传达。

作为该条约组织中的科学研究专门机构，科学委员会具体负责对保护区养护措施的评估、分析并据此向 CCAMLR 提交报告和建议；后者将依据科学委员会建议对南奥克尼保护区养护措施及其实施情况予以定期审查。与此同时，CCAMLR 缔约国还将指派观察员，依据科学委员会制定的条款和条件，就保护区内从事海洋生物资源科学研究或捕捞的船舶进行监督和检查。

四 罗斯海公海保护区

（一）罗斯海保护区的空间范围

罗斯海是南大洋一个深海湾，位于维多利亚地和玛丽伯德地之间。罗斯海因英国探险家詹姆斯·罗斯（James Ross）于 1841 年首次到达该地区而得名。罗斯海西部为罗斯岛，东部为罗斯福岛（Roosevelt Island），最南端为罗斯海冰盖，距离南极 200 海里。

罗斯海是迄今为止少数相对未受人类活动影响的海域，海域内几乎完全免于污染，也未受到外来物种入侵。海域内丰富的浮游生物使其成为南大洋各种生物汇聚栖息的海域。[1] 罗斯海是至少 10 种海洋哺乳动物、6 种鸟类和 95 种鱼类种群，以及超过 1000 种无脊椎生物的重要栖息地。阿德利企鹅、帝企鹅、南极海燕、雪燕以及南极贼鸥等鸟类都纷纷在海域附近筑巢栖息；小鳁鲸、逆戟鲸、灰海豹、贝加尔海豹、豹海豹等海洋哺乳动物也主要在该片海域活动。[2] 这种独特的海洋生态环境也因此使得罗斯海

---

[1] BS Halpern, etc., "A Global Map of Human Impact on Marine Ecosystems", *Science*, Vol. 319, No. 5865, 2008, pp. 948–952.

[2] Ainley, Ballard and Weller, "Ross Sea Bioregionalization Part II: patterns of Co-occurrence of Mesopredators in an Intact Polar Ocean Ecosystem", 14 June 2021, https://www.asoc.org/storage/documents/Meetings/CCAMLR/Ross_Sea_Bioregionalization_Part_II_FINAL.pdf.

成为研究南极生态系统的宝贵样本区域。① 全球500多名科学家曾联名请愿，要求保护罗斯海生态环境以免于捕鱼和其他海洋开发活动的影响。②

正是由于其独特的科研和生态价值，自2002年开始规划南大洋海洋保护区网络以来，CCAMLR就将罗斯海识别为代表性海洋保护区网络当中的一个核心区域。③ 2012年，新西兰和美国分别向CCAMLR提出了建立罗斯海保护区的提案，在后者鼓励联合提案后，自2013年起，两国连续进行了四次提案，但最终都因无法有效平衡养护与合理利用之间的矛盾而无法通过。几经周折，提案最终在中国和俄罗斯两国同意后，在2016年10月得以通过。

目前已经在运行中的罗斯海保护区总面积155万平方千米，与美国和新西兰最初提案设定的210万平方千米相比面积缩减了近40%；也因为如此，罗斯海南端冰盖部分并未涵盖在内。与南奥克尼保护区不同，基于不同养护和管理目标，罗斯海保护区分成了三类不同区域：一般保护区（General Protection Zone）、特别研究区（Special Research Zone）和磷虾研究区（Krill Research Zone）。其中禁捕区面积约占整个罗斯海保护区面积的72%，区域内禁止一切捕捞活动。特别研究区当中则允许有限的，并处于监管之下的齿鱼捕捞。磷虾捕捞区同样允许有限、可监测的磷虾捕捞。

（二）罗斯海保护区养护与管理目标

有关罗斯海公海保护区的具体养护措施主要由CCAMLR两份养护措施所规定，④ 前一份由CCAMLR在2011年做出，一般适用于所有南大洋海洋保护区。按照该决议的设定，南大洋海洋保护区的一般目标主要包括

---

① Ainley, Ballard and Weller, "Ross Sea Bioregionalization Part Ⅱ: patterns of Co-occurrence of Mesopredators in an Intact Polar Ocean Ecosystem", 14 June 2021, https://www.asoc.org/storage/documents/Meetings/CCAMLR/Ross_Sea_Bioregionalization_Part_II_FINAL.pdf.

② ASOC, "Scientist's Consensus Statement on Protection of the Ross Sea", 14 June 2010, https://www.asoc.org/storage/documents/MPAs/Ross_Sea_Scientists_Statement_October_2011.pdf.

③ CCAMLR, *Report of the Twenty Seventh Meeting of the Scientific Committee*, SC-CAMLR, XXVII, 27-31 October 2008.

④ CCAMLR, *General Framework for the Establishment of CCAMLR Marine Protected Areas*, Conservation Measure 91-04 (2011), CCAMLR, *Ross Sea Region Marine Protected Area*, Conservation Measure 91-05 (2016).

以下几个方面：通过适当规模的空间管理来保护具有代表性的典型海洋生态系统、生物多样性，以及生物栖息地；保护关键生态进程、通过建立海洋保护区来作为参照区，以此观测和评估人类活动对南极海洋生态环境的影响；保护脆弱海洋生态系统；保护南大洋生态系统至关重要的海洋地貌；通过设立海洋保护区以维持特定海洋生态系统应对气候变化的韧性。

在上述一般性要求基础上，2016年，CCAMLR出台的决议进一步细化了罗斯海的养护目标。按照这一决议的要求，罗斯海的主要管理和养护目标包括：通过对保护区内哺乳动物、鸟类、鱼类和无脊椎生物重要栖息地的保护来实现对罗斯海自然生态结构、发展和功能的养护；通过设立罗斯海保护区，尤其是其中的特别研究区来观测和评估捕鱼与其他人类活动，以及气候变化对南极生态系统，尤其是犬牙鱼种群的影响；保护远洋海洋生物饵料集中分布海洋区域（通常也就是磷虾）和犬牙鱼生命周期相关的重要区域。具体而言，包括通过标签计划（Tagging Program）来评估犬牙鱼种群数量、提升对犬牙鱼在罗斯海分布和活动的认识等；[①] 保护稀有或脆弱海底栖息地；促进对磷虾的科研。在上述目标基础上，2016年决议附件B进一步规定了一些新的和更为具体的养护目标。[②]

（三）罗斯海保护区的运作机制

为平衡养护与合理利用，罗斯海保护区实行分区管理，如前所述，整个罗斯海保护区被分为一般保护区、特别研究区和磷虾研究区。其中，一般保护区内的研究捕捞活动应按照2018年颁布的科研养护措施适用规定（24-01号规定）进行，并应符合罗斯海保护区的具体目标。换言之，即便是基于科研目的而进行的捕捞也必须遵守CCAMLR所制定的捕捞限额或季节性捕捞规定。例如有鳍鱼类一个季度内的捕捞总量不得超过50吨。同时，不同捕捞方式下还另有不同的捕捞限额。对无鳍类海洋生物，如蟹、磷虾和乌贼等生物捕捞总量不超过规定限额的0.1%。即便是研究性捕捞，缔约国也有义务将捕捞计划通知CCAMLR秘书处，并由后者通知其他所有缔约方。超出上述限额的研究性捕捞计划则必须通知CCAMLR，由所有缔约方讨论和审议通过。审议过程中，科学委员会将结合其他缔约方的评论意见就研究捕捞计划提出建议，在审议完成前，申请捕捞缔约方

[①] CCAMLR, *Ross Sea Region Marine Protected Area Management Plan*, Annex 91-05/B.

[②] CCAMLR, *Ross Sea Region Marine Protected Area Management Plan*, Annex 91-05/B.

不得实施其计划。①

在特别研究区内的捕捞同样应遵守 CCAMLR 的捕捞限额。具体而言，从第 2020/21 号捕捞季开始，成员方可以在罗斯海特别研究区直接从事南极犬牙鱼捕捞，捕捞限额为基准捕捞量，也就是罗斯海总可捕量的 15%。为进一步深入研究捕捞活动对犬牙鱼种群影响，按照 CCAMLR 科学委员会的部署，在罗斯海特别研究区进行犬牙鱼捕捞时，每捕捞一吨都应释放一定数量的犬牙鱼，并在释放的犬牙鱼上加设弹出式或植入式标签以供持续观察评估。②

在磷虾研究区内，成员方可以进行科研性质的磷虾捕捞，但在任何统计区域内，单一捕捞季中捕捞量不得超过 1.5 万吨的总量限制。同时在磷虾捕食者海岸栖息地 60 海里以内区域的磷虾捕捞不得超过总量的 75%。除了科研性质的捕捞活动以外，非经授权，罗斯海保护区内禁止任何其他形式的捕捞；从事科研的船舶也不得在保护区内倾倒或排放废弃物。此外，除非基于涉及海上人命安全或研究或营救需要，任何渔船也不得在保护区内从事任何转运活动。

为确保罗斯海保护区相关养护措施得到有效遵守，罗斯海保护区规定了较为详细的报告义务。进入罗斯海一般保护区内进行科研性捕鱼的船只除了需履行报告义务以外，成员还需要每 5 年向秘书处提交一份关于海洋保护区研究和监测计划有关活动的报告，经秘书处汇集之后将这些报告提交科学委员会。上述保护区措施将持续 35 年，届时，CCAMLR 将对罗斯海保护区效果予以审议，进而决定是否维持现有保护区，抑或修改既有保护区的养护措施，或者建立新的海洋保护区。

第四节　公海保护区建设区域实践的不足与全球立法倡议的提出

地中海、东北大西洋和南极地区的公海保护区建设是当前人们应对公

---

① CCAMLR, *The Application of Conservation Measures to Scientific Research*, Conservation Measure 24-01 (2018).

② CCAMLR, *The Application of Conservation Measures to Scientific Research*, Conservation Measure 24-01 (2018).

海生物多样性养护压力下的先驱实践。这些区域层面上有关公海保护区的积极探索为国际社会在更大范围内展开公海保护区建设累积了宝贵的经验。与此同时，这些区域实践中所暴露出来的问题也充分说明，缺乏一个全球统筹的公海保护区建设与管理框架，公海保护区将很难取得预期的成效。

一 区域公海保护区建设面临的挑战与局限

合法性不足、无法应对全球海洋碎片化管理体制所带来的国际海洋法律制度和机制之间的潜在职能重叠和冲突，以及养护和管理措施难以有效落实是当前区域公海保护区实践所面临的主要挑战。

(一) 面临合法性质疑

区域层面的公海保护区实践面临的合法性质疑主要集中在两个方面：少数国家能否在公海设立海洋保护区？当前从事公海保护区建设的区域机制或组织本身是否有此职权？

对于第一个问题，如果此类公海保护区仅仅约束保护区参与国及其船舶，那么这种自我约束的行为固然不会违反任何国际法。今天多数学者关注和担忧的实际上是另外一个层面的问题，即当少数国家建立起来的公海保护区试图去约束第三国及其船舶时，其合法性将受到挑战。有学者就提出，目前区域层面上展开的公海保护区实践有沿海国扩展本国海洋管辖权的嫌疑，属于一种新的"蓝色圈地运动"，其不过是为了保护沿海国业已获得的海洋利益而以保护生物多样性为名来限制其他国家在公海进行科研或资源开发等传统自由权利。[①] 在南极南奥克尼群岛和罗斯海保护区建设过程中，俄罗斯和乌克兰等国就曾提出，公海保护区设立缺乏明确的国际法基础。乌克兰就认为，依据《海洋法公约》的规定，沿海国固然有权在本国管辖海域内建立海洋保护区，但目前国际法上并没有看到任何建立公海保护区的可能性。[②]

也因为目前不存在公海保护区建设的明确国际法依据，在努力为区域公海保护区实践找寻法律依据过程中，公海保护区本身的法律属性反而会

---

① 王金鹏：《论国家管辖范围以外区域海洋保护区的实践困境与国际立法要点》，《太平洋学报》2020 年第 9 期。

② CCAMLR, "Report of the XXXIV Meeting of the Commission", CCAMLR-XXXIV, 2015.

变得扑朔迷离。2015 年"欧盟委员会诉欧盟理事会南极海洋保护区"案就彰显了当前区域公海保护区实践国际法基础不足的问题。在 CCAMLR 于 2011 年通过了《关于建立 CCAMLR 海洋保护区一般性框架》之后,作为成员方之一的欧盟便开始积极参与并推动南极公海保护区的建设。但在 2015 年,在《关于在威德尔海建立海洋保护区未来提案的设想》的提案过程中,欧盟内部却因为提案主体的名义问题发生了争议。作为提案的直接审议方,欧洲理事会渔业工作组经审议后批准了该份提案,并认为,既然提案内容属于环境政策范畴,就应该以"欧盟及其成员国"的名义向 CCAMLR 提出。但欧盟委员会认为,该提案属于有关渔业资源养护的提案,属于欧洲共同政策范畴,应当以"欧盟"名义提案。针对这一争议,2015 年 11 月 23 日,欧盟委员会向欧盟法院就此提起诉讼。2018 年 11 月 20 日欧盟法院做出判决,认定提案内容属于环境政策。① 然而,对于欧盟法院的判决,很多学者不以为然,认为欧盟法院狭义地解释了"海洋生物资源",并错误地解读了《南极条约》和 CAMLR 之间的职责差异,以至于错误地将 CCAMLR 所建立的公海保护区视为以海洋生物多样性养护为基本目的的工具。② 抛开案件其他实体性争议不论,争议产生这一事实本身就已经某种程度上表明,由于缺乏明确的国际法依据,区域层面建立起来的公海保护区甚至连自身的属性都无法明朗。

除质疑区域实践缺乏一般国际法的授权外,区域组织或条约机制本身是否拥有建立公海保护区的职权也受到部分学者和成员方的质疑。在对上述"欧盟委员会诉欧盟理事会南极海洋保护区"案的评论中,有学者就指出,《南极条约》缔约方协商会议机制与 CCAMLR 之间尽管存在联系,但也存在着差异。二者在南极环境保护和保护区方面存在清晰的职责划分。环境保护主要是前者的职责,而后者从其条约目的和宗旨出发,其主要职责应在于渔业资源养护。换言之,从 CCAMLR 职权出发,它只能设立本质上属于海洋渔业资源养护工具的海洋保护区。此类保护区的基本目标将局限在渔业资源的开发利用,而不是对海洋生态系统的

---

① Judgment in Joined Cases C-626/15 and C-659/16 Commission v. Council (Antarctic MPAs), 2018, No. 179/18.

② 杨雷、唐建业:《欧盟法院南极海洋保护区案评析——南极海洋保护区的属性之争》,《武大国际法评论》2020 年第 5 期。

结构和功能的养护。① 同样的质疑也出现在 OSPAR 内部，一些人认为，依据 OSPAR 区域法律文件，OSPAR 委员会根本无权在公海设立海洋保护区。②

（二）难以应对海洋碎片化治理带来的挑战

当前的公海保护区实践所暴露出来的另一大挑战来自国际海洋治理机制的碎片化。国际海洋治理中并不存在国内社会所实施的那种海洋空间规划，更不存在统筹各方面因素制定的全球综合海洋治理战略；相反，国际海洋治理仍处于初级阶段，国际合作仍表现出强烈的部门或议题导向的特点。③ 在缺乏一个全球协调机制情况下，板块化和专门化的国际海洋法律体制的存在也因此给公海保护区综合养护目标的实现带来了挑战。在诸如航行、渔业、采矿等领域已经授权给了相应国际机制加以管辖的情况下，区域层面的公海保护区实践将不得不与其他国际机制展开协调，以避免职权重叠以及由此产生的潜在管辖冲突。以 CCAMLR 和 OSPAR 框架下的公海保护区为例，尽管二者均引入了所谓的生态系统方法，但对于航行、海洋科研、深海底矿物资源开发利用活动，它们并无直接的管理职权。例如，在调整科学研究、旅游和其他活动上，CCAMLR 仍需要与《南极条约》缔约国协商会议机制展开协调。在渔业资源养护和管理方面，CCAMLR 也存在与南方蓝鳍金枪鱼养护委员会、中西太平洋渔业管理委员会等其他区域渔业管理组织职权重叠的问题。尽管目前这些组织已经通过相互作为观察员参与彼此会议，进行信息交换，但机制间协调仍局限在协同行动的范围。OSPAR 框架下的公海保护区建设同样如此，在缺乏全球层面统一协调背景下，OSPAR 在很多领域同样需要通过与其他国际机制协调才能实现其所谓的海洋生态系统整体养护之目标。④

---

① 杨雷、唐建业：《欧盟法院南极海洋保护区案评析——南极海洋保护区的属性之争》，《武大国际法评论》2020 年第 5 期。

② Erik J. Molenaar, Alex Oude Elferink, "Marine Protected Areas in Areas Beyond National Jurisdiction: The Pioneering Efforts under the OSPAR Convention", *Utrecht Law Review*, Vol. 5, No. 1, 2009, p. 17.

③ Patra Drankier, "Marine Protected Areas in Areas beyond National Jurisdiction", *The International Journal of Marine and Coastal Law*, Vol. 27, 2012, p. 340.

④ 王金鹏：《论国家管辖范围以外区域海洋保护区的实践困境与国际立法要点》，《太平洋学报》2020 年第 9 期。

(三) 保护区养护和管理措施的有效执行面临挑战

由部分国家在区域合作层面上建立起来的公海保护区，暂且不讨论其对非公海保护区参与国船舶的适用问题，即便是在区域成员内部执法上也面临巨大挑战。依据公海船旗国专属管辖原则，非经国际法授权，任何国家不得对他国公海活动船舶采取任何执法措施。这也因此意味着，这些在区域层面构建的公海保护区无论其养护和管理措施多么严格，如果参与国本身无意愿或无能力去对本国公海船舶进行执法，那么这种公海保护区最终也只能停留在纸面上。但上述三个践行公海保护区的区域机制当中，显然并非所有成员方均有充分的海洋力量来进行公海执法。事实上，对于相当一部分成员国而言，它们甚至没有充足的财力、人力和技术能力对本国管辖海域的环境保护进行有效执法，对远离本国海岸的公海保护区更是鞭长莫及。因此，除非能够在全球层面就公海保护区的建设和管理达成一致意见，寻求公海船旗国专属管辖原则的适度突破，即便在局部公海区域建成了公海保护区，这些保护区也会因为养护和管理措施无法有效执行而变得毫无意义。

二 公海保护区全球立法倡议的提出及其立法进展

从 2004 年起，联合国开始关注公海生物多样性的养护与可持续利用问题。依据联合国大会第 59/24 号决议，联合国成立了不限成员名额非正式特设工作组（以下简称工作组），开始研究与 ABNJ 海洋生物多样性的养护与可持续利用有关的问题。按照决议的要求，工作组的主要任务在于审查相关问题的科学、技术、经济、法律、环境、社会经济和其他方面的问题，查明其中的关键性问题，并对其进行详细研究，同时努力提出可用于促进国际合作与协调，养护和可持续利用 ABNJ 海洋生物多样性的办法和方法。[①]

在工作组长达 10 年的研究基础上，2015 年，联合国正式通过第 69/292 号决议，制定 "ABNJ 实施协定"。根据决议要求，国际社会成立了谈判筹备委员会，由其就 "ABNJ 实施协定" 草案的要素进行讨论并向联合国大会提交相关建议。筹备委员会在两年间先后举行了四次会议，2017

---

① UN, *Resolution Adopted by the General Assembly on 17 November 2004*, A/RES/59/24, para. 73.

年12月24日通过了向联合国大会提交的草案要素建议。2017年12月24日，联合国大会通过第72/249号决议，决定在联合国主持下就制订有关国际文书展开政府间立法协商谈判。自2016年3月28日召开第一次会议开始，筹备委员会已分别于2016年8月26日、2017年3月28日陆续召开了第二、第三次会议。根据联合国大会2019年12月10日第74/19号决议，原计划于2020年3月23日至4月3日举行的政府间会议第四次会议因突如其来的全球新冠肺炎疫情而延宕。

从当前国际立法协商内容来看，协定以相当篇幅对海洋保护区和其他划区管理工具的建设和管理问题进行了规定。除第三部分"包括海洋保护区在内的划区管理工具等措施"以外，还分别在附件一和附件二中规定了"用于确定区域的指示性衡量标准"和"促进海洋保护区等划区管理工具等措施实施的能力建设问题"。相较于"海洋遗传资源及其惠益分享""环境影响评估""能力建设和技术转让"等其他"一揽子"磋商内容。协定关于公海保护区和其他划区管理工具的规定主要集中在以下几个方面：

第一，统一界定海洋保护区和其他划区管理工具的概念，以明确立法规范的对象。关于这一点，目前多数国家倾向于借鉴IUCN对海洋保护区的定义，将"生物多样性长期养护"作为其首要目标，但在是否要纳入"可持续利用"这一平行目标仍存在一定之争议。

第二，明确海洋保护区和其他划区管理工具的建设和管理目标。当前主席案文公布了九项目标，包括促进全面和跨部门的海洋管理，切实履行《海洋法公约》规定的义务以及其他相关国际义务和承诺，养护和可持续利用需要保护的区域，支持粮食安全和其他社会经济目标，包括保护文化价值，为基线研究建立科学参照区，保护美学、自然或荒野价值，促进一致性和协调性、建立一个相互连通且得到有效公平管理的，具有生态代表性的海洋保护区系统等。参与谈判各国之间尚存的分歧主要集中在一些细节性措辞，以及各项目标的排列顺序上。

第三，公海保护区与现有国际法律文书、框架和机制之间的协调。国际社会显然已经充分意识到，在公海之上建立公海保护区和其他划区管理工具将难以避免与现有国际法律文书、机制和框架之间的职能重叠乃至冲突。也因此，各方均同意在"ABNJ实施协定"草案第4条已经一般性规定协定与其他现有国际法律文书和框架以及相关全球、区域、次区域和部门机构关系基础上，进一步在"ABNJ实施协定"草案第15条中就公海保护区和其他划区管理工具建设与现有文书之间的关系进行更为具体的规定。"ABNJ 实施协定"草案第 15 条第 1 款要求缔约国应在制定包括海洋保护区在内的划区管理工具时通过相应途径促进与现有机制的一致性和协调性，但各方对于在出现公海保护区建设空白时，究竟是在协定程序下，还是继续由缔约国方在协定以外通过其他机制来建设公海保护区这一问题，仍未能达成一致。

第四，公海保护区选址标准。在公海保护区和其他划区管理工具的选址原则方面，各方尚未完全达成一致意见。应基于预防性办法和生态系统方法来确立需要建立公海保护区的海域是目前各方唯一达成共识之处。这两项原则性标准以外，"最佳科学资料""土著人民和当地社区的相关传统知识"是否也应视为海洋保护区和其他划区管理工具的选址标准，仍未最终确定。在选址具体标准上，目前各方均同意以附件形式规定具体的选址标准，但附件内容尚未最终确定，同时对于科学和技术机构是否有权就附件一所列指示性衡量标准进行审议和修订也还没有达成一致。

第五，提案主体与相关程序设定。在提案主体上，各方一致同意由协定缔约国视为基本提案主体，但在该基本提案主体以外，其他利益攸关方，包括其他全球、区域或部门国际机制和非政府组织是否也可以提案仍未达成一致。提案程序和提案内容要求方面各方分歧较少，基本上均同意由提案主体按照协定规定的公海保护区选址标准进行提案，提案内容应至少包括所涉区域的地理空间、人类活动情况、海洋环境和生物多样性状况、具体养护和可持续利用目标、管理计划等。提案应首先向秘书处提出，秘书处收到提案后将其交由科学和技术机构进行初步审查，审查后再决定是否提交缔约方大会表决通过。

第六，公海保护区养护管理措施的执行与监督。在执行问题上，协定当前案文并未完全超越公海船旗国专属管辖原则，但部分国家试图将其他全球、区域、次区域下制定的公海保护区养护和管理措施借此协定扩张适用于非缔约国。对此，多数国家予以反对。在缔约国协定义务监督履行方面，"ABNJ 实施协定"第 21 条仍延续了传统的缔约国报告制度，多数国家也接受此种安排。

第三章

公海自由原则对公海保护区建设的挑战

第一节 公海自由原则的产生与变迁

一 陆地空间秩序时代的海洋自由

人类对于海洋的法律认识始于古罗马时代，在古罗马时代，海洋，当时主要是指地中海，按照古罗马的法律，被视为共有物（Res Communes）。但随着古罗马帝国的崩塌，地中海城邦国家兴起之后，海洋竞争开始出现，古罗马帝国时代所主张的普遍的海洋自由便开始逐渐受到限缩，今天国际海洋法意义上的公海以及公海自由开始在地理范围上受到限缩。

对于公元2世纪的罗马人而言，海洋被视为全人类共有的财产。《查士丁尼法典》宣称，海洋及其渔业资源对所有人开放，任何国家不得将其管辖权扩展到其海岸以外的海域，也就是我们今天所说的高潮线以外的海域。[1] 换言之，按照古罗马的法律，虽然并不存在今天所谓的内水、领海、公海等海洋区划概念，但按照今天的标准，古罗马公海的范围是极为

---

[1] Kanehara, A., "Challenging the Fundamental Principle of the Freedom of the High Seas and the Flag State Principle Expressed by Recent Non-flag State Measures on the High Seas", *Japanese Yearbook of International Law*, Vol. 51, 2008, pp. 21–56.

广阔的,因为除沿海国管辖的狭长海岸以外,其他海域不为任何国家所管辖。① 当然,有学者分析,古罗马之所以对海洋做出如此慷慨的界分,部分原因在于当时的古罗马已经统治了整个地中海区域,地中海事实上成为古罗马帝国的内海。② 此后,随着地中海商业城邦国家的兴起,一些沿海国家开始对更为广阔的海洋主张管辖。例如,从1269年起,威尼斯开始对所有航行在亚得里亚海的船舶征收通行费;紧接着,热那亚共和国也开始对利古里亚海主张统治权;其他地中海国家也同样开始通过武力来占有部分事关其本国捕鱼、航海、商业等利益的地中海区域。③ 与此同时,在其他海洋区域,如波罗的海,丹麦、瑞典、波兰开始对波罗的海主张权利;位于大西洋沿岸的英国也开始对英国海主张权利。但无论沿海国的主张如何激进,当时的习惯仍认为,沿海国只能对毗邻本国陆地的海洋主张领海权利。这一习惯,即便是后来的格劳秀斯也予以承认。④

总体而言,此时的海洋空间秩序从属于传统的陆地空间秩序,沿海国对毗邻陆地的有限海域的权力主张,乃至于后来对波罗的海、地中海、亚得里亚海等闭海、半闭海的权力主张,本质上仍是属于传统的陆地空间秩序向海的有限延伸。在欧洲人发现"新大陆"以前,海洋自由实际上是不存在的,毕竟海洋自由的本体,或者主要的本体应是大西洋、印度洋、北冰洋、太平洋等远离大陆的大洋。⑤ 在欧洲人的船舶尚未进入这些大洋、尚未意识到全球化地球图景以前,这些海域都尚未标示在地图中,此时讨论是否存在海洋自由,无疑好比在人类造出飞行器以前讨论空气空间的飞行自由一样荒诞。

在尝试阐释这一时期的海洋自由的理论基础时,无论是古代的英国法学家苏支和塞尔登,还是今天的很多国际法学者,往往都会在恪守古罗马物法基础之上,尝试用《民法大全》中的"无主物"和"共有物"等诸多传统概念来解释这一时期的海洋自由。但这种理解本质上仍不过是一种

---

① Brown, E. E., "Freedom of the High Seas Versus the Common Heritage of Mankind: Fundamental Principles in Conflict", *San Diego Law Review*, Vol. 20, No. 3, 1983, pp. 521-560.

② Susan J. Buck, *The Global Commons: An Introduction*, California: Island Press, 1998, p. 76.

③ Susan J. Buck, *The Global Commons: An Introduction*, California: Island Press, 1998, p. 78.

④ [荷] 格劳秀斯:《海洋自由论》,[美] 拉尔夫·冯·德曼·马格芬英译,马呈元中译,中国政法大学出版社2021年版,第58页。

⑤ 周鲠生:《国际法》,商务印书局2018年版,第486页。

固守古代和中世纪内海文化影响下的纯粹地域性思维。[①] 换言之，其仍是一种陆地法秩序的思维，这种解释反过来也进一步证明了当时的海洋自由的虚幻性。

二 权力本位时代的海洋自由

真正意义上的海洋自由是与"航海大发现"以及新的开放性海域联系在一起的。[②] 当欧洲人的帆船第一次驶出地中海，遨游在印度洋和大西洋广阔大洋之上时，一个欧洲以外的全息式的地球图景在他们眼前展开。他们终于意识到，在欧洲大陆以外，还存在其他大陆和广袤的大洋，原来地球真的是圆的，一场前所未有的空间意识革命就此发生。兴奋之余，欧洲人开始了在地中海、亚得里亚海、波罗的海以外的大洋中展开夺取行动。在这片新世界中，欧洲大陆长期形成的宗教秩序和一些传统习惯规则，如战争规则在这里一概不存在，由此在新世界的大洋中形成了一种法外的自由。在这里，不存在战争的法律限制，有的只是弱肉强食的丛林法则。[③] 各国可以在这里凭借暴力肆意占取陆地和海洋，那些在欧洲大陆业已获得承认的法律、政治和道德标准在这里都不再适用。同时，这片新世界的海洋成为海盗和其他冒险者的天堂，这些粗犷的海盗行为，成功挑战了西班牙和葡萄牙的商业垄断和海洋霸权。[④] 也正是因为新世界的发现，欧洲人脑中的地球图景才开始正式展开，真正的、与陆地空间秩序相抗衡的海洋空间秩序方始形成。

在"航海大发现"时代，大航海的先驱者——葡萄牙和西班牙仍固守其陆地空间思维模式，除了对美洲大陆进行夺取以外，对于广袤的大洋，两国同样试图加以占取和垄断。1494年，在教皇亚历山大六世主持下，葡萄牙和西班牙签订了《托德西拉斯条约》。该条约试图在两国间平分海洋与新大陆。其中西大西洋、太平洋和墨西哥湾属于西班牙，而南极洲和印度洋则归属于葡萄牙。这种做法本质上是一种领土主义和将海洋大陆化的思维。

---

① ［德］卡尔·施米特：《大地的法》，刘毅等译，上海人民出版社2013年版，第154页。
② ［德］卡尔·施米特：《大地的法》，刘毅等译，上海人民出版社2013年版，第154页。
③ ［德］卡尔·施米特：《大地的法》，刘毅等译，上海人民出版社2013年版，第64页。
④ ［德］卡尔·施米特：《陆地与海洋：世界史的考察》，林国基译，上海三联书店2018年版，第25页。

然而，海洋天然的开放性注定了这种垄断的失败。诚如卡尔·施米特所言，空间决定了秩序，任何一种基本空间秩序的形成，都取决于这一空间的形态。陆地空间秩序是一种空间和法权、秩序与场域的统一；但海洋则不是，海洋注定是自由的、开放的、波涛之上尽是波涛，海洋无疆界，也无法划定真正的固定形态的疆界。也因此，在不到一个世纪之后，随着英国、荷兰、法国海洋实力的不断增长，葡萄牙和西班牙垄断海洋的企图不断遭到新兴海洋国家的挑战。

在欧洲各国在新世界大洋上争斗不休的同时，一场关于海洋空间秩序的"百年书战"也开始了。在这场"书战"当中，以格劳秀斯为代表的"海洋自由论"者同以塞尔登为首的"闭海论"者展开了激烈的论争。在有关"海洋的本性究竟是开放还是封闭的"论战中，格劳秀斯从自然法角度系统提出了海洋自由原则，在其《海洋自由论》一书中，在强调陆地与海洋的异质性基础上，格劳秀斯解释了自由才是海洋的自然品性。在他看来，变动不居的海洋不可能（物理原因）也不应该（道德原因）成为任何人的私产，它应该被全人类所共同拥有。格劳秀斯的海洋自由论本质上是在理论上建构并维护一种新的空间秩序——海洋空间秩序，这种秩序不同于当时的欧洲人长期浸淫于其中的陆地空间观和秩序观，甚至与后者相对立。因此，格劳秀斯从根本上反感用对待陆地的方式来对待海洋。这一点从其与威尔伍德的论战中可见一斑。针对格劳秀斯提出的私有财产源于"自然占有"，而自然占有必须是"对一个具有物理实在的物的牢固掌握"这一观点，威尔伍德援引罗马法学家保卢斯的观点反驳，认为占据一片土地并不需要围绕它走一周，而只需要进入它的某一部分，并有占领之意图即可。对此，格劳秀斯反驳道，海洋没有任何可供人们行走的部分，航海者不会站在海洋上，更不会持久和牢固掌握海洋，相反，他们反而是被海洋牢固包围的。一旦失去船舶，这种声称的所有权便会即刻停止。

格劳秀斯的海洋自由论与当时正处于上升阶段的英国海权格格不入，从法理层面驳斥这一学说也因此成为英国称霸世界海洋过程中的必要环节。于是，在1618年，应英国国王查尔斯一世的要求，塞尔登写成了其著名论文《闭海论》，并于1652年正式公布。[①] 塞尔登引经据典，运用自

---

① R. P. Anand, "Origin and Development of the Law of the Sea: History of International Law Revisited", *International Comparative Law Quarterly*, 2008, p.107.

然法、古罗马万民法和罗马、迦太基、克里特、吕底亚、腓尼基、埃及等古代国家海洋实践来试图证明，海洋并非所有人共有之物，而是和陆地一样，可以被私人占有，成为私有财产。尽管塞尔登也承认，从人性出发，的确不应该否认无害的海洋航行与商贸，但这并不意味着自然法和国际法就不能禁止自由航行和商贸。与格劳秀斯一样，塞尔登同样否认葡萄牙和西班牙对广阔海洋的统治权，但其反对的理由并非海洋不能占有，而是因为葡萄牙和西班牙并未有效实现或完成对海洋的占有。①

这场"百年书战"最终让位于国家间的海洋武力争斗。这一时期，对于近海以外的大洋而言，如果说有海洋自由的话，那也只是"海战的自由"。在无休止的海洋争夺中，尽管此后很长一段时间内没有任何国家成功挑战英国的海洋霸权，但欧洲国家仍在事实上广泛参与到了新世界的殖民扩张当中。在欧洲国家当中，除了丹麦以外，几乎所有的传统欧洲国家仍参与到了新世界的瓜分当中，并从中获得了巨大的商业利益。直到18世纪末，争斗中的欧洲国家才幡然醒悟，广阔的美洲、非洲和亚洲地区是能够容纳它们彼此的。② 诚如图森特（Toussaint）所言，相比于前一个世纪，18世纪的欧洲人根本无暇在印度洋厮杀，商业利益至上已经成为欧洲国家各自心照不宣的至高准则，在印度洋上，与其说彼此互为敌人，毋宁说它们已经在事实上组成了一个国际联盟——一个掠夺和殖民新世界的联盟。③ 在此背景下，英国的海洋占有主张显得如此的不合时宜，也因此转而开始奉行海洋自由。

与此同时，在远洋以外的近海，出于安全原则，沿海国对毗邻本国陆地领土的海岸带拥有排他管辖权，以保护本国安全与利益的观念——领海的观念也因此出现。1610年荷兰学者宾刻舒克提出了领海宽度的"大炮射程说"，主张以岸炮射程为标准，将沿海三海里以内海域视为沿海国主权管辖区域。比利时和法国等欧洲国家纷纷追随这一学说，以三海里作为本国海洋领土宽度的标准。到18世纪，英国、意大利各城邦国家、西班

---

① R. P. Anand, "Origin and Development of the Law of the Sea: History of International Law Revisited", *International Comparative Law Quarterly*, 2008, p. 107.

② Yoshifumi Tanaka, *The International Law of the Sea*, Cambridge: Cambridge University Press, 2015, p. 125.

③ Yoshifumi Tanaka, *The International Law of the Sea*, Cambridge: Cambridge University Press, 2015, p. 125.

牙、葡萄牙、美国和俄罗斯等国也都纷纷接受了"大炮射程说"。但三海里领海规则并非一开始就为全世界所普遍接受。在"大炮射程说"以外,"视界说""航程说"等其他观点同时存在。事实上,即便到了1930年国际联盟国际法编纂会议期间,领海宽度规则也依旧未能统一。

对于这个阶段的海洋秩序的特点,威廉·科林(William D. Coplin)从社会法学角度进行了充分且准确的描述。在他看来,古典国际海洋法给当时欧洲国家一个可以自由展开权力竞争的场域,这本身也符合关于国际法第二个基本功能的描述,即国际法是国际关系社会化的假设。国际政治就是权力政治,而国际法是对国际政治的反映和背书。国家一方面有需要维持国家主权和最低限度国际秩序的需要;另一方面又有争夺权力的天性。海洋自由原则正是对古典国际法上述理念的诠释。一方面,欧洲国家可以在自由海洋上展开权力竞争;另一方面,由于竞争是在海上而非陆地,这种竞争虽然会存在一定烈度,但因为其远离大陆,这种竞争又不至于从根本上冲击到欧洲国家的领土主权以及最低限度的国际秩序。[①]

总体而言,这一阶段的海洋秩序是一种权力本位下的秩序。本质上,无论是领海还是公海习惯的形成,都是在制海权的斗争中发展而来,但也正是因为这种海洋秩序建基于国家权力之上,因此,随着海洋霸权的此起彼落,海洋秩序也因此长期处于变动和不稳定状态。此时的国际法不过是维持权力和为权力正当性背书的工具。也因此,权力本位时代的海洋秩序在"道德性"方面乏善可陈。当广大亚非拉国家尚不被欧洲文明基础上建构的国际社会所接纳时,欧洲殖民国家与殖民地半殖民地之间自然谈不上符合现代道德标准的国际法的平等适用。[②] 此时形成的有关海洋自由的习惯法并非国家之间的合意之法。

三 权利本位的海洋自由

第二次世界大战结束后,广大亚非拉殖民地半殖民地纷纷独立,国际

[①] William D. Coplin, "International Law and Assumptions about the State System", *World Policy*, Vol. 17, 1965, p. 615.

[②] 刘志云:《国家利益视角下的国际法与中国的和平崛起》,法律出版社2014年版,第26页。

社会大家庭出现了大规模的扩容。这些新独立国家开始出现在国际社会的舞台，并通过联合国等国际组织发挥日益重要的影响力。由于《联合国宪章》一般性地禁止使用武力，因而，在海洋法领域，国家也不能再通过武力和战争谋求海洋霸权。宪章对主权平等原则的正式确认，也使得这些新独立国家开始同传统欧洲国家一样，享有国际法上的平等地位，包括海洋法在内的国际法得以部分摆脱权力政治的影响，走向以"国家同意"为基础的协定法阶段。国际关系更倾向于以国际法律文件的形式来界定，以国际法的权利、义务形式来细化国家间的行为规范，各国海洋开发和利用中所形成的关系也因此具有明显的权利转向。[①] 通过三次联合国海洋法会议，规则和秩序被引入全球海洋秩序，权利逐渐取代权力成为国家海洋空间秩序的本位性的概念范畴。海洋自由的权利本位转向主要表现在以下几个方面：第一，海洋自由秩序的实证化，条约和公约对海洋自由原则的内涵进行了明确和细化，进而成为主权国家行使海洋自由权利的主要依据。第二，海洋自由权利的主体扩大，在权利享有上渐次趋于平等。第三，海洋自由日益从绝对自由向相对自由转变，权利与义务完成了形式上的统一。第四，国际自由海洋秩序的道德水平获得明显提升。

权利本位的自由海洋秩序首先表现为主要海洋公约对公海自由权利及其行使的全面实证化。第二次世界大战以后的海洋秩序的最大特征在于秩序、规则的成文化和实证化。1958年第一次联合国海洋法会议中达成的"日内瓦四公约"首次实现了对海洋习惯国际法的编纂。其中，《领海与毗连区公约》首次以成文法的形式肯认了沿海国对领海的主权，并发展出了领海基线规则。《公海公约》在对公海进行了空间范围进行了界定的同时，明确宣示了"公海对各国一律开放。任何国家不得对公海任何部分主张主权"这一基本原则。在此基础上，《公海公约》以不完全列举的方式列举了四项基本的公海自由，包括航行自由、捕鱼自由、铺设海底电缆和管道自由，以及公海飞越自由，并规定了各国行使公海自由时的"适当顾及"义务，从而初步构建起了主权国家行使公海自由权利时的"群己权界"。[②] 除此以外，公约还就内陆国的公海自由权利、船旗国专属管辖及其例外、船旗国基本义务与责任、公海紧追权等进行了更为具体的规定。

---

① 高潮：《国际关系的权利转向与国际法》，《河北法学》2016年第11期。
② 1958年《公海公约》第2条。

此后，国际社会进一步通过制定专门性国际公约，对一些更为具体领域的公海自由权利的行使进行了规范。如1969年《国际干预公海油污事故公约》、1973年《国际防止船舶污染海洋公约》及其1978年修正案（以下简称MARPOL73/78）。

1982年的《海洋法公约》更是进一步对海洋秩序进行了全面而具体的规范。[1] 毫不夸张地说，《海洋法公约》为现代海洋法律秩序构建了一个宪法性的法律框架。在海洋自由方面，《海洋法公约》在《公海公约》基础上又有了进一步的发展。表现为：确认了12海里领海宽度制度，建立了毗连区、专属经济区、大陆架和国际海底区域等海洋区划制度。在公海以及公海自由制度方面，公约第七部分在《公海公约》基础上，结合海洋发展现实增列了建造人工岛屿和设施的自由与科研自由两项具体的自由权利。在沿用《公海公约》有关公海自由权利行使一般要求基础上，针对一些公海自由权利明确了更为具体的权利规则。如要求主权国家在行使铺设海底电缆和管道自由，以及建设人工岛屿和设施时应遵守公约第六部分有关大陆架的规定、在行使捕鱼自由时遵守公约第七部分第二节和其他国际公约与条约所设定之条件、在进行公海科研时遵守第六部分（大陆架）和第十三部分有关海洋科研的特殊要求。随着海洋环境保护与资源养护意识的觉醒，公约第十二部分也进一步细化了船旗国在防止本国船舶污染海洋环境，以及公海生物资源养护等方面的义务和责任。

国际社会对《海洋法公约》的广泛参与和认同使得国际海洋秩序实现了某种程度上的"法治化"。[2] 海洋自由基本走出了强权政治主导或影响下的习惯法时代，海洋法治秩序下的权利和义务成为海洋国际关系的主导话语范式。即便是至今尚未加入《海洋法公约》的美国，也不断声称，鉴于公约代表了海洋习惯，因此它同样愿意并希望所有国家均遵从公约的规定。海洋自由成为国际法下的自由。这种自由权利与主权国家在国际法下的其他基本权利一般无二，在行使这些权利时同样受到

---

[1] Gemma Andreone ed., *The Future of the Law of the Sea*, *Bridging Gaps Between National, Individual and Common Interests*, Springer published, 2017, p. 39.

[2] Tullio Treves, "United Nations Convention on the Law of the Sea", *United Nations Audiovisual Library of International Law*, 2008.

"适当注意"（Due Regard）、善意、合理利用等一般国际法原则，以及《海洋法公约》及其补充协定、公约框架下订立的其他全球、区域和双边国际条约的规范。公约第十五部分有关争端解决的程序规则也进一步强化了国际海洋法治。当然，毋庸讳言，权力之于国际关系、之于国际海洋法律秩序的影响并未就此消除，但在现代海洋法律制度体系内，原始权力（Raw Power）的影响力也不得不借助于法律制度体系的社会功能，将其转变为正当的权力（Legitimate Power），进而创设权利来实现。①

权利本位时代的自由海洋秩序还突出表现为权利主体的增加。简言之，在现代海洋法律制度体系下，所有国家，无论是海洋大国还是小国；无论是内陆国还是沿海国在形式上都平等享有海洋自由。这一点也是它与传统的海洋强权之下的海洋自由的最大差别。在权力本位下的海洋时代，海洋自由实际上是欧洲列强的自由，对于当时广大亚非拉国家和地区而言，它们只是被占取的对象，是国际法的客体。但在现代国际社会，国际法人格的普遍赋予，以及主权平等原则在《联合国宪章》中的正式确认，使得广大发展中国家能够广泛且形式上平等地参与到新的国际海洋法律秩序的建构当中，甚至连内陆国都享有相应的公海自由的权利。除第 87 条无差别地赋予所有国家以公海自由之权利外；公约第十部分还特别以专章的形式规定了"内陆国出入海洋的权利和过境自由"。这种做法进一步表明了公海自由的平等享有。在国际海洋法发展过程中，尽管个别小国可能难以推动一个有利于自身利益的海洋法律制度的发展，但团结一致的发展中国家集团却可以在国际舞台上发出更大的声音。事实上，在《海洋法公约》制定和其他国际海洋法律制度创设过程中，"77 国集团"以及此后主要由太平洋岛屿国家所形成的小岛屿国家联盟在其中都扮演着不可忽略的角色。其中，国际海底区域制度的建立便是发展中国家集团努力的最重要成果之一。尽管美英等海洋大国希望对沿海国大陆架以外的国际海底区域继续适用公海自由原则；但在发展中国家的集体争取下，"人类共同继承财产"原则成功取代了公海自由原则，成为"区域"及其资源管理和利用的基本原则。

---

① Michael Byers, "Custom, Power, and the Power of Rules", *Michigan Journal of International Law*, Vol. 17, No. 1, 1995, p. 122.

权利本位的现代国际海洋秩序的另一个表现是海洋自由日渐从绝对自由向相对自由转变。如前所述，20世纪中叶以前的海洋自由近乎绝对的海洋自由，卡尔·施米特更是直接将其称为"海战的自由"。"越过赤道即为自由新世界，在这里欧洲大陆数百年来基于宗教、传统道德所形成的一切规则不复存在。"[①] 但在现代国际海洋秩序当中，海洋自由已经成为国际法之下的自由，如前所述，主权国家在享有国际法所确认和赋予的公海自由权利的同时也将受到各种法定义务和责任的限制与约束。这种对自由的限制既来自"适当顾及"、善意等一般国际法原则，也来自国家间合意之下订立的各种全球、区域和双边条约。尽管现代国际海洋法律制度体系仍无法完全摆脱权力政治和单边主义的影响，但整体而言，主权国家基于海洋自由所享有的权利与所承担的义务在形式上趋于统一。

值得一提的是，权利本位的自由海洋秩序下，基于海洋自由型构的现代海洋秩序，其道德水平有了显著的提升。与国际法本身的发展规律保持一致，国际海洋法的发展同样也是一个"道德"不断进化的过程。[②] 从前述国际海洋法的历史可以清楚地看出，古代乃至近代的海洋秩序本质上是一个"丛林社会"下"弱肉强食"的，低道德水平的法律秩序。这种秩序下形成的海洋法，无非就是强国掠夺弱国的工具，虽有利于海洋大国和强国的利益扩张，但却是以牺牲小国、弱国利益为代价。直到《联合国宪章》将主权平等原则确定下来并得到各国遵守之后，国际法才真正变成国家间合意之法。海洋秩序才真正从欧洲国家的自由海洋秩序变成全体国家参与、共建之下的海洋秩序。

权利本位时代的海洋秩序本质上是一种个体主义的海洋秩序。当地球人口数量有限，资源需求量也相对有限时，海洋作为共有物，完全可以供人各取所需，而不会也不必相互排挤。[③] 就像吃自助餐一样，在食物充足而人数有限的情况下，食客各取所需本身具有道德必然性。他们

[①] [德] 卡尔·施米特：《陆地与海洋：世界史的考察》，林国基译，上海三联书店2018年版，第25页。

[②] 刘志云：《国家利益视角下的国际法与中国的和平崛起》，法律出版社2014年版，第5页。

[③] [澳] 斯蒂芬·巴克勒：《自然法与财产权理论——从格劳秀斯到休谟》，周清林译，法律出版社2014年版，第89页。

中的任何人既不会对全部食物主张所有权,也不必事先就应得份额达成协议,而是彼此默认各自放入盘中的食物为自己所享用。但一旦出现"僧多粥少",且食客本身身高、体力等特征存在明显差异(如成人与幼儿)的情况时,这种道德必然性将不复存在,人们或者将对食物发生争抢,或者势必需要就食物获取达成某种协议,如不得浪费食物、确保所有人均可得到果腹之物等。换言之,从照顾全体利益出发对资源进行分享和照管的要求必然产生。随着人类对海洋的利用开始出现"拥挤"之后,权利本位的海洋自由秩序同样面临变革。公海保护区建设等公海治理倡议的提出,既是这种自由竞争海洋秩序所导致的结果,同时又是对这种传统海洋秩序的一种全新的挑战。公海生物多样性养护和保护区的建设与管理需要国际社会全体集体行动,共担责任、共享收益。公海保护区等公海全球治理倡议的提出,体现了一种从个体本位向共同体主义海洋秩序转变的要求。

第二节 公海自由原则对公海保护区建设之挑战

公海自由在给主权国家创造了平等享有开放海洋资源权利的同时,客观上也造成了今天公海的"公地悲剧"。在公海自由原则下,利益由各国竞逐获取,而公海污染和资源破坏活动所带来的负外部性却由全人类共同承担,也因此导致人类对公海资源的无休止利用,进而导致海洋环境污染与资源衰竭。在此背景下,越来越多的学者呼吁通过公海治理来解决这种"公地悲剧"问题,公海保护区被视为实现治理的新模式和新工具之一。① 然而,在公海保护区的构建过程中,一个无法回避的基本问题是如何实现公海保护区与公海自由之间的协调和平衡问题。

一 公海自由对公海保护区建设挑战的具体表现

(一)公海空间利用自由对公海保护区建设的挑战

公海保护区之于公海自由的潜在限制是不言自明的。任何公海保护区的设立,也就意味着对特定公海区域内全部或部分活动的限制。在这个法

---

① 何志鹏:《海洋法自由理论的发展、困境与路径选择》,《社会科学辑刊》2018年第5期。

律意义上划定的封闭空间中，传统公海空间自由利用之权利将不可避免地受到限制。公海自由，按照公海资源属性可以分为公海空间资源利用自由和自然资源开发利用自由两个方面。① 在空间利用方面，包括公海的航行与飞越的自由、公海铺设电缆和管道的自由，以及在公海设置人工岛屿和设施的自由。《海洋法公约》第 87 条并未像对待其他公海自由权利一样对其进行限制，当然这并不意味着《海洋法公约》下船舶在公海享有绝对的自由。事实上，公约第 11 部分有关海洋环境保护的规定，以及公约外其他国际公约和条约关于船源污染和排放的规制、船舶安全等方面的规定依然从实体层面对公海航行自由进行了限制。但与公海保护区对船舶的潜在限制不同，对公海航行自由的传统限制表现为对船舶活动本身的限制，而不是对其在公海活动空间的限制。换言之，虽然船舶在航行过程中需要遵守各种航行规则和排放限制要求，但它们仍可航行于公海任何区域。但对于部分严格管控的公海保护区而言，为了避免航行活动对保护区捕鱼、哺乳动物的繁育、栖息造成不利影响，部分公海保护区可能会成为禁航区。这对于公海航行自由的限制显然更为显著。

对于公海铺设海底电缆和管道，公约仅含糊规定参照适用第 6 部分的规定，但第 6 部分有关大陆架上海底电缆和管道的规定实际上并未就公海铺设海底电缆和管道设定任何实质性限制。按公约第 79 条之规定，公海海底电缆和管道的铺设只要不妨碍沿海国大陆架权利的行使，不受任何特殊限制。因此，与其说是有关限制此项自由的规定，不如说是对这种自由权利的强调和肯定。

同样，对于公海设置人工岛屿和设施的自由，以及公海科研自由，公约也未过多加以限制。公约第 60 条仅要求人工岛屿和设施不得干扰航行自由，不得对航行安全造成威胁。而对公海科研自由，公约也只是进行了最一般的限制，包括为和平目的进行、以符合公约的适当方式和工具进行，包括遵守公约有关环境保护的规定，以及不对他国合法海洋权利和利益造成干扰。这些活动如果仅仅单一考虑，则可能对公海环境与生物多样性养护不会造成严重影响，但公海保护区作为一种综合性保护区，需要考虑到各种涉海活动的累积性影响。那这些活动是否需要在现有公约规定以

---

① Danielle Smith, etc., "MPAs in ABNJ: Lessons from Two High Seas Regimes", *ICES Journal of Marine Science*, Vol. 75, 2018, pp. 417-425.

外承受公海保护区所带来的额外负担呢？

除了上述对公海空间利用的传统认知以外，晚近人类在公海的活动也愈发变得多样。在传统的公海捕鱼、航行、飞越、科研、铺设海底电缆和管道、设置人工岛屿和设施等活动以外，公海的水产养殖、观光旅游（如赏鲸）、生物勘探等一系列新兴海洋活动纷纷出现。传统的物种/部门导向的管理机制甚至都还没有对这些新兴海洋活动做出有效应对。目前，随着这些新兴海洋活动的兴起，国际社会对于这些活动是否会对海洋生态环境造成影响，是否需要进行环境影响评价，是否会与公海保护区建设构成冲突等问题开始了越来越多的讨论和关注。例如，目前非洲国家集团就主张海底电缆和管道铺设这种活动也应该进行环境影响评估，并纳入累积性影响评估的范畴，作为公海保护区设立的参考因素。①

（二）公海资源获取自由对公海保护区建设的挑战

公海自由的另一层面的内容是公海自然资源获取的自由。传统的公海资源获取自由主要关注的是公海捕鱼自由。也因此，无论是《公海生物资源养护公约》《海洋法公约》还是《鱼类种群协定》都对捕鱼自由进行了诸多限制，但这些制度所保护的对象一般是经济鱼类种群，如金枪鱼、鳕鱼等。《鱼类种群协定》更是明确表明其保护对象为高度洄游和经济鱼类种群，而不包括大部分海洋生物，更没有涉及海洋生物多样性和生物遗传资源的利用问题。但狭义公海保护区的主要目标是生物多样性的长期养护与持续利用。而所谓生物多样性，是生物及其环境形成的生态复合体以及相关的生态过程，当然也就包括动植物、微生物以及它们的基因和生存环境的整体。虽然《鱼类种群协定》下，多数区域渔业组织或安排基于生态系统方法，也开始强调对经济鱼类上下游种群以及所处生态环境的整体养护，但依据它们的职权，其最多也只能将管辖对象扩张到与养护目标相关的其他海洋生物和生态环境，如其食物链上下游物种，以及与目标物种有关的海洋生态环境，如其栖息地、觅食地、产卵育幼地等相关海洋环境。

更重要的是，它们并未对海洋生物遗传资源的获取设定任何限制，但

---

① Tara Davenport, "The High Seas Freedom to Lay Submarine Cables and the Protection of the Marine Environment: Challenges in High Seas Governance", *Symposium on Governing High Sea Biodiversity*, Vol. 11, 2018, pp. 139-143.

对于公海保护区的养护成果——海洋遗传资源,发展中国家和发达国家对此存在明显分歧。"77 国集团"和中国主张对于公海等 ABNJ 海洋生物基因资源适用人类共同继承财产原则。在它们看来,唯有以该原则取代传统的公海自由原则,才有可能建立一个公正公平的 ABNJ 海洋生物多样性养护与持续利用制度,以及遗传资源惠益分享制度。[①] 但冰岛等国家对此表示反对,冰岛提案称,《海洋法公约》第 133 条明确规定,人类共同继承财产原则仅适用于"区域"矿物资源,对于生活在海底和公海水体中的生物资源而言并不适用。对于公海海洋生物遗传资源而言,应继续适用《海洋法公约》第 87 条的公海自由原则。但冰岛同时也承认,公海自由原则是否适用于 ABNJ 海洋遗传资源获取和利用问题,第 87 条也存在瑕疵,毕竟第 87 条仅列举了公海捕鱼自由,但并未同时列举公海生物遗传资源获取自由。因此,冰岛认为,既然上述两项原则都缺乏直接适用的可能,在"ABNJ 实施协定"中应该确立一个新的、折中性原则来寻求双方满意的解决方案。[②] 欧盟及其成员国,以及挪威等国家也持类似的立场。它们认为,将 ABNJ 海洋生物遗传资源视为"人类共同继承财产"存在相当大的难度,会对整个协定的最终达成造成阻碍。因此,务实的方式应该是在"ABNJ 实施协定"中将"人类共同继承财产原则"的三个要素予以规定。[③] 即国家管辖范围以外区域海洋不可为任何国家所占有,基因资源

[①] The Group of 77, "The Group of 77 and China, Development of An International Legally Binding Instrument under the United Nations Convention on the Law of the Sea on the Conservation and Sustainable Use of Marine Biological Diversity of Areas beyond National Jurisdiction-Group of 77 and China's Written Submission", July 2017, http://www.un.org/depts/los/biodiversity/prepcom_files/rolling_comp/Group_of_77_and_China.pdf.

[②] Iceland, "Iceland's Written Submission to the Preparatory Committee Established by the General Assembly Resolution 69/292: Development of An International Legally Binding Instrument under the United Nations Convention on the Law of the Sea on the Conservation and Sustainable Use of Marine Biological Diversity beyond National Jurisdiction", December 2016, http://www.un.org/depts/los/biodiversity/prepcom_files/rolling_comp/Iceland.pdf.

[③] European Union and Member States, "Development of An International Legally Binding Instrument under UNCLOS on the Conservation and Sustainable Use of Marine Biological Diversity of Various Areas National Jurisdiction (BBNJ process) -Written Submission of the EU and Its Member states", 22 February 2017, http://www.un.org/depts/los/biodiversity/prepcom_files/rolling_comp/EU_Written_Submission_on_Marine_Genetic_Resources.pdf.

实行共管，以及惠益分享。因此，无论最终是否会在"实施协定"中明确海洋生物基因资源的法律地位，包括公海保护区在内的所有国家管辖范围以外区域内的海洋生物基因资源都将不再适用公海自由原则。

(三) 船旗国专属管辖与公海保护区全面管理之间的协调问题

公海保护区与公海自由原则之间冲突集中表现为公海保护区管护措施适用的普遍性要求与公海船舶管辖的分散性之间的矛盾。与任何公域治理一样，公海治理的最大挑战在于如何避免"搭便车"的问题。若只有部分国家的船舶在履行公海保护区养护要求，而其他国家依旧我行我素，毫无节制地捕鱼和排放，则不仅公海保护区的养护目标会因此落空，还会严重打击公海保护区参与国的积极性，最终导致"逐底竞争"，"公地悲剧"无可避免。因此，公海保护区养护目标的顺利实现，理论上需要尽可能广泛的国际参与，尽最大可能减少和消除"搭便车"的行为。但公海自由原则的存在，意味着只要有部分国家不同意参与公海保护区，则公海保护区的管护措施将无法约束这些国家的船舶及其在公海的活动。从前述区域层面的公海保护区实践可以看出，在无法取得其他国家一致同意的情况下，区域国家所建立的公海保护区原则上也只能约束参与国船舶，但对第三国船舶的行为并不具有任何约束力。也正因为如此，当前正在区域层面开展公海保护区实践的国家一直在致力于推动制定"ABNJ实施协定"。但从《鱼类种群协定》的参与情况可以合理推断，即便"ABNJ实施协定"最终得以制定，仍会有部分国家拒绝加入该协定。换言之，对于没有加入协定的国家而言，理论上，它们国家的船舶依然可以依据公海自由原则继续在公海自由捕鱼和航行，而不受公海保护区的任何约束。此种"漏网之鱼"越多，基于协定所建立起来的公海保护区的既定目标便越无法实现。也因此，公海保护区是否能够从实体层面约束第三国船舶也就成为公海保护区制度设计中需要面对的核心问题。

即便主要海洋国家都加入有关公海保护区实施机制，在实体层面均受到公海保护区管护措施的约束，但参与国是否愿意或是否有能力落实公海保护区管护措施的要求，有效监督本国公海活动之船舶仍会极大影响公海保护区养护目标的达成。公海保护区所面临的这一潜在挑战，其实也是多数公海环境保护与资源养护领域所普遍面临的一个问题，即公海环境措施的执行问题。若法律制度无法得到有效执行，将不可避免地沦为"纸面上的法"，公海保护区也就成为所谓的"纸面上的保护区"。船舶开放注册和"方便旗"的盛行,长期以来就被视为海洋环境保护与资源养护领域的痼疾。公海保护区又该如何克服这一挑战?

公海自由在执行或操作层面最直接的体现和必然的结果是公海船旗国专属管辖权的确立。[①] 公海船旗国专属管辖是指,对于公海上船舶及其活动,除非船旗国同意或基于国际法另有规定,唯有船旗国可以对其执行相关国内法或国际法的规定。[②] 公海船旗国专属管辖是公海自由原则最重要的附属原则,[③] 也是维持传统公海自由秩序的基础。著名的"荷花号"案明确和澄清了公海船舶船旗国专属管辖的习惯国际法地位。在该案中,国际常设法院强调:"公海上的船舶,除船旗国外,不受任何其他国家管辖。因为按照公海自由原则,公海之上不存在任何领土主张,也因此任何国家不能对他国公海之上的船舶主张管辖。"[④] 原则上,船旗国对于公海上航行之船舶享有垄断之立法和执法管辖。当然,公海船旗国专属管辖也并非绝对,按照习惯国际法和《海洋法公约》的有关规定,在例外情形下,在公海上任何国家的公务船舶和军舰仍可对从事特定国际犯罪行为的船舶登临、检查,甚至采取其他执法行动。例如《海洋法公约》规定,军舰或经正式授权并有清楚标识的为政府服务的任何船舶或飞机,有合理根据认为公海上的外国船舶有从事海盗、贩奴、非法广播、非法悬挂他国国旗、拒绝出示旗帜等行为的,可以登临、检查,甚至有进行搜查的权力。[⑤] 此外,在行使紧追权的过程中,沿海国也可以有限度地突破船旗国专属管辖,对违反沿海国环境、卫生、移民、走私等方面法律法规并逃逸至公海的外国船舶行使管辖权。[⑥]

船旗国管辖从内容上而言,可以进一步分为立法管辖和执法管辖。

[①] A. N. Wright, "Beyond the Sea and Spector: Reconciling Port and Flag State Control over Cruise Ship on Board Environmental Procedures and Policies", *Duke Environmental Law and Policy Forum*, Vol. 18, 2007, pp. 215-221.

[②] Malcolm N. Shaw, *International Law*, Peking: Peking University Press, 2005, p. 545.

[③] ILC, *Report of the International Law Commission to the General Assembly*, 11 U. N. GAOR Supp. (No. 9), U. N. Doc. A/3/59 (1956), reprinted in [1956] 2 Y. B. INT'L L. COMM'N 253, 276, U. N. Doc. A/CN 41 SER. A/956/Add.

[④] Case of the S. S. "Lotus" (Fr. v. Turk.), 1927 P. C. I. J. (ser. A) No. 10, at 25.

[⑤] 《海洋法公约》第 99—110 条。

[⑥] 《海洋法公约》第 111 条。

公海不属于任何国家的主权范围，也因此，任何国家不得单方面为公海立法，或者说任何国家对公海的立法，非经同意都无法约束第三国。首先，非经同意，任何国家不得将本国国内公海立法适用于任何第三国船舶，即便此种国内法属于对相关公海国际条约或公约的国内法转化也不行。因此，包括公海保护区在内的任何公海国际条约，在未得到船旗国签署或加入的情况下，这些国际法原则上都无法适用于该国船舶。换言之，在任何国家或国家集团单方面所建立的公海保护区内，第三国船舶依旧可以行使其传统的海洋自由权利而不受公海保护区管护措施的制约。其次，对于航行于公海之上的任何第三国船舶，非经船旗国同意，或除非有国际法规定之法定事由，如针对海盗、恐怖主义等国际犯罪行为，任何国家不得对悬挂第三国旗帜之船舶采取任何措施干扰其自由行动。

对公海上本国船舶的专属管辖，一方面固然是船旗国基于公海自由原则所享有的主权权利；另一方面则是一种管辖责任。如前所述，现代海洋法在规定了各国享有公海自由权利的同时，也赋予了各国保护公海环境和养护公海生物资源的义务与责任。然而，对于这种义务与责任的履行，现代海洋法并未设立有效的监督机制。因此，当船旗国主观上不愿，或客观上无能力管辖对本国远洋船舶有效执行有关公海环境保护和资源养护法律制度时，公海保护或养护法律制度可能因此沦为"纸面上的法"。

当前区域层面开展的公海保护区实践面临的主要挑战之一便是如何扩大自己的影响力，希望尽可能多的国家能够遵守公海保护区的相应管护规定。然而，当前各区域公海保护区对此还是采取了极为谨慎的态度，相关协定中均未明确提出对第三国及其船舶的适用问题。在处理与第三国船舶关系问题上，各保护区主要采用规劝的形式要求第三国遵守公海保护区的规定。如 CAMLR 第 10 条规定，委员会将提请非缔约国关注其国民或船舶任何影响公约目的实现的活动。同样，有关南极南奥克尼和罗斯海公海保护区养护措施也只是规定，应敦促非缔约方与 CCAMLR 合作，以确保 CCAMLR 所制定的养护措施的有效性不会遭到减损。[①] "提请注意"（draw

---

[①] 王勇：《论"公海保护区"对公海自由的合理限制——基于实证的视角》，《法学》2019年第1期。

attention)就属于典型的道德规劝。《地中海保护区议定书》类似地规定,缔约方应"邀请非议定书缔约方和国际组织合作实施议定书"。[①] 然而,这种道德规劝究竟不是正式的法律约束,其仍无法从根本上避免其他国家"搭便车"的可能。

在执法层面二者之间存在更为严重的冲突和矛盾。因为在这一层面上,它还同时面临公海保护区参与国的船旗国专属执行管辖和公海保护区非缔约国的执行管辖双重挑战。船旗国对本国公海船舶的立法和执法管辖并不是完全同步,船旗国即便可以通过订立条约,或接受相关主管国际组织的决议等方式来放弃对本国船舶的国内立法管辖,接受国际法的约束,也并不意味着就放弃了它对船舶的专属执行管辖。即便是对于 ISA 或 IMO 所制定的船舶或海洋环境保护规定,实际的执行者和监督者也仍是船旗国。公海船旗国专属执行管辖权的存在对于公海保护区预期效果的影响是不言而喻的。当船旗国怠于或不能有效监督本国船舶遵守公海保护区管护规定时,公海保护区的养护目标很难达成。与船源污染或船舶安全防治的要求不同,狭义的公海保护区对相关海洋活动的要求是全面和综合的,这客观上也给船旗国立法和执法带来了难度。船旗国本国是否建立了完整的海事管理法律制度体系将极大地影响到公海保护区目标的达成。

二 公海自由对公海保护区建设构成挑战之根源

透过现象看本质,公海保护区与公海自由之间的冲突,从根本上而言是社会本位的公海新秩序与权利本位的公海旧秩序之间的冲突,是国际社会整体利益与主权国家个体利益之间、公海治理与公海自由之间冲突。

(一)权利本位传统海洋秩序与社会本位海洋秩序诉求之间的冲突

传统的公海自由秩序,建立在个体利益的冲突与平衡基础之上。格劳秀斯提出"海洋自由论"之时,其主要目的在于对抗海洋霸权,避免海上通航与商贸利益为少数国家所垄断,"利益均沾"是其提出"海洋自由论"背后的主要诉求。此后数百年间,直到 1982 年《海洋法公约》订立,公海自由秩序的变迁则主要表现为沿海国与海洋国家之间的海洋利益争夺与再分配,以及发展中国家与发达国家之间的利益冲突与妥协。前者

[①] Tullio Scovazzi, "Marine Protected Areas on the High Seas: Some Legal and Policy Considerations", *International Journal of Marine & Coastal Law*, Vol.1, 2004, pp.1-17.

导致了"领海—公海"二元海洋体系的出现；而后者则导致了国际海底区域制度和专属经济区制度的设立。在这一过程中，公海自由从地理范围到权利内容都被加以修正，以平衡各方利益诉求。但总体而言，这种海洋自由秩序本质上仍是一种个体主义的自由秩序，这一点从《海洋法公约》第 87 条以"适当顾及"作为界定"群己权界"的基本原则可见一斑。简言之，"适当顾及"义务，就是要求各国必须以不损害他国之公海自由作为自身行使公海自由之基本行为准则。彼此以他国之自由作为本国自由权利行使之边界。

从根本上而言，奠基于格劳秀斯所提出的"海洋自由原则"仍体现出了浓烈的国际主义的意味。与霍布斯或康德的国际观都不同，格劳秀斯的国际观既不是霍布斯式的完全的自然状态或无政府状态；也不同于康德理想主义或世界主义。格劳秀斯主义，或称为国际主义则认为，人类对于和平，以及组织化和社会化的生活有着共同的愿望和追求，这种追求直接导致了法律制度的产生。但国家是理性的，理性的国家只会考虑本国利益，因此只有在国家同意基础上制定的国际法才能够得到主权国家的遵守。也正是以这种方式来制定的法律才形成了所谓的万国法或国际法。[①] 但格劳秀斯并不反对战争，在他看来，战争是一种自然权利。也因此，格劳秀斯所认识的国际社会是众多存在一定利益交织的主权国家所组成的社会，在此基础上，国家基于理性的利己主义订立协约，形成国际法。在权利本位的国际社会当中，国家间的利益并非决然对立，但显然也并非全然一致。国家之间的关系表现为冲突与合作并存，利益一致与矛盾并存的状态。[②]

然而，随着人类对海洋认识和利用的广度与深度的不断拓展，个体主义的海洋自由秩序开始逐渐暴露出其缺憾。即个体之理性最终会导致集体不理性结果的出现。当各国盲目追逐本国公海利益最大化时，海上航行秩序、海洋非传统安全、海洋环境保护、海洋生物资源的养护与利用等全球性问题也由此出现，它们与奉行个体主义的公海自由秩序之间的冲突也开

---

① 张辉：《人类命运共同体：国际法社会基础理论的当代发展》，《中国社会科学》2018 年第 5 期。

② 张辉：《人类命运共同体：国际法社会基础理论的当代发展》，《中国社会科学》2018 年第 5 期。

始显现。后者很大程度上仍建基于格劳秀斯海洋资源取之不尽用之不竭的历史性认识之上，但现实已经充分表明，除非对海洋资源进行有组织的、有序的开发，否则"公地悲剧"只会在公海愈演愈烈。海洋保护区被视为目前实现海洋生物多样性养护最有效的工具之一，其背后所代表的是人类社会的整体利益，也是对公域全球治理理念的践行。但很显然，公海保护区的建立，势必对主权国家传统上享有的在公海上的航行、飞越、捕鱼等自由权利的行使造成影响或限制。二者之间的冲突，本质上表现为国家个体自由权利与国际社会整体利益之间的冲突与张力。①

如同 19 世纪末以来，国内法律秩序的中心观念开始逐渐从个体转向社会，20 世纪中叶以来，伴随着全球化的发展与深入，全球问题的不断涌现，国际社会同样开始了从权利本位向国际社会本位的演进。国际法的终极目标，不再仅仅是主权的生存与维系，整个国际社会的发展与人类共生共荣的价值理念在国际法的价值位阶上的地位也开始不断提升。

公海保护区表明了国际社会就公海治理的国际社会本位的共识的形成。国际社会成员就公海利用形成的基本价值和利益位阶的社会共识，最终反映在对行为规范进行调整的共识上。从目前联合国框架内有关 ABNJ 生物多样性养护与持续利用的国际立法协商进程来看，可以基本认为，面对公海生物资源不断退化的困境，国际社会已经充分意识到这一问题的共同性，以及在解决这一问题上，各国之间的相互依赖，合作与集体行动的必要性。自 2014 年联合国关于 ABNJ 海洋生物多样性养护与持续利用非正式工作组成立开始，欧盟和 70 多个主要海洋国家就积极参与了这一协商进程。对于公海保护区之于公海生物多样性养护与持续利用方面的作用，国际社会也已经形成了普遍共识。从目前 ABNJ 生物多样性养护与持续利用实施协定的立法筹备委员会公布的协定框架草案来看，划区管理工具和海洋保护区也已基本确定为未来协定的主要内容之一。当前唯有在行为规范方面仍存在一些争议，而争议的焦点正在于如何在兼顾公海保护区目标和功能实现的基础上确立一种新的公海自由秩序。

（二）公海养护整体性要求与利益多元化之间的矛盾

从宏观来看，海洋本身就是一个巨大的生态系统，海洋及其资源的开

---

① 马得懿：《公海元叙事与公海保护区的构建》，《武汉大学学报》（哲学社会科学版）2018 年第 3 期。

放性、流动性使得海洋生物资源与生物多样性很难凭借单个国家或国家集团的努力来实现。因此，海洋治理客观上要求治理的整体性。所谓治理的整体性，既包括养护和治理对象的整体性，也包括合作与参与主体的整体性。公海生态环境与生物多样性养护不能仅仅关注公海生态系统中的某些要素，而是要同时关注海洋生态系统，以及生态系统中的各个生物要素和环境要素，综合评估各方面因素的发展情况，进而予以全面养护和管理。治理的综合性还进一步表现为治理主体的全面和多元。包括公海保护区在内的任何公海环境保护与生物养护措施的实施都需要全球层面的广泛参与方可实现，海洋发达国家固然有养护公海生物多样性的积极性，但若无法有效调动广大发展中国家的参与和支持，这些措施的实际效果都会大打折扣，甚至沦为空话。同时，公海保护区建设还需要关注主体的多元性，参与海洋开发利用活动的主体是多元的，除国家、政府间国际组织等传统国际法主体以外，近年来，各种非政府间国际组织和海洋环境保护团体正日益密切地参与到了全球海洋治理过程中。也因此，公海保护区能否取得成功，除了需要国际社会层面主权国家的广泛支持，更需要其他非国际法主体的实际参与和支持。

然而，在奉行传统公海自由原则的公海之上，尽管通过公海保护区来实现公海生物多样性养护与可持续利用符合所有国家利益，但国家利益的多元化使得国际社会几乎无法从人类整体利益出发来构建一个完整的公海生态环境保护法律制度。不同国家在渔业、航运、海底矿物资源、海洋生物遗传资源等诸多方面的利益分歧使得国际社会很难通过诸如公海保护区这样的综合性养护措施来对多元海洋活动进行系统的调整。

诚如奥尔森所言，共同利益的存在并不必然会导致全体一致的行动。[①] 公海环境保护与生物养护虽然符合国际社会的整体利益，但不同国家基于各自国家利益的考量，包括长远利益和相对利益等方面的综合衡量，可能会对公海合作的领域、合作方式、合作广度和深度有所取舍和选择。由此也导致了公海上出现了形式各异、区域与全球合作机制并存的局面。不同国家集团选择在不同海域、不同领域制定展开合作并订立国际条约。然而条约的效力源于国家同意，对于那些未加入相关合作安排的国家

---

① [美]曼瑟尔·奥尔森：《集体行动的逻辑》，陈郁等译，上海人民出版社2011年版，第3页。

而言，这些保护和养护机制无疑不具有约束力。①

值得一提的是，姑且不论这些实体层面的立法本身的实际效用问题，按照公海船旗国专属管辖原则，任何公海保护或养护的国际法律制度最终都依赖于船旗国的具体落实。包括由船旗国通过国内立法转化相关国际公约或条约的要求，采取措施加强对本国船舶公海作业监管，对违法行为予以制裁。换言之，对于公海上的活动，国际法的遵守和执行仍表现出强烈的自我执行和自我监督的特点。这种自我监督和自我执行也是国际法这一仍处于初级发展阶段的法律体系所固有的缺点。在国家同时也是国际法义务的直接承担者时，它同时也是遵守压力的直接承受者，以及其他国家的直接监督对象。在公海保护和养护制度上，公海国际立法的直接守法者基本上是各国国民，而执法者原则上为各个船旗国。抛开船旗国无意愿对本国船舶认真执行公海保护和养护立法的情况不论，对于全球多数国家而言，它们的海洋执法力量和技术水平实际上都无法做到对本国远洋船舶的有效监管，但它们却是对本国船舶公海守法监督的基本主体。这种义务的普遍性与执法的分散性之间的矛盾同样也是公海保护区与公海自由原则之间这种张力的具体反映。② 公海保护区建设议题的提出是对海洋问题整体性要求的回应，其因此必然寻求打破现有的公海养护碎片化管理模式，在实体层面实现对条约相对性效力原则突破，在程序层面对船旗国管辖制度安排进行重新思考。

（三）传统自由秩序向公海全球治理过渡的必然结果

公海自由对公海保护区建设的挑战，本质上是传统公海自由秩序对现代公海治理新秩序构建的挑战。尽管从20世纪五六十年代开始，国际社会已经开始关注公海上的各类问题，也做出了一些制度性安排，但总体而言，放任自由的公海传统秩序并未发生根本性变化，总体上仍维持着先到先得的自由竞争状态。③ 然而，随着人类公海活动的日益频繁，公海环境资源的承载力显然已明显不足以满足人类需求，由此产生的结果便是生态

---

① 刘美、管建强：《从区域实践到普遍参与：BBNJ协定下公海治理的条约困境》，《中国海商法研究》2021年第2期。

② 马德懿：《公海元叙事与公海保护区的构建》，《武汉大学学报》（哲学社会科学版）2018年第3期。

③ 胡斌：《国家管辖范围以外区域海洋遗传资源开发的国际争议与消解——兼谈"南北对峙"中的中国角色》，《太平洋学报》2020年第6期。

环境的退化、海洋生物多样性的减少，通过海洋保护区来对更多人类海洋活动进行更为综合和系统的管理与规范属于公海全球治理的重要内容。在新旧秩序转变过程中，传统的公海自由必然对新的秩序建构造成龃龉。这种矛盾和冲突实际上并非公海领域所独有，类似的问题其实在其他领域同样会出现。例如今天全球气候治理，本质上也是在解决传统的温室气体排放自由与温室气体排放全球治理之间的冲突。[①] 类似的，全球网络治理也是在解决传统的网络自由与网络治理之间的矛盾。但这种矛盾和冲突的存在并不意味着需要因此而否定公海自由的价值和意义所在。恰恰相反，公海自由原则依然是保证公海为全球公域基本原则，全盘否定公海自由，事实上也就宣告了公海作为全球公域地位之不存在，进而，所谓公海保护区的议题实际上也不会再存在。

公海保护区建设语境下对传统公海自由的变革要求，并不是要改变公海作为全球公域的法律和政治属性，它不要求改变公域的非主权性、资源利用的非排他性和竞争性，而是要力求实现公域资源开发利用的规范性。[②]

公海自由基础上的公海保护区建设，其面临的具体挑战在于，如何让世界各国及其人民能够抵挡住"搭便车""逃避责任"或其他机会主义行为诱惑，仍有广泛意愿达成一份一致同意的公海保护区国际协议并予以遵守。事实上，诸如公海自由之于公海保护区建设的此类挑战，并非公海治理领域所独有，其他国际公域治理领域同样面临的问题，如气候变化领域需要处理温室气体自由排放所带来的挑战，网络治理领域同样也需要应对传统上处于放任自流状态的网络空间所带来的安全挑战。[③] 甚至可以说，所有国际问题的解决本质上都面临同样的问题，即自由、独立、平等的主权国家，在何种情况下愿意接受共同协议的约束，以取得持久的共同收益。因此，所谓公海自由对公海保护区建设的挑战及其应对的问题，本质上就是一个如何实现公海这一全球公域治理的问题。

---

① 包存宽：《破解当前全球气候治理之困的新思路》，《人民论坛》2021年第33期。
② 张磊：《论公海自由与公海保护区的关系》，《政治与法律》2017年第10期。
③ 刘杨钺：《全球网络治理机制：演变、冲突与前景》，《国际论坛》2012年第1期。

第三节 公海自由之于公海保护区建设挑战的应对

克服传统公海自由所带来的弊端，推进公海保护区建设，推进公海生物资源规范化利用，首要的当然是解决合作动机问题。影响国际社会主体合作动机的因素有很多，包括对问题严重性的认识，对合作贴现率的评估，对其他潜在合作参与方行为的预期，是否存在共享价值目标等。当然，对于任何理性决策者而言，合作的最根本的动机恐怕还是如曼瑟尔·奥尔森所指出的那样："当许多人有着共同的或集体的利益时——当他们共有一个目的或目标时——个人的无组织行动根本不能促进共同利益，或者不能充分地促进共同利益。"① 对于公海生物多样性之现状，以及公海保护区之于公海生物多样性养护与可持续利用之有效性，国际社会显然已经有了充分的共识，因此，克服公海自由给公海保护区所带来的挑战，关键就在于构建一个能够为国际社会绝大多数成员所能接受的公海保护区国际法律制度。一个能够在公海自由与公海养护之间取得合理平衡的公海保护区国际法律制度，首先应做到排除权力政治的干预，坚持在对公海生态环境和生态养护需求的科学认知基础上进行公海保护区选划；其次在此基础上合理设计公海保护区建设和管理的机制；最后，也是最为根本的要素在于构建一个公正公平的公海保护区养护成果分配机制，保证合作各方均能公平获得预期的长久收益。

一 基于科学方法原则选定和管理公海保护区

客观而言，海洋保护区的建立本身就是人类对海洋生物资源和生态系统科学认识不足的回应之举。通过对划定海域的封闭或半封闭的管理，在对目标物种或生态系统进行保护的同时，也可以有效规避任何科学不确定因素对海洋生态环境的潜在不利影响，起到风险预防的作用。重要的是，公海保护区的划定不能掺杂任何政治性因素的考虑，包括以划定公海保护

---

① ［美］曼瑟尔·奥尔森：《集体行动的逻辑》，陈郁等译，上海人民出版社 2011 年版，第 7 页。

区为名,行扩展海洋管辖权之实。也因此,坚持科学方法原则,应成为公海保护区选址和管理措施制定时应予以坚持的首要原则,也是国际社会全体成员愿意放弃传统公海自由权利,共同致力于公海保护区建设的基础。因为只有在这种情况下,公海活动主体所面临的限制并非源于任何其他国家专断意志的强制,而是尊重自然规律使然。

首先,真正需要建立海洋保护区予以特殊管理的公海区域实际上并没有我们所想象的那样多。公海保护区不是越多越好,无论从必要性而言,还是从管理的经济性而言都无此必要。科学研究表明,海洋作为一个整体最多也只有40%的海域需要长期养护和恢复。[1] 2002年世界可持续发展峰会上关于海洋保护区的承诺也只是要在海洋生物多样性具有重要性的海域及海洋生态系统脆弱、敏感海域等特殊海域建立具有代表性海洋保护区网络。[2] 公海保护区并非在公海全域建立海洋保护区,而是有选择性地在特定公海区域建立保护区。因此,公海保护区选址的科学性至关重要。包括《海洋法公约》在内国际公约也一再强调制定海洋环境保护管理标准的科学性。例如《海洋法公约》第234条强调沿海国就冰封区域制定特殊法律和规章时应以现有最可靠之科学证据为基础。第119条要求国家按照最佳可得科学证据制订可捕量和其他养护措施。《鱼类种群协定》第5条也规定,沿海国和公海捕鱼国在制定跨界鱼类种群和高度洄游鱼类种群养护与管理规则时,应确保这些措施所依据的是最佳可得科学证据。当然有必要强调的是,科学方法原则并非唯自然科学论,科学标准既要考虑海洋生态学、地理学等自然科学上的因素,也考虑社会经济、文化、美学等诸多方面因素。前述《鱼类种群协定》的规定中特别强调,虽然要求养护措施符合最佳可得科学证据,但措施同时也必须是在考虑发展中国家的特别需要,以及各种有关环境和经济因素的前提下制定。公海保护区在选址标准和管护措施的制定方面同样应该坚持科学方法原则。在公海保护区建设的数量上做到既不遗漏,也不泛滥。实现对公海特定生物种类或生态系统养护的同时,尽可能地为公海社会、经济、科研等保留活动空间。

---

[1] UNEP, *High Seas MPAs Regional Approaches and Experiences*, Side Event. UNEP (DEPI) / RS. 12 /INF. 6. RS, September 20, 2010.

[2] World Summit on Sustainable Development (WSSD), *Agenda 21 Plan of Implementation. Johannesburg Declaration on Sustainable Development*, A/CONF. 199/20, September 2002.

其次，并非所有应设立保护区的公海区域都需要设立严格管理的综合性海洋保护区。如前所述，广义的海洋保护区类型众多，不同保护区有不同目标，相应的也通常会采取不同的养护和管理措施。例如，对于那些尚未受到人类活动影响的，同时又具有相当程度的生态敏感和脆弱性的海洋生态系统，可能需要建立以生态系统全面养护为目标的严格意义上海洋保护区；而对于那些生态系统本身具有一定之韧性，其环境与生态压力主要来自特定海洋活动的海域，则完全可以对特定活动或特定物种进行针对性管理，而无须建立严格的综合保护区，避免对其他海洋活动造成不必要的障碍。IUCN 针对不同生态特征的自然地貌提出的九种管理水平不一的保护区类型，在公海保护区建设当中可以充分借鉴。在公海保护区建设过程中，同样可以根据不同海洋生态、环境条件、各种因素的潜在影响，在不同区域选择设立不同类型的公海保护区。作为一个长期密切关注 ABNJ 生物多样性养护的组织，除前述有关海洋保护区管理类型标准外，IUCN 在公海保护区选划方面，还提出了诸如《养护生态网络背景下生态走廊保障指南》等设计和管理标准。[①] 作为目前全球最有影响力的有关自然生态保护的非政府间国际组织，鉴于其专业性，其有关保护区的相关技术指南同样可以成为全球公海保护区建设的重要技术参考指标。

二 合理构建公海保护区管理模式

合理构建公海保护区管理模式是主权国家愿意自我限制部分公海自由权利，全面参与公海生物多样性养护合作的前提条件。公海自由是每个国家的固有权利，要求主权国家放弃或限制这种权利的行使，除需要共同的利益和价值理念之外，一个公正、合理且有效的国际管理制度的设计同样是激励主权国家自主限制公海自由，积极参与到全球公海保护区建设中来的重要因素。目前，关于公海保护区的管理模式主要存在三种：全球模式、区域主导模式和折中模式。关于模式的具体选择问题，本书后面还将有进一步的论述，在这里仅对其进行简单介绍。所谓全球模式是指将在"ABNJ 实施协定"中引入一个全球性公海保护区机制，由一个类似于 ISA

[①] IUCN, "Draft Guidance for Safeguarding Ecological Corridors in the Context of Ecological Networks for Conservation", July 2019, https：//www.iucn.org/sites/dev/files/content/documents/2019_6-28_consultation_draft_safeguardingecologicalcorridorsinthecontext.pdf.

的机构或 CBD 缔约方大会机制来统一决定公海保护区选址、类型、养护和管理措施等相关事宜。这种模式对国家公海自由权利的影响最大，实际上使得公海在某种程度上已经成为一个新的海洋区划。

区域主导模式则主张在区域合作基础上推进公海保护区建设。这种做法有些类似《鱼类种群协定》的做法，将公海保护区的主导权交由各区域组织或安排来进行。至于当前正在协商中的"ABNJ 实施协定"，则只需要负责制定相应的标准和指南。当前"ABNJ 实施协定"草案第 15 条第 2 款（b）项备选案文就体现了这种主张。按照该备选案文，"如果没有相关法律文书或框架或相关全球、区域、次区域或部门机构来制定包括海洋保护区在内的划区管理工具，缔约国应合作制定此类文书和框架或设立此种机构，并应参与其工作，以确保养护和可持续利用 ABNJ 海洋生物多样性"。之所以说区域模式类似《鱼类种群协定》的做法，就在于它同样也是一种"自下而上"的、分散管理模式。[①] 如同《鱼类种群协定》并不存在某个全球性机制去干预 RFMO/As 的建设，"ABNJ 协定"同样不会构建某种全球协调机制，而是将公海保护区建设的权限完全交给缔约国，由缔约国，尤其是区域国家间按照区域的需要和利用组织公海保护区与其他划区管理工具的建设。它们可以相对自主地决定是否建立或加入某个公海保护区安排，并在小集团内部享有更大的控制和影响力。但如此一来，公海保护区建设和管理的碎片化问题依然难以解决。同时，在照顾到了区域海洋特殊利益和需求的同时，区域模式下的公海保护区建设也更容易被掺杂政治等其他目的，反而可能对公海自由造成更多隐蔽的限制。

折中或混合模式对公海自由的限制介乎二者之间。与全球模式相比，它不要求建立一个类似于 ISA 这样的职权高度中心化的专门性国际组织来统一规划公海保护区和其他划区管理工具的建设。但与完全的区域模式相比，它又并非一种将公海保护区建设完全交由主权国家来实施的"自下而上"的模式。与区域模式相比，折中模式的根本目的在于实现国家自主性和海洋全球治理之间的平衡。因此，所谓的公海保护区建设折中模式，其设计思路应遵循如下几点：首先，为避免各自为政建设公海保护区，进一步加剧公海生物多样性养护治理的碎片化，"ABNJ 实施协定"应统一公

[①] Peter J. S. Jones, *Governing Marine Protected Areas, Resilience through Diversity*, London and New York: Routledge Taylor & Francis Group pressed, 2014, p. 58.

海保护区建设的选划标准,以避免少数国家"公器私用",滥用公海保护区来扩张本国海洋管辖权,不当限制他国公海自由。[1] 其次,在不设立专门国际组织情况下,应将缔约方大会视为公海保护区设立的最终决定主体。按照这种设定,任何缔约国可以单独或集体向"ABNJ实施协定"条约机制提交设立公海保护区的提案,提案经科学和技术机构审议后提交缔约方大会以半数或多数投票表决的方式予以通过。

三 合理分配公海保护区养护成果

公海保护区建设势必要限制主权国家享有的传统公海自由,因此,这种限制要能够为各国所接受,关键还在于,在各国做出了共同的牺牲和贡献之后,能否公平分享由此产生的成果。公海保护区只是实现公海生物多样性养护的工具,其最终目的是实现对公海生物资源和生物遗传资源的公平分享与可持续利用。只享有公海保护区养护之成果而拒绝履行公海生物多样性养护义务的"搭便车"行为固然不可取;只要求承担公海养护责任却不能公平分享由此所生之利益的制度安排也不可持续。

因此,养护成果能否公平公正分享对于公海保护区能否得到国际社会广泛支持而言至关重要。任何公域治理的最终目标都是资源的有序和持续利用,任何国际合作的目的都在于使集体行动取代个体行动,使个体的收益大于在单方面行动下的收益,最终达到国际社会福利的最大化。[2] 合作的过程同时也是各国利益博弈的过程。在公海生物多样性的养护问题上,当前实际上呈现的并非一种"囚徒困境"的博弈。相反,在公海生物多样性养护问题上,国际社会已经形成了广泛的共识,从CBD、联合国环境与发展峰会,到今天联合国框架下有关"ABNJ实施协定"的谈判都可以看出,国际社会在这一议题上的合作意愿和合作共识是广泛存在的。但能否有效达成协议,关键还在于合作之后的收益分配问题。然而,目前,国际社会对于公海保护区建设的重要成果之一——海洋遗传资源的开发利用与惠益分享方案仍未达成一致。在ABNJ海洋遗传资源法律属性上,发展中国家主张将其认定为"人类共同继承财产",继而应对其开发利用进行

---

[1] 张磊:《论公海自由与公海保护区的关系》,《政治与法律》2017年第10期。
[2] 苏长河:《全球共同问题与国际合作:一种制度的分析》,上海人民出版社2009年版,第109页。

国际共同管理。同时，对于获取和利用海洋遗传资源所生之各种利益，开发利用者也应该就此与全人类在公正公平原则基础上共享。共享的内容不仅应包括海洋遗传资源样本、数据信息等非货币性惠益，还应该包括海洋遗传资源商业化利用之后所生之货币性惠益。发展中国家之所以提出上述主张，其根本的动机还是希望通过这种制度安排来解决其海洋遗传资源开发利用能力不足，以及由此产生的责任与利益失衡的问题。对发展中国家的上述主张，发达国家并不愿意接受。首先，发达国家坚持否认海洋遗传资源"人类共同继承财产"的属性，认为海洋遗传资源与深海底矿物资源无论是自然属性还是经济属性上都存在着显著的差异。前者为可再生资源，后者为不可再生资源；前者本身非经与人力和智慧结合不能产生直接的经济利益，后者作为矿物资源具有直接的经济价值。故此，海洋遗传资源应被视为传统的"共用物"。① 其次，发达国家提出，海洋遗传资源勘探与开发属于海洋科研的内容，公海奉行海洋科研自由，因此，对于海洋遗传资源勘探开发活动不应该，而且也无必要施加过重的国际管理负担。最后，在惠益分享问题方面，发达国家尽管并不反对惠益分享，但却只愿意有条件地就非货币性惠益展开国际分享，而不愿意就利用所生之货币性惠益展开分享。②

"南北集团"之间在海洋遗传资源获取与惠益分享问题上的对立已经成为当前"ABNJ实施协定"国际立法协商推进的最主要障碍。目前无论是谈判各方协商代表，还是关注此一问题的学者，多从将目光局限在海洋遗传资源获取与惠益分享这一问题领域本身来展开讨论和思考，尤其是习惯性地从海洋遗传资源的法律属性出发来探讨这一问题，③ 但这一问题其实也是公海保护区与公海自由协调的重要内容。没有发达国家对公正公平惠益分享的承诺，很难想象发展中国家会愿意主动限制其公海自由权利，积极投身于公海保护区建设。

---

① Arianna Broggiato, etc., "Fair and Equitable Sharing of Benefits from the Utilization of Marine Genetic Resources in Areas beyond National Jurisdiction: Bridging the Gaps between Science and Policy", *Marine Policy*, Vol. 49, 2014, pp. 176-185.

② Balakrishna Pisupati, etc., "Access and Benefit Sharing: Issues related to Marine Genetic Resources", *Asian Biotechnology and Development Review*, Vol. 10, 2008, pp. 49-68.

③ 胡斌：《国家管辖范围以外区域海洋遗传资源开发的国际争议与消解——兼谈"南北对峙"中的中国角色》，《太平洋学报》2020年第6期。

第四章

船旗国专属管辖对公海保护区建设的挑战及其应对

第一节 公海船旗国专属管辖基本内涵

公海船旗国专属管辖是公海自由原则的具体表现和必然结果，在国际法没有明确授权情况下，任何国家对他国公海船舶的管辖都会认为是对公海自由与平等利用原则的违反。同时，作为自成一类的国际法上的国家管辖制度，公海船旗国专属管辖表现出权利与责任的双重性。[1]

一 作为公海自由原则表现的船旗国专属管辖

（一）船旗国专属管辖与公海自由原则的内在关联

船旗国管辖是指船舶所悬挂旗帜的国家或船舶登记国对于船舶及其海洋活动进行管理和控制的权利和权力。[2] 与其他国际法上的国家管辖权类似，船旗国管辖包括立法、司法和执法管辖。

船旗国管辖是船旗国基于其与船舶之间的国籍联系而享有的管辖权利和责任，这种管辖权会一直伴随船舶，并不因船舶进入他国管辖海域而消

---

[1] Asia N. Wright, "Beyond the Sea and Spector: Reconciling Port and Flag State Control over Cruise Ship Onboard Environmental Procedures and Policies", *Duke Environmental Law & Policy Forum*, Vol. 18, 2007, p. 215.

[2] John N. K. Mansell, *Flag State Responsibility: Historical Development and Contemporary Issues*, London: Springer published, 2009, p. 13.

失，只是此时它将和沿海国管辖构成一种并行管辖。尽管国际法上并未对这种并行管辖排列出一个明确的管辖权位阶。而所谓船旗国专属管辖则是在特殊情况下，国际法赋予船旗国对本国船舶排他的管辖权利和责任。船旗国专属管辖最常见的情形是对于公海上航行船舶的管辖安排。公海船旗国专属管辖是一个伴随着公海制度而出现的海洋习惯国际法，1958年《公海公约》第6条第1款和1982年《海洋法公约》第92条第1款均重申了这一习惯国际法原则。按照上述两个公约的规定，"船舶应只悬挂一国旗帜航行……在公海上应受该国的专属管辖"。在现代国际海洋法当中，船旗国除了对公海上的本国船舶拥有排他的管辖权以外，在其他沿海国主权或管辖海域内，船旗国在某些情况下依然享有某种准专属管辖的权利。例如，在本国船舶在沿海国领海从事无害通过时，沿海国虽然有权针对无害通过规定海上交通规则、保护电缆和管道、养护海洋环境等规则，但并不能妨碍外国船舶的无害通过。同时，对于行使无害通过权的外国商船或用于商业目的的政府船舶，除非经船旗国请求，或罪行后果及于沿海国，或罪行扰乱当地安宁或领海良好秩序，或这些措施是取缔违反贩运麻醉药品或精神调理物质所必要，否则沿海国不应当对于外国船舶行使刑事管辖。在民事管辖方面，《海洋法公约》第28条规定，对行使无害通过权的外国船舶上的人，沿海国不应为行使民事管辖权的目的而停止其航行或改变其航向；也不得为任何民事诉讼的目的而对船舶从事执行或加以逮捕，除非涉及该船舶本身在通过沿海国水域的航行中或为该航行的目的而承担的义务或因而负担的责任。除此以外，在沿海国专属经济区航行的外国船舶由于享有航行自由，因此原则上除非涉及沿海国专属经济区有关环境保护和生物资源养护事宜，外国船舶及其上之任何情势原则上也归船旗国或船员所属国管辖。[①]

公海船旗国专属管辖是海洋或公海自由原则的落实和具体表现形式。按照对公海自由原则的理解，公海对所有国家开放，任何国家不得有效地声称将公海的任何部分置于其主权之下，故公海自由隐含着国家主权平等。也因此，任何国家都不能对其他国家及其国民的公海活动，包括航行

[①] Yoshinobu Takei, "International Legal Responses to the Flag State in Breach of Its Duties: Possibilities for Other States to take Action against the Flag State," *Nordic Journal of International Law*, No. 2, 2013, pp. 283–316.

活动主张管辖权。公海自由,从正面而言,意味着任何国家的船舶均有权在公海航行和作业;从反面而言,则表示除船旗国自身以外的任何国家都不能干扰他国公海船舶的航行和其他活动。因此,公海自由(包括航行自由)和船旗国原则不过是一个硬币的两面。① 诚如威廉姆·斯科特(William Scott)爵士在"Le Louis"案所描述的那样,所有国家都是平等的,都有不受干扰地利用海洋不可被占有(Unappropriate)部分的平等权利。海洋之上不存在任何属地的权威(Local Authority),也因此,所有国家都是平等且相互独立的,任何国家及其代表无权对另一个主权者及其代表主张或行使权力。②

(二) 船旗国专属管辖的本质及其在公海治理中的基础性地位

作为公海自由原则的另一面,船旗国专属管辖可以说是当时资本主义政治和经济全球扩张的法律语言表达。③ 在当时,对于欧洲资本主义国家而言,它们对海洋秩序的基本要求就是互不干涉,在这一片未知领域,各国可以自由探索和利用。但是,到了20世纪六七十年代,海洋活动主体的大幅增加、内容的不断丰富,海洋的利用逐渐开始变得"拥挤",国际社会已经开始意识到了对公海自由予以一定干预的必要。然而,《海洋法公约》却不为所动,基本上仍在小心翼翼地维护着公海自由和船旗国管辖原则。公约虽然增强了船旗国义务和责任方面的规定,引入了港口国管辖制度,但基本上,公海船旗国管辖的基础性地位并未发生动摇。④ 公约第92条仍强调,除非基于公约或其他国际条约的明文规定,公海上的船舶应受船旗国的排他性管辖。

在打击公海海盗、贩奴、毒品犯罪、未经许可广播等行为方面,《海洋法公约》虽在船旗国专属管辖方面进行了一些例外规定,但这些例外本

---

① Atsuko Kanehara, "Environmental Protection of Ocean and Flag-State Jurisdiction", Conference Report of the Conference of SCA, May 27-30, 2008.

② Thomas D. Lehrman, "Enhancing the Proliferation Security Initiative: The Case for a Decentralized Non-Proliferation Architecture", *Virginia Journal of International Law*, Vol. 45, 2004, pp. 223-276.

③ Maria Gavouneli, *Functional Jurisdiction in the Law of the Sea*, Leiden/Boston: Martinus Nijhoff Publishers, 2008, p. 158.

④ Myres S. McDougal & William T. Burke, *The Public Order of the Oceans—A Contemporary International Law of the Sea*, Yale: Yale University Press, 1962, p. ix.

质上也只不过是在船旗国专属管辖上打开的一个个小小的"缝隙",船旗国管辖的基础性地位并未发生动摇。以海盗为例,作为人类历史上最为古老的一种海上犯罪行为,自人类开始从事海洋活动开始,海盗行为也就随之产生。海盗也因此被视为一种典型的国际犯罪行为,属于各国普遍管辖的对象。换言之,对于公海上的海盗行为,原则上,各国均有权管辖。然而,《海洋法公约》也只是规定,各国应尽最大可能合作,以制止公海海盗行为。① 同时,对于公海海盗行为,各国均有权扣押海盗船舶、飞机及其上的海盗嫌疑人,并将其押解回本国法院进行审判。然而,实际上,从一般国际法和国际法理论看来,普遍管辖本身具有补充性,换言之,普遍管辖在位阶上低于其他管辖权,当然也包括船旗国管辖。对于公海海盗行为,理论上只有在船旗国放弃或拒绝管辖的情况下,他国才可以基于普遍管辖原则对海盗活动行使管辖。

即便是赋予了第三国对外国海盗船的管辖权,公约在管辖程序上的规定也表现得极为谨慎。第三国军舰或政府公务船舶需在有合理理由怀疑船舶从事海盗行为的情况下,才能查核船舶旗帜和船上文件,在嫌疑未能解除时才可以进一步登临检查,再进一步决定船舶、人员扣押及司法审判等后续步骤。海盗以外,公约对贩奴、贩毒、非法广播等行为的规制同样并未全然偏离船旗国专属管辖。对于公海贩毒行为,公约也只是授权第三国军舰或政府公务船舶登临检查,并与他国合作制止这种贩运,并未明确赋予第三国全面的管辖权。对于公海非法广播的行为,公约的规定也基本类似。稍有不同的是,公约还允许各国在登临检查以外逮捕非法广播的人、船,以及扣押广播器材。

2019 年,国际海洋法庭在巴拿马诉意大利的 "M/V Norstar" 案的判决结果再一次肯定了公海船旗国管辖的基础性地位。在该案中,一艘在巴拿马注册的船舶在公海向意大利游轮贩售燃油,意大利政府认为此举属违反意大利税法的逃税行为。待该船靠泊葡萄牙港口之后,应意大利政府请求,葡萄牙港口当局扣押了该艘船舶,意大利司法机关随后针对船舶违法行为启动司法程序。巴拿马政府认为此举违反了《海洋法公约》有关公海自由的规定,遂依据《海洋法公约》第 274 条向国际海洋法庭起诉,认为意大利此举违反了公海航行自由,侵害了巴拿马对本国船舶的专属管

---

① 《海洋法公约》第 100 条。

辖，包括立法和执法管辖。尽管参与审理的法官中有部分成员对结果存在不同意见，但最终判决还是肯定了巴拿马主张，认为意大利无权将本国国内法域外适用于第三国船舶，更不得因此而扣押进入港口的外国船舶。[①]

二 自成一类的公海船旗国专属管辖

任何国家管辖权的行使都建立在特定的国际法管辖原则或基础之上。在习惯国际法中，国家主要基于四类管辖原则主张管辖权，即基于领土主权的属地管辖、基于国籍联系的属人管辖、基于国家利益的保护管辖，以及基于国际社会整体利益的普遍管辖。那么船旗国对于本国公海船舶的管辖权，其本质上到底是什么？对此，历史上还曾经出现过不同的观点和学说。一种观点认为，船旗国对本国公海船舶的管辖本质上是属地管辖。该学说大行其道的标志性案件是"荷花号"案。在该案中，国际常设法院认为，土耳其对与本国船舶发生碰撞的法国船舶上的船长和船员有管辖权，理由是"依据公海自由，一国公海上的船舶与一国领土无异（in the same position）……发生在公海船舶上的犯罪行为就相当于发生在一国领土之上"[②]。因船舶碰撞事件导致对土耳其船舶及其上之人员造成损害，基于效果理论（effect doctrine），土耳其对本案有管辖权。[③]

然而，从现代海洋法发展来看，船旗国管辖早已不再被视为属地管辖的一种了。首先，如果将船舶视为一国领土的海外延伸，那么依据《联合国宪章》第2条第4款之规定，那么海事案件当中对外国船舶的扣押将被视为侵犯一国领土完整和政治独立之举，这种解释显然荒谬。其次，《海洋法公约》显然也没有接受所谓的"浮动领土说"，以公约第97条为例，在公海船舶碰撞事故发生后，对于涉事船舶船长和其他应负刑事或纪律责任的船员，仅能由船旗国或此种人员所属国家的司法或行政当局提出。从上述规定可以清楚看出，公约缔约方并未接受"荷花号"案的结论，因为按照后者的推论，对于公海船舶事故，事故另一方船舶的船旗国，依据效果理论对碰撞案件也应拥有管辖权，但公约上述规定显然并未赋予对方船旗国以管辖权。最后，船旗国与本国之间船舶之间管辖关系的建立需要

---

① M/V "Norstar"（Panama v. Italy）, Judgment, ITLOS Reports 2018-2019, p. 10
② The Case of the S. S. "Lotus", Judgment, P. C. I. J. Series A, No. 10 (1927).
③ The Case of the S. S. "Lotus", Judgment, P. C. I. J. Series A, No. 10 (1927).

满足所谓的"真实联系"要求。尽管到底以什么样的标准来确定船舶与国家之间存在真实联系至今没有定论,但无论如何,《海洋法公约》第91条有关"国家和船舶之间必须有真实联系"这一措辞已经明白无误地显示,在公约缔约方眼中,船旗国管辖更类似于属人管辖而不是属地管辖。① 美国联邦最高法院在若干案件当中也一再表明,船旗国对船舶的管辖权"比领土主权带有更多属人的特点"②。类似的,作为一个奉行出生地主义的典型,美国并不会赋予出生在美国籍船舶上的人以美国国籍。③

另一种理论则认为,公海船旗国专属管辖依据的基础是属人管辖。属人管辖的观点主要表现在学术研究层面上,包括英国著名国际法学者马尔科姆·肖等均在相关国际法著述中表达了这样的观点,即船旗国管辖的本质是一种属人管辖。④ 从某些角度来看,船旗国管辖的确符合属人管辖的某些特点,首先,二者之间都是基于国籍联系而产生,其次,在国籍联系上二者也都强调必须存在"真实联系"(Genuine Link)。例如《海洋法公约》第91条第1款就要求船舶和船旗国之间应该具有"真实联系",后者同样是属人管辖原则所要求的要素,"诺特鲍姆案"(Nottebohm Case)对此予以了肯定。通过转换国籍可以改变属人管辖联系,类似的,船舶通过更改船舶登记国也可以做到改变船旗国管辖的联系。

然而,将船旗国管辖等同于属人管辖并不适当。首先,船舶并非人,既不是自然人也不是法人,除了在英美法系中某些情况下可以成为诉讼主体以外,船舶通常并不是法律关系的主体。通常情况下,船东可以缔结合同,但船舶不能;同样的,在海上侵权或犯罪活动中,是人而不是船舶应当就海上倾废、污染、走私、未授权广播、暴力犯罪等承担责任。尽管《海洋法公约》第19条有关无害通过的规定中,船舶本身似乎被当成行为主体看待,但一般情况下,立法只会要求人而不是船舶去作为或不作

---

① Sondre Torp Helmersen, "The *Sui Generis* Nature of Flag State Jurisdiction", *Japanese Yearbook of International Law*, Vol. 58, 2015, pp. 319-335.

② Cunard S. S. Co. v. Mellon, 262 U. S. 100, 123 (1923), also in Lam Mow v. Nagle, 24 F. 2d 316 (9th Cir. 1928).

③ [美]路易斯·B. 宋恩等:《海洋法精要》,傅崐成等译,上海交通大学出版社2014年版,第39页。

④ Maria Gavoiuneli, *Functional Jurisdiction in the Law of the Sea*, Leiden/Boston: Martinus Nijhoff Publishers, 2007, p. 34.

为。例如，要求船东或船舶操作者遵守相应的海洋法律法规。其次，对于国家管辖范围以外的国民，国籍国的属人管辖权包括立法和司法管辖但不包括执法管辖，但船旗国管辖显然是同时包括上述三类管辖权利的，这也使得船旗国管辖不同于属人管辖。最后，国家基于属人管辖可以行使外交保护，但船舶显然不行。可见，船舶并未被视为国际法上的人，其虽然具备属人管辖原则的某些特征，甚至也以国籍作为管辖的基础，但其显然不能简单地等同于属人管辖，属人管辖制度也不可能直接套用于船旗国管辖。

通过上述比较可以发现，船旗国管辖应属于与属地管辖和属人管辖既存在一定相似性，但又分别与二者存在差异的、自成一类（sui generis）的管辖原则。国际刑事法庭《罗马规约》第 12 条第 2 款的规定也充分证明了这一点，在谈到有关国际刑事法院管辖对象时，该款将对船舶的管辖与属地管辖和属人管辖进行了并行列举：如果发展发生在缔约国或依照第三款接受了法院管辖权的国家，而该国是"有关行为在境内发生的国家"或"犯罪发生在船舶或飞行器上，该船舶或飞行器的注册国"或"犯罪被告人的国籍国"，则法院可以行使管辖权。从这里可以看出，在国际刑事法院看来，对船舶的管辖是既不同于属人管辖也不同于属地管辖的自成一格的管辖权制度，其根源于海洋自由，是平等者之间无管辖权的具体表现和实践。[1]

三 呈现出权利与责任双重维度的船旗国专属管辖

当国际法把对公海船舶的管辖权几乎排他地赋予了船旗国时，船旗国也由此承担起了相应的管理责任，并且，随着海洋法律治理的深入，这种管理上的责任也因此显得更为突出。以《海洋法公约》为例，公约第 94 条为船旗国设定了一系列综合性义务和责任。该条第 1、2 款总括性规定："每个国家应对悬挂该国旗帜的船舶有效地行使行政、技术及社会事项上的管辖和控制。"包括确保每艘船舶保持一本船舶登记册，载列悬挂该国旗帜的船舶的名称和详细情况；根据其国内法，就有关悬挂本国旗帜的船舶的行政、技术和社会事项，对该船及其船长、高级船员和船员行使管辖

---

[1] Arron Nicholas Honniball, "The Exclusive Jurisdiction of Flag States: A Limitation on Pro-active Port States?", *The International Journal of Marine and Coastal Law*, Vol. 31, 2016, pp. 499-530.

权。第3款特别对海上安全方面做出了更为详细的规定。按照该款要求，船旗国应在船舶构造、装备和适航条件、船舶的人员配备、船员的劳动条件和训练、信号使用、通信维持和防碰撞方面采取必要措施。为此，船旗国应保证对船舶及其人员进行定期检查，确保船舶适航、船员适格。在立法方面，公约对船旗国规定了最低限度的立法义务，即这些措施必须符合一般接受的国际规章、程序和惯例的要求。第5款规定表明，船舶上与海上安全有关的结构、设施和人员配备等方面，实际上是受到国际规则和标准的约束，而这两类国际规则和标准主要来源于两个组织——国际劳工组织和IMO。船员劳动条件保障被国际劳工组织视为优先关注事项，20世纪20年代开始，国际劳工组织便开始就船员雇佣和劳动条件制订综合的标准体系。进入20世纪七八十年代，IMO也开始对海上安全和船员配备展开了立法工作。如1978年制定的《海员培训、发证和值班标准国际公约》（STCW）。2006年前后，在上述两个组织合作基础上，又先后制定了一系列有关船员权利保护的规则和标准。

在海洋环境保护方面，《海洋法公约》第12部分中的相当一部分规定实际上都是在强调船旗国海洋环境保护义务。如各国应采取一切必要措施确保在其管辖和控制下的活动的进行不致扩大到其管辖海域以外，[1] 各国应制定法律和规章，以防止、减少和控制悬挂其旗帜或在其国内登记的船只对海洋环境的污染，[2] 为防止、减少和控制来自大气层或通过大气层的海洋环境污染，应制定适用于悬挂其旗帜的船舶或在其国内登记的船只或飞机的法律和规章。[3] 诸如此类的规定无非都是在强调，在海洋环境保护和保全方面，船旗国在立法管辖方面负有首要责任。在执行管辖方面，同样如此。公约第217条规定，各国应确保悬挂其旗帜或在国内登记的船舶遵守为防止、减少和控制来自船舶的海洋环境污染而通过主管国际组织或一般外交会议制订的可适用的国际规则和标准以及各国依公约制定的法律和规章，并应为此制定法律和规章和采取其他必要措施，以实施这种规则、标准、法律和规章。船旗国应确保这些法律和规章得到有效执行，无论违反行为发生在何处。尽管公约对船旗国执行船源污染立法义务的规定

---

[1] 《海洋法公约》第194条。

[2] 《海洋法公约》第211条。

[3] 《海洋法公约》第212条。

总体上呈现出开放性和笼统性,但该条第 2—8 款还是就船旗国船源污染立法的执行设定了一些较为具体的义务。包括禁止不达标船舶出海、要求船旗国确保本国船舶常备各种标准证书并定期检查、及时对违法船舶启动司法程序、协助其他国家调查船舶违法行为、向主管国家组织和请求国通报执行情况、严格执法以切实起到惩戒和威慑作用等。[①] 此后订立的一些专门性船源污染公约也基本上秉承了船旗国专属管辖的理念,将防污责任完全赋予了船旗国。1954 年《国际防止海洋油污公约》就属其中典型代表,按照公约规定,无论污染行为发生在何处,非船旗国也只能是通知船旗国并要求后者采取措施。

在公海生物资源养护方面,《海洋法公约》第 117 条同样就船旗国管辖责任进行了规定,其要求所有国家为各该国国民采取必要措施以养护公海生物资源。在公约这一条规定基础上,随着《鱼类种群协定》和其他区域海洋渔业资源养护协定的生效,这种养护义务也逐步得以落实和具体化。以《鱼类种群协定》为例,协定第 18 条从立法管辖角度对船旗国公海捕鱼规制的义务进行了规定。按照该款规定,公海捕鱼国应采取可能必要的措施,确保本国渔船遵守分区域、区域养护和管理措施,确保本国渔船不违反上述措施。这些措施包括根据分区域、区域或全球任何适用程序,采用捕捞许可证、批准书或执照等办法管制公海捕捞、建立国家档案以记录公海捕捞渔船资料、建立观察员制度以检查、监督公海渔船捕捞情况等。第 19 条则从执行管辖角度规定和细化了船旗国管辖义务的内容。包括及时调查违法行为、配合他国调查行为、及时并严厉惩处违法行为等。船旗国专属管辖在国际义务和责任方面的另一主要内容则是广义上的严格执法的责任,包括对违反船旗国所承担的公海保护和养护国际法标准和规定的本国船舶,进行严格和尽责的管理和司法处置。[②]

公海船旗国专属管辖义务和责任层面的内容是船旗国被赋予专属管辖权的必然结果,也是公海自由原则下公海维持秩序的必然要求,当然也是海洋秩序客观存在的证明。如果只是赋予各国船舶公海自由活动的权利,而国际法却不对船旗国管辖义务和责任进行相应规定,那公海将成为一个

---

① 《海洋法公约》第 217 条。

② John N. K. Mansell, *Flag State Responsibility, Historical Development and Contemporary Issues*, Springer pressed, 2009, p. 23.

"法外之地"。船旗国专属管辖权力和责任的双重维度性理论上也正是公海自由与公海秩序之间平衡的客观必然。

随着全球海洋治理的深入，在船旗国各项管辖权中，船旗国的立法管辖权正受到越来越多国际法条约和公约的约束。无论是在海洋航行安全、海洋环境污染、海洋渔业资源捕捞与养护，还是在船上船员劳动权益保护等方面，船旗国国内法中有关本国船舶公海活动管理的立法内容、标准和规则制定方面正受到越来越多国际规则和标准的约束。当然，面对新的问题，除非国际社会就此达成一致意见，否则任何单方面或区域层面的公海治理规则和制度同样无法约束第三国船舶。

第二节 船旗国专属管辖对公海保护区有效性的挑战

一 方便旗船问题阻碍公海保护区措施的实施

诚如塔那卡（Tanaka）教授所言，公海船旗国专属管辖原则的确立，在防止其他国家干涉一国船舶公海自由行动，保证了国家主权平等和公海自由权方面扮演着重要角色，船旗国也因此被视为公海秩序的主要维持者。在这种情况下，除非船旗国之间有意愿并且有能力展开公海国际合作，否则全人类所共同面临的诸如公海环境污染、公海渔业等生物资源衰竭等公海治理问题将无法得到有效解决。然而，如上所述，船旗国本身参与国际海洋治理的意愿和能力参差不齐，在今天这样一个主权国家林立的国际社会当中，总会有国家出于种种原因，在主观上不愿意或客观上无能力履行依据国际公约或条约管理船舶的义务和责任，由此也造成了相应的管辖空洞，那些不愿意接受严格海洋环境保护和航行安全规制的船东也有了可乘之机，它们可能转而将船舶在这些国家登记注册，以逃避国际和国内法对于船舶及其航行所施加的种种限制的目的。限制这些无责任能力或责任意愿国家的授籍自由也因此成为理论上解决这种管辖漏洞的首要方式。

"诺特鲍姆案"之后，要求在船舶和船舶登记或注册国之间存在"真实联系"（Genuine Link）成为国际社会公认的解决船舶开放登记问题的主要手段。① 联合国第一次海洋法会议期就已经充分注意到了船舶开放注册给全球海洋治理合作所带来的问题。1958年《公海公约》首次以正式立法的形式规定，国家与船舶之间必须有真正联系。国家有义务对悬挂本国旗帜的船舶在行政、技术和社会事务等方面进行有效的管辖和控制。② 但何为"真正联系"，公约并未做出解释。至于"诺特鲍姆案"中为自然人与国家之间的国籍关系确立所建立起来的规则，由于船舶在全球范围的频繁流动，诸如所谓惯常居所地、利益中心地、家庭联系、参加公共生活、基于彼此之间权利义务关系建立起来的联结、对特定国家的情感上的依恋等标准显然难以直接照搬适用于船舶。③ 1982年《海洋法公约》第91条第1款再一次复述了《公海公约》的上述规定，规定"国家和船舶之间必须有真正联系，"但何谓"真正联系"仍不得而知，《海洋法公约》同样未对此做出界定和解释。为进一步解决这一难题，1984年，国际社会在联合国框架内进一步就船舶开放登记进行了讨论，最终达成了《联合国船舶登记条约公约》。在综合各方意见之后，该公约将船舶和船旗国之间具有某种"经济联系"视为具有"真正联系"的首要标准。所谓经济联系，包括船旗国及其国民对船舶所有权的资金参与，船旗国和船舶船员之间的国籍联系、船旗国和船公司在管理上存在某种联系等。然而由于欧洲国家的反对，公约最终没能生效。

总之，迄今为止，虽然国际公约明文要求船舶和船旗国之间具有"真正联系"，但国际社会在"真正联系"的内涵上并未达成一致，更没有对缺乏真正联系的国际法后果做出规定。相反，随着航行产业的国际化和全球化，人们在认识到方便旗带来的问题同时似乎更看重由此带来的便利，认为方便旗制度其实也有促进航行业发展的好处。④ 也因为如此，国际社会解决方便旗问题的热情和积极性也在逐渐消退。但毋庸置疑的是，船舶和船旗国之间关系的开放性给全球海洋治理，尤其是公海治理所带来的障碍是切实存在的。对于公海保护区养护和管理措施的实施而言同样如此，因为遵守公海保护区养护和管理措施并非每个国家都应该履行的普遍

---

① Nottebohm case (Preliminary Objection), Judgement of November 18th, 1953: I. C. J. Reports 1953, p. III.

② 《公海公约》第5条第1款。

③ 蔡壮标：《论船舶登记中的"真正联系"原则》，《天津航海》2006年第3期。

④ 叶洋恋：《船舶登记法律制度研究》，博士学位论文，华东政法大学，2013年。

国际法义务，对于那些不愿意遵守公海保护区养护和管理措施的船东而言，它们依然有可能通过转换船舶国籍来逃避因其原国籍国加入或参与特定公海保护区机制所带来的遵守公海保护区养护和管理规定的法律义务和责任。在有关海洋与海洋法方面的决议中，联合国大会也多次敦促那些没有建立有效的海事管理机构和适当法律框架的船旗国建立或加强必要的行政管理以及立法和执法能力，以确保有效遵守、实施和执行国际法规定的责任，并在采取这种行动之前，考虑不授予新船舶悬挂其国旗，停止进行船舶登记。[①]

二　船旗国专属立法管辖阻碍公海保护区措施的普遍适用

如前所述，公海船旗国专属管辖是一种管辖优先性安排，除非国际法存在特别规定，否则对于公海之上的船舶，船旗国在立法、执法和司法层面均享有排他的，或者至少是优先的管辖权限。但相较于执法和司法层面管辖的专属性，随着海洋治理的深入，有关海洋船舶治理的实体性要求正越来越通过国际公约来加以统一规范，甚至在一些领域，主权国家已经将部分立法权，尤其是船舶航行技术领域的一些立法权授予了诸如IMO、FAO等国际组织。然而，在公海保护区措施层面，国际社会至今尚未就此制定统一的实体性规范，除少数国家基于国家同意而有义务遵守共同制定的养护和管理规则外，其他国家并无义务遵守此类规定，由此也造成了公海保护区普遍适用需求与公海船旗国立法管辖之间的张力。

（一）海洋活动全球化背景下船旗国立法管辖与公海保护区普遍适用需求之间的张力

船旗国专属管辖原则是伴随着格劳秀斯海洋自由论而提出的海洋法基本原则，作为海洋自由的另一面，船旗国管辖原则确立的主要目的在于维护一种消极自由，即本国船舶免于（free from）被任何他国妨碍的自由。若他国能在公海上随意干涉另一国船舶活动，则公海自由和主权国家平等将无从谈起。在人类海洋活动尚未全面发展的格劳秀斯时代，由各国管理本国船舶公海事务自然无可非议，因为就当时而言，海洋环境污染、海洋渔业等海洋生物资源都没有受到严重威胁。人类海洋活动主要的威胁，除了海上天然灾害、海盗等事故以外，主要来自部分海洋强权的干涉。因

---

① UN, *Resolution adopted by the General Assembly on 17 November 2004*, A/RES/59/24, para. 38.

此，确立船旗国专属管辖主要也在于防御他国的干涉。换言之，此时的船旗国专属管辖的内涵只包含排他性权力的那一面，而基本不涉及船旗国的义务和责任的内容。而这种对船旗国专属管辖的理解也的确有利于这一特定历史阶段海洋秩序的维持。更重要的是，对于当时的多数国家而言，所谓的全球航行和全球海洋范围内的探索实际上并不多见，人类常见的海洋活动还是局限在近海区域，也因此，多数船旗国事实上是有能力对近海活动的本国船舶进行控管的。然而，随着人类海洋活动内容、种类、数量的巨大增长，船舶活动范围的全球扩张客观上对船旗国对本国船舶海上活动的有效管控构成了巨大挑战。诚如日本学者兼原敦子（Atsuko Kanehara）所言，遑论格劳秀斯时代，即便是在今天，最强大的海洋国家也不可能真正做到对遍布全球的本国船舶的全面和有效监控与管辖。就算它能做到，也必然是以耗费巨大的管理成本为代价。[1]

此外，尽管人们已经充分意识到海洋生态系统及其养护的整体性特点，但毋庸讳言地是，海洋生物资源和生物多样性养护权重当中，仍存在国家利益、区域利益和整体利益的区别。例如，对南大洋生物多样性的养护，南大洋周边国家，尤其是澳大利亚、新西兰等国较其他国家显然有更大兴趣和更多利益。毕竟作为毗邻国家，通过在南大洋公海设立保护区，保护区所产生的生态溢出效应，将直接管辖到这些周边国家管辖海域生态利益，从一个保护区网络化视角来看，通过与公海养护制度的协调，也能更有效地实现这些毗邻国家管辖海域内海洋保护与生物资源养护之国内法目标。也正因为如此，在南大洋两个公海保护区建设中，澳大利亚和新西兰等国才会不遗余力地加以推动。它们有关南奥克尼群岛公海保护区和罗斯海保护区的提案也是诸多《南极条约》体系国家中面积最大、养护和管理措施最为严格的提案。但与之相反，对于诸如俄罗斯等远南大洋国家而言，尽管其同样关切南大洋环境与生物资源养护，但在其国家利益的天平上，能否获得实际的海洋渔业资源等生物资源同样重要，甚至更为重要。同样的，在沿海国与内陆国之间，渔业大国与非渔业大国之间、远洋国家与近岸国之间对于公海生物多样性养护及其养护工具——公海保护区

---

[1] Atsuko Kanehara, "Challenge the Fundamental Principle of the Freedom of the High Seas and the Flag State Principle Expressed by Recent Non-flag State Measures on the High Seas", *Japanese Year Book of International Law*, Vol. 21, 2008, p. 51.

的设立问题都会存在利益分歧,而这种利益分歧也会直接影响到主权国家参与公海保护区实体规范层面的积极性。

(二) 公海保护区全球立法滞后于公海生物多样性养护的现实需求

诚然,面对公海治理呼声的日益强烈,船旗国面对压力可能接受越来越多的公海治理国际公约的约束,从而承担起相应的公海环境保护和生物资源养护的责任,并将这种国际法上的义务转化为国内法上对本国船舶公海行为的规范性要求。但目前为止,国际法尚未存在关于公海保护区的普遍立法。《海洋法公约》虽然一般性地规定了各国有义务为各该国国民采取养护公海生物资源的必要措施,但"必要措施"是否涵盖公海保护区措施并不清楚,更遑论遵守他国设定的公海保护区管理措施了。事实上,从公约目前的立法规定来看,一方面公约似乎更倾向于将船旗国公海生物资源养护义务的具体化交给各国自行合作处理。如要求公海生物资源开发国家之间就公海生物资源的养护和管理展开合作与谈判,必要时设立分区域或区域渔业管理组织。① 即便赋予这种合作义务以具体内容,其导向性结果也只是建立或参与次区域、区域渔业合作组织和安排,而不是建立或参与公海保护区。与公约第 12 部分"海洋环境的保护和保全"和其他部分关于船舶海上安全等规定相比具有明显的开放性的特点。后者虽然同样将防止船舶污染海洋或确保船舶海上航行安全的立法责任授予了船旗国,但其同时也对船旗国立法内容进行了限定,如要求船旗国国内立法效力不得低于"主管国际组织或一般外交会议制定的一般接受的国际规则和标准"。另一方面,尽管《海洋法公约》中的确以专章(第七部分)形式规定了"公海生物资源的养护和管理",但这种规定并没有适应海洋技术进步给公海生物资源带来的新压力,这一章节的内容既不详细也未反映出大多自《公海捕鱼公约》制定以来所取得的进步与进展。以至于有人认为本质上,公约有关"公海生物资源的养护和管理"根本就是缺失的。② 出现这种局面的主要原因在于,第三次联合国海洋法会议期间,几乎所有努力都是指向新设立的专属经济区内生物资源的养护与管理问题,因为当时的人们普遍认为,大多数商业性渔业开发主要集中在 200 海里以内的海

---

① 《海洋法公约》第 118 条。

② [美] 路易斯·B. 宋恩等:《海洋法精要》,傅崐成等译,上海交通大学出版社 2014 年版,第 239 页。

域，公海无足轻重。① 然而，事实是，当原本具有充分商业开发价值的渔业资源失去了公海地位之后，对于远洋渔船队而言，要么花钱进入他国沿海国的专属经济区，要么重新寻找专属经济区以外的可捕捞的鱼类种群，绝大多数渔船队选择了后一种做法。

对于公海渔业资源以外的其他海洋生物资源和生物多样性养护与开发利用问题，如基于获取海洋遗传资源为目的的具有科研性质的捕获，《海洋法公约》更是只字未提。公约中没有出现过海洋生物多样性的字眼，也没有对基于科研目的的海洋生物资源捕捞活动设定明确可操作的义务性规范。对于以海洋生物多样性养护与可持续利用为目的的公海保护区设立和管理等事宜同样没有提及。也因此，在船旗国中心主义的公海治理过程中，对于公海保护区，船旗国需要承担何种义务和责任，应该对本国船舶采取何种管理和规制不得而知。

截至目前，自 2004 年联合国框架内有关公海生物多样性养护与公海保护区建设立法议题算起，几近 20 个年头。然而，截至 2021 年，"实施协定"的草案都尚未最终确定。有关公海保护区的全球立法俨然已极度落后于生物多样性全面养护的需求。引导和鼓励船旗国积极参与到当前立法议程，并尽快就公海保护区等相关事宜达成具有普遍约束力的国际协议将成为缓和公海保护区普遍适用需求与公海船旗国管辖专属性之间矛盾的主要路径。

三 公海船旗国专属执法管辖阻碍公海保护区措施的落实

（一）公海船旗国执法管辖的严格专属性

面对海洋活动的日益全球化，在推动海洋问题全球治理过程中，在部分船舶全球性管理事项上，船旗国立法管辖方面的专属性已经逐渐让位于全球共同立法，但对本国公海船舶执行管辖的专属性权利却仍然被严格掌握在船旗国手中。尽管第三次海洋法会议期间，国际社会已然意识到船旗国专属管辖给海洋治理所带来的弊端，并因此尝试在一些领域打破船旗国对船舶管辖的垄断，但基本上，这种突破仍极为有限，为维护公海自由，《海洋法公约》仍在小心翼翼地维护着船旗国专属管辖制度。

---

① ［美］路易斯·B. 宋恩等：《海洋法精要》，傅崐成等译，上海交通大学出版社 2014 年版，第 425 页。

虽然海盗早已被视为"全人类公敌",并纳入了普遍管辖的范畴,但对于多数非船旗国而言,即便它们有权依据《海洋法公约》的规定对他国在公海从事海盗的船舶进行执法管辖,但在实际行使这一权力和责任过程中,非船旗国难免仍需保持极端谨慎的态度,因为按照公约第106条的规定,若扣押涉有海盗行为嫌疑的船舶而并无足够的理由,扣押国应向船舶或船舶所属国家负担因扣押而造成的任何损失或损害的赔偿责任。而公约对有关海盗罪的行为主体、反对对象、主观目的上的限制也进一步证明,公约并不愿意借这一概念扩大公海非船旗国执行管辖。即便是在早已经为1958年《公海公约》所确认的公海非船旗国登临检查的规定上,公约也做出了严格限制。按照公约第110条的规定,外国军舰只有在有合理理由怀疑他国船舶正在公海从事海盗、贩奴、未经许可广播、无国籍或悬挂方便旗船时,① 才可以登临检查该外国船舶。这些规定表明,在公海船舶执行管辖上,即便公约某种程度上已经不再坚持船舶国的排他管辖,但起码仍维持着船旗国的优先管辖地位。即只有在船旗国管控本国船舶不力,甚至是在船舶无国籍的情况下,非船旗国才能加以管辖。② 当然这本身也符合普遍管辖的补充性特点。

按照目前《海洋法公约》的规定,在上述情形以外,非船旗国对于他国船舶公海活动的管辖便只能建立在船旗国同意基础之上。以打击海上毒品和精神调理物质走私活动为例,尽管此类犯罪行为的危害性早已为国际社会所广泛认识,《海洋法公约》第108条也要求所有国家进行合作,以制止船舶违反国际公约在海上从事非法贩运麻醉药品和精神调理物质,1988年国际社会进一步在联合国框架下通过了《联合国禁止非法贩运麻醉药品和精神药物公约》(以下简称《禁止毒品贩运公约》),但在打击海上(包括公海)毒品和精神药物走私活动中,非得船旗国许可,他国不得对非

---

① 方便旗船通常指两种情况,第一种是指船舶出于规避特定国家船舶较高的船舶税费、船员雇佣限制、避免适用特定国家严格船舶适航标准等诸多理由而选择将船舶在实行开放登记注册的国家登记;第二种是指某些船舶为逃避本国军舰检查或其他目的,在公海上航行时不是固定悬挂一国国旗,而是视方便换用不同国家的旗帜。此处指后一种情况。参见屈广清、曲波编《海洋法》,中国人民大学出版社2017年版,第133页。

② Maria Gavouneli, *Functional Jurisdiction in the Law of the Sea*, Leiden/Boston: Martinus Nijhoff Publishers, 2007, pp.160-161.

本国船舶采取任何执法措施。①

公海船旗国专属管辖，尤其是在执法管辖方面仍坚持严格的专属性，根本原因固然是在试图维护传统的公海自由原则，除此以外，执法管辖与主权之间的密切联系，船旗所附着的主权想象，以及基于维持船旗国和海洋国家之间海洋权利和利益的平衡也是原因所在。

首先，尽管不再将船舶视为船旗国浮动之领土，但公海上之船舶仍附着太多的主权想象。诚如戈登（Gordon）在其《世界的旗帜》（Flags of the World）一书中所谈到的那样，这个世界上没有比旗帜更为神圣的符号和标志了，每个人心中都有一面珍视的国旗。人性的本质让人们因为国旗而心血澎湃，因为国旗而流泪，人们愿意追随着本国国旗，宁死也不愿意它落入敌人之手。这种情怀不是新的、晚近才出现的，而是从人类诞生之初便延续下来了的。② 允许他国随意染指本国公海上的船舶，对于民族国家而言主观上也难以接受。即便随着全球海洋治理的不断深入，国际社会已经就公海船舶活动进行了大量国际立法，有关公海船舶及其活动的国际立法本质上也仍是主权意志的体现，这些国际立法也只是在为主权国家设定国际法上的权利和义务，这些国际法上义务的最终落实一般也还需要船旗国以国内法形式具体落实到本国船舶之上。但在船舶执行管辖的让渡方面却不然，如同主权国家通常不会允许他国进入本国领土执法一样，执法本身严格属地性，以及对沿海国和少数海洋强权海洋管辖权无序扩张的恐惧使得完全放弃公海船旗国对本国船舶的专属管辖，尤其在执法管辖上很难实现。1993年美国无理扣押中国公海航行的"银河号"事件也充分证明，如果允许非船旗国对公海船舶采取执行管辖，则在他国的主权和国家安全遭受侵害。

其次，在公海保护区实施中打破船旗国专属管辖还意味着事实上扩张了沿海国的海洋管辖权，进而会打破《海洋法公约》下基于海域划分制度而形成的微妙的海洋国家与沿海国之间的权利平衡。从字面意义上而言，随着200海里专属经济区的设立，沿海国这样一个承载着特殊地缘海洋利益的概念在法律层面上与公海没有关系了。换言之，公海本不应再不存在所谓的沿海国。公海利益与公海治理责任之于所有国家而言都是平等

---

① 《联合国禁止非法贩运麻醉药品和精神药物公约》第17条。

② Gordon W. J., *Flags of the World*, London: Frederick Warne & f Co., London published, 1915, p. 48.

的，不存在所谓沿海国相较于其他国家存在特殊利益一说。

也因此，尽管《海洋法公约》第116条等有关公海的专门规定中仍出现了沿海国这一概念，但公约中的沿海国特殊权利和地位，相较于《捕鱼及养护公海生物资源公约》已经有了很大限缩。按照公约规定，在公海生物资源养护方面，沿海国的特殊利益仅局限于跨界鱼类种群、高度洄游鱼类种群、海洋哺乳动物、溯河产卵鱼种、降河产卵鱼种这五类海洋生物资源方面。同时，与《捕鱼及养护公海生物资源公约》相比，《海洋法公约》上述规定中除要求其他国家与沿海国合作以外，并未像前者第6条、第7条一样赋予其实质性权利。一旦因为公海保护区而打破公海船旗国专属管辖，在特定公海区域内设立公海保护区将不可避免地使沿海国执法力量占据主导地位，沿海国与非沿海国之间对公海的利益和责任将再一次呈现出不平等状况。如何处理这种两难局面成为当前公海保护区制度发展道路上亟待解决的难题之一。

（二）公海保护区措施执行中面临的主要障碍

首先，由于技术、资金和人力的限制，多数船旗国没有能力做到对远洋深处的本国船舶的有效执法。与陆域保护区等划区管理制度的执法不同，海洋的开放性和边界模糊性极大增加了海洋保护区管理的难度。海洋执法的成本也因此远远高于陆域保护区的管理和执法工作成本。[1] 在多数沿海国尚且无法有效对本国管辖海域内海洋保护区进行有效执法的今天，要求船旗国对远在大洋深处的公海保护区进行有效执法更是难上加难。即便诸如船舶卫星定位等先进技术已经被大量运用于海事管理，但对于遥远大洋彼岸的本国船舶而言，没有任何国家能够保证对其活动进行全面有效的监管。连澳大利亚、美国等拥有完备海上执法力量的国家也无法做到，[2] 遑论那些本身在海洋执法技术手段、资金和人力都不足的发展中国家。因此，要求所有船旗国，尤其是广大发展中国家善尽对本国远洋船舶的监管义务，切实执行有关公海保护区养护和管理规定客观上存在难度。

其次，船旗国专属管辖既是一种排他性管辖权利，同时也应该是一种

---

[1] 胡斌、陈妍：《论海洋生态红线制度对中国海洋生态安全保障法律制度的发展》，《中国海洋法研究》2018年第4期。

[2] Tamo Zwinge, "Duties of Flag States to Implement and Enforce International Standards and Regulations and Measures to Counter Their Failure to Do So", *The Journal of International Business & Law*, Vol. 10, No. 2, 2011, p. 298.

专属的责任。换言之,当船旗国无法有效执行国际条约或公约规定的公海环境保护与生物资源养护义务时,理应为此承担相应的国际法责任。然而,《海洋法公约》对于此种国际法责任的追究程序和责任承担方面的规定都明显不足。公约第217条虽设定了一系列有关船旗国的执行义务和责任,但第七节中有关保障办法的规定却更多是在防范非船旗国滥用执法权,对于不尽责船旗国应承担何种责任只字未提。按照公约第94条第6款的规定,若一国确有理由相信对船旗国未对某一船舶行使适当的管辖和管制,可将这一项事实通知船旗国。但如果通知不成功呢?即船旗国未能理会此一通知,或确无能力行使有效管辖呢?对此,《海洋法公约》第94条并未明确非船旗国下一步可以采取何种措施。有学者提出,在此种情况下,通知国可以将此一事项提升到国际层面,如将此类不尽责行为通知IMO,或诉诸公约第十五部分的争端解决机制。[1] 然而,多数国家和国际组织并无太大意愿从国际层面追究未尽责船旗国国际法上的责任。[2] 即便有国家愿意诉之于此,它也不容易证明其国家利益因此而受到损害。因为即便船旗国未切实监督本国遵守公海保护区养护和管理规定,多数情况下损害到也只是作为整体的国际社会利益,而不是个别国家的利益。[3] 在这种情况下,船旗国是否存在足够动机去切实执行公海保护区养护和管理规定本身也是存疑的。

最后,加强公海保护区有效执法面临的最大障碍在于,要求全体船旗国及其船舶遵守公海保护区养护和管理规定存在现实的困难。如前所述,目前有关公海生物多样性养护的国际立法明显滞后于公海生物多样性养护的现实需求。部分国家在区域合作基础上建立起的区域公海保护区并无约束第三方的效力。即便未来的实施协定肯认了现有全球、区域或部门框架下公海保护区的普遍约束力,若没有统一适用公海保护区养护和管理标

---

[1] David Anderson, *Modern Law of the Sea: Selected Essays*, Rotterdam: Martinus Nijhoff Publishers, 2008, p.256.

[2] Tamo Zwinge, "Duties of Flag States to Implement and Enforce International Standards and Regulations and Measures to Counter Their Failure to Do So", *The Journal of International Business & Law*, Vol.10, No.2, 2011, p.311.

[3] Yoshinobu Takei, "International Legal Responses to the Flag State in Breach of Its Duties: Possibilities for Other States to Take Action against the Flag State", *Nordic Journal of International Law*, No.82, 2013, p.283.

准，公海航行之船舶面对多样的公海保护区养护和管理标准，恐怕也难以切实履行此类义务。相应的，船旗国可能也无法苛责本国船舶遵守内容和形式各异的公海保护区养护与管理措施。

第三节　船旗国专属管辖挑战之应对

面对船旗国专属管辖原则给公海保护区管理措施适用和执行这两方面带来的挑战，无非从两个方面入手：一是从非船旗国角度入手，在船旗国管辖以外找寻促使所有船舶本身遵守保护区规定之方略；二是敦促船旗国（公海保护区机制成员国和非成员国）遵守和实施保护区管理规定。

一　引入港口国控制完善公海保护区执法

公海治理的基本主体固然是船旗国，然而，在船旗国以外，沿海国并非全然无法在其中扮演一定之角色。事实上，在对公海船舶行为规范过程中，沿海国完全可以凭借港口国之身份对外国船舶公海上的活动施加影响，督促它们遵守包括公海保护区在内的公海治理国际法规范。

（一）港口国对外国船舶公海活动的管辖

港口国首先是一个沿海国，也因此，《海洋法公约》中沿海国所享有的权利、承担的义务，港口国同样享有和承受。与此同时，特别是为了弥补船旗国管辖的不足，以便更有效地执行诸如海洋环境保护和资源养护、海上航行安全、船员劳动权利保护等方面国际标准和要求，《海洋法公约》还赋予了港口国属地管辖以外的特殊管辖权利。也因此，所谓港口国管辖，本质上包含两个部分的权利，即基于属地原则而享有的权利，以及基于《海洋法公约》等国际公约享有的特殊执行管辖权。

在海洋国家与沿海国之间权利扩张与反扩张的斗争当中，港口国管辖在很长一段时间内都扮演着一个极为边缘化的角色。大部分情况下，港口国只是沿海国加强其船舶管理的辅助和补充的角色。[1] 然而，20 世纪七八

---

[1] Ahmed Adham Abdulla, "Flag, Coastal and Port State Jurisdiction over the Prevention of Vessel Source Pollution in International Law: Analysis of Implementation by the Maldives", *University of Wollongong Thesis Collections*, 2011, p. 127.

十年代以来,沿海国发现,凭借沿海国的身份,它们最多只能将管辖权延伸到 200 海里的专属经济区,但是,当它们以港口国的身份出现时,却可以基于港口准入权来对第三国船舶的公海行为进行监督,并通过是否批准船舶入港靠泊来制裁那些违反其单边设定的港口准入条件的公海行为。①《海洋法公约》也同样意识到,当对海洋船舶负首要管辖责任的船旗国无能力或无意愿对本国船舶海洋环境污染和资源破坏活动进行有效管理时,港口国的确可以在其中扮演一个很重要的补充角色,公约第 218 条有关港口国执行的规定也为港口国管辖提供了直接的国际法依据。随着全球海洋治理的深入,港口国管辖这种"第三管辖权"正越来越受到国际社会海洋环境污染治理的青睐。② 作为习惯国际法上的一项沿海国的固有权利,港口国管辖同样可以作为执行公海保护区措施的有力补充。

1. 港口准入权

基于属地管辖原则,港口国固然有权对进入本国管辖海域的船舶进行全面的管辖。甚至与沿海国管辖相比,以港口国身份对外国船舶的管辖都不会受到外国船舶无害通过的限制。当然,港口国对外国船舶公海行为的管辖并非毫无限制。港口国有权对外国船舶公海行为进行立法管辖,但执行此种立法的手段是有限的,严格而言,除非另有条约或公约规定,港口国可得采取的执行措施仅限于运用港口准入权禁止船舶进入本国港口。港口准入权是港口国基于对港口的领土主权而享有的排他性管理和控制权,是一国对本国边境管控权的体现。如同任何国家可以自主决定是否允许外国人入境,以及允许哪些外国人入境一样,港口国同样有完全的自主权来决定是否允许以及允许何种外国船舶进入本国港口。但港口国能否针对外国船舶的公海行为采取除拒绝入港以外的其他执行措施呢?对此,"北极星案"中,国际海洋法庭已经给出了明确的否定回答。诚如诉讼中巴拿马一方所指出的那样,公海航行自由是公海法律秩序的基础,如果允许港口国允许针对外国船舶公海行为采取除拒绝入港以外的其他执行措施,外国船舶的公海自由将受到损害,船旗国对本国公海船舶的专属管辖原则也将

---

① 胡斌:《欧盟海运碳排放交易机制的国际法分析》,中国社会科学出版社 2017 年版,第 125 页。

② Ho-Sam Bang, "Is Port State Control an Effective Means to Combat Vessel-source Pollution? An Empirical Survey of the Practical Exercise by Port States of Their Powers of Control", *The International Journal of Marine and Coastal Law*, Vol. 23, 2008, pp. 715-759.

不复存在。① 的确，如果放任港口国肆意将本国国内立法适用于外国船舶公海行为，外国船舶将面临一个不确定的法律环境，毕竟船舶总需要靠港。

当然，基于港口准入权协助执行公海保护区养护和管理措施，还必须遵守非歧视原则。港口国的港口准入条件的设定应该以非歧视的方式一体适用外国船舶。通过设定港口准入条件干预外国船舶公海航行安全和船源污染防治等方面活动的做法已经行之有年。② 近年来，随着对海洋生物资源养护呼声的日益增长，以港口准入的方式规制公海 IUU 捕鱼行为也成为国际社会所青睐的方式。③ 利用设定港口准入条件规制公海外国船舶活动同样可以用来强化公海保护区管理措施的实施，弥补公海船旗国专属管辖带来的不足，但前提必须是确保保护区措施的公开透明与一体适用。

2. 港口国控制

港口国控制是有别于港口准入权的另一种管辖权力，是指港口国基于国际法授权而对进入本国港口的船舶在公海的活动进行监督和管理的权力。港口准入权行使的基础是属地原则，而港口国控制则属于一种典型的域外管辖，也因此，这种域外管辖的权力应有明确的国际法基础。《海洋法公约》第 218 条等条款中对于港口国对外国船舶在本国管辖范围以外海域活动的执行管辖进行了规定。照其规定，港口国有权对自愿进入本国港口的外国船舶是否违反主管国际组织或一般外交会议制定的国际规则和标准进行调查，在有充分证据情况下可以对该外国船舶提起司法程序。如果是排放行为发生在第三国管辖海域内，则港口国对外国船舶管辖还需要船旗国或任何受排放污染影响国家的请求后才能启动，但对于在公海上从事违规排放的船舶，港口国有权自主启动调查乃至司法诉讼程序。因此，依据该条规定，随着公海保护区养护和管理措施的趋同，甚至已经由"BBNJ 实施协定"设定了保护区一般养护和管理标准前提下，港口国固然同样可以在本国港口对违反了上述一般标准的外国船舶加以管辖，无论

---

① The M/V "Norstar" Case (Panama v. Italy), Judgement by the International Tribual for the Law of the Sea, No. 25, 2019.

② 胡斌：《欧盟海运碳排放交易机制的国际法分析》，中国社会科学出版社 2017 年版，第 137 页。

③ 胡斌：《欧盟海运碳排放交易机制的国际法分析》，中国社会科学出版社 2017 年版，第 138 页。

船旗国是否加入了相关公海保护区制度。

（二）区域公海保护区实践中对港口国管辖的运用

目前生效的几个区域公海保护区中，南极等地区的公海保护区已经开始运用港口国的港口准入条件的设定来辅助执行公海保护区的养护和管理措施。当然，有必要指出的是，由于南大洋罗斯海和南奥克尼群岛海洋保护区是 CAMLR 框架下海洋生物资源养护和管理制度体系的一部分，因此，CCAMLR 有关渔业资源养护和管理措施的规定也当然被视为公海保护区管理措施的一部分，因此，框架内保护区和非保护区措施很多时候是混同的。

2015 年，CCAMLR 制定《载有南极海洋生物资源渔船的港口调查》（*Port Inspections of Fishing Vessels Carrying Antarctic Marine Living Resources*），其中专门就港口国协助监督和执行保护区养护管理措施的责任进行了规定。该规定要求缔约国积极履行对进入本国港口渔船进行监督调查的责任。其中，对于载有南极鳕鱼（Dissostichus app）的渔船应无一例外地进行入港前检查；对于未载有南极鳕鱼的渔船也应至少对一半以上的渔船进行入港前检查，以确定它们是否在 CCAMLR 管辖海域从事捕鱼活动，并遵守了相关养护和管理要求。按照规定，外国船舶均应在入港前 48 小时内提出入港申请，并按照要求备好捕捞、转运记录、捕捞物种类、数量等相关信息。如果经港口当局调查发现特定船舶有从事违反 CCAMLR 养护措施的行为，缔约国应拒绝该船舶进入本国港口靠泊或转运，同时将调查结果转交船旗国，以便与船旗国合作采取措施处置此类违规行为，必要时可以按照国内法对其进行制裁。[①]

从目前公开资料来看，本书选取的四个典型的区域公海保护区当中，除 CAMLR 框架下的两个公海保护区以外，其他区域公海保护区并未明确提到运用成员国的港口准入权来辅助执行公海保护区管理措施。但拒绝违反公海保护区养护和管理规则的外国船舶进入本国港口，或拒绝其在本国港口转运本就是每个港口国享有的基本权利，其实无须国际法的特别授权。换言之，无论是对于现有的公海保护区，还是未来的公海保护区，以港口准入来辅助执行公海保护区养护和管理措施实际上是随时可以实现

---

① CCAMLR, *Port Inspections of Fishing Vessels Carrying Antarctic Marine Living Resources*, Conservation Measures 10-03 (2015), paras. 1, 4, 5, 6, 7.

的，条件是保护区附近的港口当局愿意就此采取协调一致的行动。

目前，CCAMLR等区域机制下的公海保护区也开始运用港口国控制来进一步强化对公海保护区管理措施的执行。在一些区域公海保护区管理组织的授权下，成员国港口当局有权对进入本国港口的外国船舶登临检查，以确定其是否遵守了公海保护区的养护和管理要求。当然，此类措施的直接国际法依据主要来自《鱼类种群协定》第23条的授权。按照该条规定，港口国可以登临自愿进入靠泊其港口或岸外设施的外国渔船，检查其证书、渔具和渔获；必要时采取措施禁止或限制其渔获上岸和转运。但其权力也仅限于此。换言之，港口当局在对入港外国船舶违反有关公海保护区养护和管理措施的规定，除可以登临检查外，在没有船旗国授权情况下不得采取包括提起司法程序等在内的进一步行动，当然更不包括对此进行处罚。但即便如此，港口国的这种监督对于督促外国船舶及其船旗国切实履行公海保护区养护和管理规定仍会形成一定的舆论和道德压力，进而促使船旗国加强对本国船舶的管理和监督，或者迫使船旗国参与到公海保护区的合作机制当中。

二 建立公海保护区非船旗国执行管辖制度

（一）公海非船旗国执行管辖实践

船旗国专属管辖原则虽然是公海秩序的基础，然而，随着近年来公海治理的不断深入，为弥补船旗国专属管辖所带来的执行不力，同时也为了督促船旗国履行其对本国船舶的管辖责任，国际社会开始尝试通过订立特别协定的方式，在《海洋法公约》以外在缔约国之间重新分配对公海船舶的管辖权，船旗国对本国公海船舶管辖专属性也正在逐步被打破。

1. 《鱼类种群协定》实践

为确保缔约国渔船能够有效遵守养护和管理措施协定，《鱼类种群协定》首次在海洋资源养护方面突破了船旗国专属管辖，授予缔约国对其他缔约国公海船舶登临检查等权力。第21条还设立了所谓的观察员制度。根据协定，在有确切理由（clear grounds）认为其他缔约方渔船在RFMO/As管辖海域从事违反RFMO/As养护管理措施的行为时，任何RFMO/As成员国任命的观察员可以登临、检查该缔约方渔船，以查明其是否遵守了RFMO/As的相关规定，即便该被登临渔船所属国并非该RFMO/As的成员国或参与方。登临检查后，若有确切证据证明该船违反了规定，检查国应在酌情搜集证据后将相关信息通知船旗国；若船旗国未对此做出反应或回复，必要时，检查国可以将该违规船舶带入最近港口，进一步展开调查，同时将调查结果通知船旗国。

《鱼类种群协定》的上述规定某种程度上从立法和执法两个层面突破了公海船旗国专属管辖的规定。在立法层面，被登临船舶的船旗国虽然并非 RFMO/As 组织成员方或缔约国，但仍应遵守 RFMO/As 的养护和管理措施规定。有学者据此认为，上述规定从根本上动摇了公海船旗国专属管辖和条约相对性原则。[①] 然而，客观而言，上述对船旗国专属管辖的突破仍建立在船旗国事先同意的基础上。RFMO/As 养护和管理措施对第三国的适用也只局限于《鱼类种群协定》的成员，而第三国已经在协定中对此做了承诺。

《鱼类种群协定》对公海船旗国专属执法管辖的突破则主要表现为授权 RFMO/As 成员方派出观察员对其他协定缔约国船舶的登临、检查。但协定并未赋予非船旗国全面的管辖权，非船旗国无权采取进一步司法诉讼程序等执法手段；登临、检查活动也必须严格按照第 22 条的程序进行。在实践中，为避免过度运用这种非船旗国执行程序引发国际争端，同时也基于国际礼让等原因，第三国登临、检查通常只用来作为船旗国管辖的一个补充性执法手段。[②] 以中西太平洋渔业管理组织（WCPFC）为例，按照其现有规定，组织成员虽然依据《鱼类种群协定》的规定也设定了观察员制度，但在登临检查其他协定成员方的渔船时，外国观察员公海登临、检查实际上是被视为一种类似于普遍管辖的补充性管辖。外国观察员行使登临、检查执法权力时，除必须有合理怀疑理由外，还必须同时考虑，船旗国是否有派出观察员、是否有派遣巡逻船在相关海域进行巡逻执法。[③] 换

---

① Hayashi, M., "Enforcement by Non-flag States on the High Seas under the 1995 Agreement on Straddling and Highly Migratory Fish Stocks", *Georgetown International Environmental Law Review*, Vol. 9, No. 1, 1996, pp. 1-36.

② Asia N. Wright, "Beyond the Sea and Spector: Reconciling Port and Flag State Control over Cruise Ship onboard Environmental Procedures and Policies", *Duke Environmental Law & Policy Forum*, Vol. 18, 2007, p. 215.

③ Chung-Ling Chen, "Realization of High Seas Enforcement by Non-flag States in WCPFC: A Signal for Enhanced Cooperative Enforcement in Fisheries Management", *Marine Policy*, Vol. 50, 2014, pp. 162-170.

言之，如果船旗国自身的确有在积极履行船旗国管辖责任，那么其他 WCPFC 成员国的观察员就无须再积极出面执法。

2.《制止威胁海上航行安全非法行为公约》及其议定书

《制止威胁海上航行安全非法行为公约》（SUA）一开始并未触及公海船旗国专属管辖原则，公约第 6 条也仅仅列举了船旗国、犯罪行为发生地国、犯罪结果发生地国、罪犯国籍国、受害人国籍国对海上恐怖主义犯罪的管辖，但并未就对公海外国船舶的执行管辖做出任何规定。因此，总体上，对于海上恐怖主义，其执行管辖仍排他地属于船旗国。2001 年"9·11"事件发生后，在美国"防扩散安全倡议"（Proliferation Security Initiative）推动下，2005 年，国际社会在公约框架下达成了《制止危及大陆架固定平台安全非法行为议定书》（以下简称《议定书》）。在《议定书》下，公海船旗国专属管辖原则也被有限度地加以突破，以实现共同打击海上恐怖主义的目标。

为避免公海船旗国专属管辖带来的管理缺漏，缔约国在《议定书》中承诺，当缔约国政府公务船或军舰有合理理由怀疑他国船舶或/及其上之船员从事、参与、协助 SUA 及议定书所列国际海上恐怖主义行为时，应立刻联络船旗国，告知怀疑事项以及本国准备登临检查之意图，若船旗国在 4 小时内未能对此做出回应，或已经事先向 IMO 秘书处提交过报告，允诺其他缔约国或特定缔约国登临检查其本国船舶，则此时，请求国执法人员可以登临、检查船舶，必要时进行搜查或讯问。

事实上，与《鱼类种群协定》中非船旗国公海执法管辖的规定相比，《议定书》在公海船旗国管辖突破方面表现得更为谨慎。与前者相比，《议定书》中非船旗国的登临检查执法在程序上一定要经过船旗国的事先明示同意。只有在获得了船旗国同意，或者船旗国在接收到相关信息和请求后 4 小时内无回应情况下，非船旗国才能登临、检查外国船舶。当然在获得了船旗国同意之后，非船旗国还可以采取较登临、检查更进一步的执行措施，如要求船舶停驶，必要时可以扣押船舶及船上人员和货物。

3. 公海毒品走私中的非船旗国管辖安排

与《海洋法公约》第 110 条中诸如海盗、贩奴、未经授权广播、无国籍船舶航行、拒不展示船旗或中途更换船旗行为不同，公约第 108 条并未对海上毒品走私犯罪规定非船旗国管辖。该条仅仅要求各国合作打击海上非法毒品走私行为，但非船旗国并不享有对公海从事毒品走私的外国船舶登临检查的权力。1988 年《禁止毒品贩运公约》也并未对此加以突破，而是规定，发现有船舶在公海从事非法毒品走私时，应联络其船旗国对此予以处置。经船旗国授权（特别授权或协定授权），非船旗国方可登临、搜查外国船舶；在查获涉及非法贩运的证据后，经船旗国授权可以对船舶、船上人员和货物采取适当行动。[①] 公约草案谈判中，一些国家提出简化非船旗国管辖程序的提案并没有获得国际社会的普遍支持。例如美国提出，只要获得目标船舶船长的同意即可登临检查，以及基于船旗国在一个一般性框架下的事先同意下即可采取行动的提案就为协商代表所否定。1995 年欧洲国家就毒品走私犯罪达成的区域协定中也基本上沿袭了这种做法。[②]

（二）有限可控的非船旗国执行是公海保护区有效实施的必要补充

从前述各个领域的实践中可以看出，国际社会对于公海非船旗国管辖权的授予仍表现得相当谨慎，但也应该看到，面对日益严重的全球海洋非传统安全问题，国际社会也已经不再坚守绝对的公海船旗国专属管辖。没有国家可以真正做到对本国遍布全球海洋各个角落的船舶进行无遗漏的管理和控制，即便如美国这般强大的海洋国家，在有全球卫星导航定位系统等科学技术的支撑情况下也还是如此。[③] 在全球海洋治理过程中，船旗国事实上正在有限度地放弃或放松对本国船舶管辖的专属性。在对船舶的立法管辖方面，通过制定大量的国际海事公约，船旗国某种程度上已经放弃了对本国船舶的排他性立法管辖，而是选择与其他国家一道共同制定船舶规则。随着国际社会组织化的不断发展，诸如 IMO 等国际组织甚至已经取得部分的立法权。在公海船舶的执行管辖方面，尽管国际社会总体保持着极为谨慎的态度，但公海船旗国专属管辖显然已有所松动。实践中，在某些条件得以满足情况下，船旗国也并不

[①] United Nations Convention against Illicit Traffic in Narcotic Drugs and Psychotropic Substances, Article 17.

[②] Birnie and Boyle, "The Roles of Flag States, Port States, Coastal States and International Organizations in the Enforcement of International Rules and Standards Governing the Safety of Navigation and the Prevention of Pollution from Ships under the UN Convention on the Law of the Sea and Other International Agreements", *Singapore Journal of International & Comparative Law*, Vol. 2, 1998, pp. 557-578.

[③] Atsugi Kanehara, "Non-flag State Measures in the High Seas Fisheries", *St. Paul's Review of Law and Politics*, No. 75, 2008, pp. 33-40, 49-51.

会一味坚持对本国船舶的排他管辖，强化公海保护区对非成员国或缔约方船舶的管辖也同样如此。

首先，公海保护区养护和管理措施的非船旗国执行必须建立在船旗国同意基础之上。这种同意可以是类似于《鱼类种群协定》那样的安排，在一个框架性协定中事先同意放弃专属管辖；也可以像《议定书》和1988年《禁止毒品贩运公约》那样，在船旗国个案同意基础上进行。公海船旗国专属管辖是公海自由原则落实的制度基础，体现了各国主权平等，但平等者之间显然可以在自愿基础上让渡或限制本国权利。承认船旗国专属管辖的不足，并愿意在自愿、平等或对等基础上放弃或有限放弃这种管辖上的专属权，应是实现全球海洋治理的理性选择。如前所述，对于远离本国领土的公海保护区而言，多数国家事实上无法做到对本国远洋船舶活动的有效监管。在本国完全知情同意的情况下，允许非船旗国登临、检查本国可疑船舶本身并不会造成对船旗国主权的损害，其影响也是完全可控的。从另一个角度来看，这种程序安排也是对船旗国责任的一种督促。当船旗国愿意承担其相应的执法责任时，自然无须非船旗国替代其进行执法和监督。当然，依循这一路径突破公海保护区船旗国专属管辖要求时，国家同意仍是一个基本的前提条件。换言之，这种第三国船舶执行管辖，本质上只能适用于公海保护区制度的缔约方之间。

其次，公海保护区养护和管理措施的非船旗国执行应该是有限度的。尽管国际社会普遍意识到了公海生物多样性养护的重要性，以及海洋保护区作为一种综合性的养护工具的有效性，但大部分情况下，海洋保护区实践都是在国家管辖范围以内海域展开，对于在公海上设立保护区的国际倡议，相当一部分国家都在担忧保护区可能因此成为沿海国扩张本国海洋管辖权的工具。因此，可以预见，在目前联合国框架内有关公海保护区的谈判中，国际社会不大可能借鉴《鱼类种群协定》的做法，要求船旗国在一个总括性协定中做出接受非船旗国管辖的一般性承诺；在执法层面也不可能放弃对本国船舶的全部执行管辖。合理的做法是在不触及船旗国管辖根本利益情况下，将少部分更彰显国家间合作的执行措施让渡给非船旗国，如非船旗国对公海船舶的登临、检查，甚至搜证等，但最根本和最核心的司法管辖必须继续由船旗国排他行使。授予非船旗国登临检查等有限度的保护区执法权，并不会从根本上动摇公海船旗国专属管辖，实际上，这种有限度的第三国执法权的授予更倾向于是一种监督船旗国责任履行的举措。

三 审慎利用贸易措施强化公海保护区管理措施的遵守

(一) 贸易措施在公海环境资源保护方面的实践

诸如环境保护、生物资源养护、气候变化等全球性环境问题一般而言都需要国际社会采取多边行动来加以解决，但合作成员数量的广泛性、成员利益、能力等诸多方面的差异性和多样性又往往拖慢，甚至妨碍国际合作的实现。在这种情况下，为促使或迫使其他国家尽快加入国际合作的行列，欧美国家常常会利用本国的市场优势制定单边环境贸易规则，将符合某些特定环境标准作为进口特定商品的条件之一，从而达到以单边行动促成多边行动的效果。另一些情况下，即便国际社会已经就某些环境保护和资源养护事项在实体层面达成了一致，但部分国家却无力或无意有效履行条约义务，此时，发达国家同样可能祭起单边主义，通过国际贸易措施来制裁未遵守国际环境保护条约的国家产品进口商。当然，在某些场域，由于环境与贸易二者之间存在密切关联性，如濒危野生动植物物种保护过程中，为切断国际贸易所诱发的捕猎行为，一些国际公约本身也会用贸易措施来达成环境目的。如1973年签订(1979年修订)的《濒危野生动植物物种国际贸易公约》就对濒危野生动植物的贸易行为进行有针对性的管制，要求公约成员方禁止或限制某些濒危野生动植物物种的国际贸易。诸如此类的措施可以统称为环境贸易措施(Environmental Trade Measures, EMTs)。但环境贸易贸易措施根据其侧重点和内容上的差异，还可以细分为"与环境有关的贸易措施"(Environment Related Trade Measures, ERTMs)和"与贸易有关的环境措施"(TREMs)。ERTMs顾名思义，其本质上还是一项环境措施，也因此，往往出现在环境保护领域，被视为实现单边或多边环境规则或标准的手段。如美国自20世纪七八十年代以来，先后就金枪鱼养护、海龟养护而采取单边贸易制裁措施，1978年国际捕鲸委员会对成员国关于鲸类产品进口管制的要求，《濒危野生动植物物种国际贸易公约》缔约方依据公约规定采取的贸易措施，都属于此类。TREMs则通常是指那些因为贸易与环境问题的勾连而在多边贸易协定中设定的自由贸易例外。如《关税与贸易总协定》(GATT)第20条中的环境例外条款。无论是 TREMs 还是 ERTMs，二者本质上都是在追求贸易与环境保护之间的平衡。所不同的是，前者往往表现为国家或国际社会利用国际贸易与环境问题的高度关联性而有意识地利用贸易措施来达成环境保护的目的；而后者则表现为基于环境保护目的而偏离原来的自由贸易承诺。然而，随着环境与贸易治理的日趋融合，二者之间的差异已经不再明显。以《全面与进步跨太平洋伙伴关系协定》（CPTPP）为例，作为一个贸易协定，其不仅直接禁止渔业补贴，要求缔约方提高渔业补贴透明度；同时还将促进可持续渔业管理，遵守亚太区域 RFMO/As 制定和实施的措施，解决非法捕鱼问题，保护关键海洋生物物种纳入了这一综合性贸易协定当中。[①] 可见，在环境与贸易议题日益关联的今天，所谓的 ERTMs 和 TREMs 之间的分野正越来越模糊。

公海生物资源养护已经成为国际社会的普遍共识，联合国大会也多次就此做出相关决议。为弥补公海船旗国管辖的不足，也为了进一步督促船旗国履行有关公海生物资源养护之义务，《南太平洋禁止使用长拖网捕鱼公约》等早已率先在海洋生物资源养护公约当中运用贸易手段强化公海生物资源的养护。例如，公约第 3 条就要求，成员方应禁止长拖网捕捞之渔获的转运、上岸，禁止进口任何以长拖网方式捕捞的鱼类和鱼类制品。一些 RFMO/As 同样也在利用类似措施来辅助实施渔业养护和管理要求。这些措施包括要求进口商提供渔获物证明文件、禁止装卸或转运渔获到 RFMO/As 成员国、禁止进口从管辖海域捕捞的渔获物。[②]

在海洋环境保护条约或公约以外，单边贸易措施也常常成为欧美发达国家推行本国公海环境保护与资源养护政策的工具。例如，2018 年，美国推出了所谓的"海产品进口监测计划"（The Seafood Import Monitoring Program, SIMP）。按照该计划的要求，所有进口到美国的海洋渔获必须以符合 RFMO/As 和其他国家渔业管理规定的方式捕捞。为此，美国近 2000 个海产品进口商应收集进口到美国的海鲜产品供应链中各环节的信息。当

---

① U. S., Department of Commerce, "Improving International Fisheries Management Report to Congress Pursuant to Section 403（a）of the Magnuson-Stevens Fishery Conservation and Management Reauthorization Act of 2006", January 2017, https：//media. fisheries. noaa. gov/dam – migration/2015noaareptcongress_508. pdf.

② 周怡：《渔业资源保育与可持续发展原则之研究》，博士学位论文，武汉大学，2011 年，第 57 页。

然,目前这一要求只适用于部分海洋鱼类种群。[1] 美国国家海洋渔业服务处（National Marine Fisheries Service, NMFS）将列入监督名单的海产品进行抽查,若 NMFS 无法确定该进口海产是否为合法捕捞所得,也无法确知其标记真实性,则此类进口海产将被美国海关没收。进口商也将面临的相应的"执法行动"（Enforcement Action）。[2] 美国此举被视为国家针对公海渔业资源养护单边举措的一个重要先例。[3] 与以往美国针对海龟和金枪鱼保护的单边措施不同的是,SIMP 的执法依据并非美国国内环境资源保护立法,而是 RFMO/As 或其他国家的国内渔业法。

与此同时,作为 CAMLR 缔约国,美国和其他缔约国一样,按照公约要求实施了渔获证书计划（Catch Documentation Schemes）。所有向美国出口的南极犬牙鱼都必须附有由船旗国认证的犬牙鱼产品证书（Dissostichus/Tooth-Fish Catch Document）,证书需载明船旗国根据船舶监测系统（Vessel Monitoring System, VMS）记录的渔船活动海域、捕捞数量等。此种贸易措施有效提高了 CCAMLR 机制下公海保护区养护和管理措施的实施效果,督促了船旗国渔业资源养护义务和责任的履行。除按照 CCAMLR 机制要求实行犬牙鱼产品证书以外,美国还按照大西洋金枪鱼国际养护委员会的要求采取了类似措施。[4] 此外,美国还根据其国内立法对金枪鱼进口采取了所谓的"海豚安全"标签（Dolphin Safe Label）制度,要求所有向美国出口的金枪鱼必须由渔船船长或船上观察员认证,金枪鱼系以不会对海豚造成伤害的方式加以捕捞的。事实上,作为全球最大的海产品进口国和消费国,美国国内法中还有大量运用贸易手段实现海洋环境保护的制度和规定,如 2006 年通过的《马格努森—史蒂文斯渔业养护与

---

[1] U. S. National Oceanic and Atmospheric Administration, *President Task Force on Combating Illegal Unreported and Unregulated Fishing and Seafood Fraud*, Action Plan, 80 Fed. Reg. 66.867（Oct. 30, 2015）.

[2] National Oceanic and Atmospheric Administration, *Magnuson-Stevens Fishery Conservation and Management Act: Seafood Import Monitoring Program*, Final Rule, 81 Fed. Reg. 88, 975（Dec. 9, 2016）.

[3] Katrina M. Woman, "Unilateral Steps to End High Seas Fishing", *Texas. A. & M. Law Review*, Vol. 6, No. 1, 2018, pp. 259-296.

[4] NOAA Fisheries, "Importing and Exporting Antarctic Marine Living Resources and Obtaining Permits", Oct. 16, 2017, http://www.nmfs.noaa.gov/ia/permits/amlr.html.

管理再授权法案》（*Magnuson-Stevens Fishery Conservation and Management Re-authorization Act of 2006*）、2010 年《鲨鱼养护法案》、2015 年《IUU 捕鱼执行法案》等。① 这些美国国内法案通过对诸如贸易禁令、环境标签、原产地说明等方式的综合运用，来起到规制潜在的海洋非法捕捞活动的目的。以《公海流网捕鱼禁令法》为例，一旦发现他国船舶在海洋从事违反国际养护和管理措施的捕鱼活动，在与该国协商未果之后，美国将禁止进口该国鱼类产品，同时禁止该国渔船进入美国港口。

欧盟同样是惯用贸易措施来强化海洋环境保护的主要政治实体。与南极犬牙鱼产品证书类似，欧盟也有一个所谓的渔获认证计划（Catch Certification Scheme），根据这一计划，欧盟要求船旗国政府保证其本国船舶能够遵守诸如 RFMO/As、捕捞海域国家所设定的国际渔业养护和管理规则。该捕捞认证计划于 2008 年制定，2010 年正式实施。② 按照该计划，所有出口欧盟的海产品都必须附有捕捞认证，以证明其完全符合有关渔业管理规定和养护措施。船旗国应认证证书所载原产地，以及证书本身的合法性。③ 换言之，对于船旗国而言，为确保本国海洋渔获顺利进入欧洲市场，它们不仅要向欧盟确证渔获物地点，还需要保证其向欧盟出口的渔获物是在遵守相关国内和国际渔业管理规定下捕捞的。欧盟成员国将对进口海洋渔获物进行抽查，一旦发现有违反前述要求的渔获物，将禁止其进入欧盟市场。

欧盟另一个具有重大影响的海洋资源保护有关的贸易措施是所谓的"分级程序"（carding process）。欧盟委员会将定期对欧盟海产品主要进口来源国履行国际海洋渔业管理规定的情况进行评估，一旦认定对方没有履行相关合作养护和管理义务，欧盟将把该国视为"黄牌国家"（yellow-

---

① 除此以外，还有 2016 年《确保太平洋捕鱼准入法案》（*Ensuring Access to Pacific Fisheries*）、《马格努森—斯蒂文斯渔业养护与管理法案》《公海流网捕鱼禁令法案》《公海流网捕鱼执行法案》《公海渔业遵守法案》《蕾西法案》《海洋哺乳动物保护法》《濒危物种法》《国际海豚养护计划法》《海虾—海龟法》《佩里修正案》等。

② The EU, "The EU IUU Regulation: Building on Success, EU Progress in the Global Fight Against Illegal Fishing", 2016, https://ejfoundation.org/resources/downloads/IUU_report_01-02-16_web.pdf.

③ The EU, *Community System to Prevent, Deter and Eliminate IUU Fishing*, Council Regulation 1005/2008, 2008 O. J. (L. 286) 1, 2 (EC).

carding the country）。获得黄牌警告的出口方在改善其遵守状况后，经欧盟评估后将回归到所谓的"绿牌国家"；反之，经警告后，若仍旧未能有效改善本国守约状态的话，该国将被欧盟列入所谓的"红牌国家"，其海洋渔获物将被禁止进入欧盟市场。按照2016年的统计，欧盟已经陆续向20个国家发放了黄牌，这其中有9个国家随后被移除，而另有4个国家被红牌"罚下"。[①]

目前与海洋生物资源养护有关的贸易措施，从其执行的实体依据来看，可以分为执行国内海洋生物资源养护立法的贸易措施和执行国际海洋生物资源养护规则的贸易措施；从内容上来看，有的以认证捕获地、渔船活动地为进口贸易条件，有的还涉及对未尽责船旗国的贸易制裁。

（二）通过贸易措施强化公海保护区渔业管理措施的遵守

非法捕捞是公海生物多样性养护面临的主要威胁之一，利用对渔获物的贸易制裁同样可以起到督促船旗国及其本国渔船遵守公海保护区养护和管理措施的作用。这种贸易措施的实施首先需要海产消费国和生产国的协同行动。据调查，欧美日是前三大主要海产品进口国家和地区，三国海产消费价值和消费总重分别占到了全球的63%和59%。其中欧盟是全球最大鱼类进口单一市场，美国则是全球最大鱼类进口市场。[②] 近年来，随着中国经济的发展，中国也正成为海产消费大国。与此同时，全球前十大海洋渔业国公海捕捞量占到了全球总量的60%以上。换言之，公海海产的消费国和生产/捕捞国实际上都是相对集中的。也因此，以贸易措施来打击公海非法捕鱼，协助公海保护区养护和管理具备现实条件。当主要海产消费国共同采取某种贸易措施时，将事实上阻断违反公海保护区养护和管理措施的公海捕鱼行为。鉴于公海渔获消费国与生产国的相对集中，这种措施很大程度上并不会遭到国际社会的广泛反对。

当然，以贸易措施制裁或制约违反公海保护区养护和管理措施的捕捞活动，还需同时满足一些技术要求。通过技术手段准确监测或记录渔船活动海域，以及捕捞情况也因此变得极为重要。这些信息的记录和认证，传

[①] EU IUU Fishing Coalition, *Driving Improvements in Fisheries Governance Globally: Impact of the EU IUU Carding Scheme on Belize, Guinea, Solomon Islands and Thailand*, March 2022, https://ej-foundation.org/resources/downloads/EU-IUU-Coalition-Carding-Study.pdf.

[②] Katrina M. Wyman, "Unilateral Steps to End High Seas Fishing", *Texas. A. & M. Law Review*, Vol. 6, No. 1, 2018, pp. 259-296.

统上主要通过同船随行的观察员来记录和认证。随着卫星通信技术的发展，诸如 CCAMLR 等区域海洋环境保护组织已经开始运用船舶监测系统对渔船进行实时监测。然而，由于 VMS 设备成本较高，目前并不清楚此种设备能否在全球远洋渔船上普遍装配。[①] 比较而言，另一种成本更低一点的装置是所谓的自动船舶识别系统（Automatic Ship Identification Systems，AISs），通过该系统，船舶身份、位置和航线等都将公开可查询。AISs 最初目的在于避免船舶海上事故，在船舶装备该设备之后，船舶可以通过卫星向外界展示其实时位置。但由于通过该设备所展示的位置信息是公开的，部分渔船担忧由此引来海洋环境保护非政府组织的监督或干扰，在目前没有对渔船做出强制装备要求情况下，多数远洋渔船并未装备此类设备。也因此，未来，无论是为采取贸易措施计，还是一般性地强化对公海船舶的管理，理论上，国际社会都应该尽快就此类设备在远洋渔船上装备的问题达成共识，以更好地监督公海船舶活动。对于由此产生的成本，尤其是在发展中国家无力承担的情况下，发达国家可以对此予以经济或技术上的援助。

值得一提的是，尽管部分美国学者早已提出建议，主张美国和欧盟应利用自身在海产品市场的优势地位，率先通过贸易措施来影响和限制公海非法捕鱼，甚至是实现全面禁渔，[②] 但有关 WTO/GATT 第 20 条"环境例外条款"的司法实践已经充分表明，任何国家在尝试利用贸易措施执行公海保护区养护和管理措施时，还应该同时留意由此可能带来的法律风险。20 世纪七八十年代以来，美国数次以环境保护和生物资源养护为名采取的单边贸易限制措施多被 WTO 判定为违反多边贸易规则，如"美国—汽油案""美国—金枪鱼案""美国—海虾海龟案"等。

WTO 争端解决机构在相关裁决中并未反对 WTO 缔约方基于保护环境或濒危动植物而偏离原来的自由贸易承诺。"美国海虾—海龟案"中，尽管上诉机构报告并未处理美国对海龟这种迁徙海洋物种的域外管辖问题，但显然，上诉机构已经认可，国家可以为了保护濒危物种而偏离多边自由

---

① 据美国 NMFS 估计，VMS 的配置成本在 3500 美元左右（机器成本为 3100 美元左右，加上 100—400 美元的装配费用）。See Katrina M. Wyman, "Unilateral Steps to End High Seas Fishing", *Texas. A. & M. Law Review*, Vol. 6, No. 1, 2018, pp. 259-296.

② Jessica Green & Bryce Rudyk, "Closing the High Seas to Fishing: A Club Approach", *Marine Policy*, Vol. 115, 2020, pp. 1-8.

贸易体制。在本案上诉机构报告的末尾，上诉机构特别提到，上诉机构并非认为 WTO 成员方的环境保护和拯救措施不重要，也不认为 WTO 成员方无权对此采取有效措施来避免濒危物种的灭绝。相反，WTO 上诉机构认为，主权国家应尽可能通过双边或多边行动，在 WTO 或其他国际框架下保护濒危物种或保护环境。美国著名国际贸易法学者罗伯特·豪斯认为，上诉机构关于"美国—海虾海龟案"裁定是 WTO 历史上的重要转折点，其正式肯定了一国可以通过贸易措施来保护环境的可能性。[①]

但是，缔约方在适用 WTO/GATT 第 20 条例外条款时，应注意到，第一，此种措施不应构成一种武断的和非正当的歧视。因此，缔约方在采取此类措施时，应保持政策和法律的透明度，在不同缔约方相同或同类产品之间采取一致立场；同时应尽最大可能通过多边方式协商解决相关的全球性环境问题，以满足第 20 条前言部分"必需"的要求。第二，此种措施应是为保护环境或濒危物种所"必需"的。"必需"即非如此不可，因此，但凡存在在不损害多边自由贸易体制情况下即可实现此种目标的可能性，缔约方就不应贸然援引第 20 条环境例外。同时，这种"必需"要求特别表现为对所采取措施本身正当性的审查。以"美国—海虾海龟案"为例，在适用相关海龟养护标准时，美国武断地将未使用美国强制本国渔船使用的海龟逃生装置（Turtle Excluder Devices, TED）作为限制他国海虾进口的技术标准，也因此被争端解决机构视为是在强迫他国采取与美国一致的环境保护政策，而没有考虑到其他等同效果措施的可行性问题。争端解决机构认为，美国此举真正关心的不是捕捞这些海虾的方法是否对海龟有害，而是寻求把美国的国内管理体制和标准向全世界推行。[②] 第三，此类措施应同时适用于国内同类产品的生产者，不能内外有别。

（三）与公海遗传资源利用有关的知识产权措施

公海生物多样性养护与持续利用是公海保护区建设的主要目的，在养护和维持公海渔业资源可持续利用的同时，随着人类生物技术的发展，渔业资源以外的海洋遗传资源的价值正日益凸显。科学家和企业已经开始利

---

① Robert Howse, "The World Trade Organization 20 Years on: Global Governance by Judiciary", *European Journal of International Law*, Vol. 27, No. 1, 2016, pp. 9-77.

② 姚小兰、顾佳:《WTO 环保一般例外条款的发展趋势和我国对策研究》,《亚太经济》2003 年第 5 期。

用深海遗传材料来进行制药、化妆品生产和生物修复（bioremediation）等商业活动。近30年来，已经有超过15000个海洋生物分子被分离和测定，以便对海洋遗传资源进行开发利用。科学调查还发现，深海特殊环境下的海洋遗传资源在抗癌和治疗艾滋病等领域具有重要利用潜力，有极高的科学和经济价值。一般而言，按照当前的国内和国际知识产权制度，对于这些基于海洋遗传资源而开发出来的新技术和新发明，多数都可以申请专利保护，持有人由此可以获得垄断的经济权利。然而，除美、日等少数发达国家，目前多数国家并不具备开发利用公海尤其是深海底海洋遗传资源的经济和技术能力，由此也引发了国际社会关于公平分享公海遗传资源利用所得惠益的呼声。ABNJ海洋遗传资源开发利用与惠益分享也成为当前"ABNJ实施协定"谈判中的重要议题之一。[1]

关于如何实现ABNJ海洋遗传资源的公平分配问题，国际社会仍在激烈讨论当中，对于ABNJ海洋遗传资源的法律地位和法律属性，海洋遗传资源获取管理模式，海洋遗传资源利用后的惠益分享内容、范围和方式也多有争议。唯一可以肯定的是，无论是发达国家还是发展中国家都已经同意就ABNJ海洋遗传资源的利用——本质上也就是关于公海保护区养护成果的利用，所生之惠益进行国际分享。基于这一点共识，我们目前可以展开进一步思考的问题是，对于海洋遗传资源开发利用成果，首先得确定或能够准确溯源其是否源自ABNJ，若其源于国家管辖范围以内海域海洋遗传资源，则应适用CBD及其《名古屋议定书》所确定的惠益分享模式，由来源地国与开发利用者之间在相互同意基础上商定惠益分享；反之，若其源于ABNJ海洋遗传资源，则应依据未来制定新的有关ABNJ海洋生物多样性养护与可持续利用实施协定来确定惠益分享内容与程序；或者按照一国国内知识产权法等相关制度来决定惠益权利归属与惠益分享。因此，实现ABNJ海洋遗传资源利用的惠益分享，简言之需要满足两个基本条件：（1）确定所利用海洋遗传资源的来源；（2）确立惠益分享模式。

就第一个条件的实现而言，同上述管理公海渔业资源的贸易措施一样，国家首先得采取措施准确溯源海洋遗传资源，也因此同样需要国家通

---

[1] Arianna Broggiato, etc., "Fair and Equitable Sharing of Benefits from the Utilization of Marine Genetic Resources in Areas beyond National Jurisdiction: Bridging the Gaps between Science and Policy", *Marine Policy*, Vol. 49, 2014, pp. 176-185.

过立法对获取行为本身进行监管。但客观而言，要对以海洋遗传资源获取为目的的海洋生物资源捕捞行为进行监控存在现实的难度。毕竟，与商业捕鱼行为不同，以海洋遗传资源获取为目的的捕捞不需要对目标生物进行大规模捕捞，甚至不一定通过渔船进行捕捞，科考船同样可能进行此类捕捞活动。其次，诚如 David Leary 等所指出的那样，"将海洋生物资源视为商品的捕捞"和"为获取海洋遗传资源的捕捞"在现实中也很难严格界分并进行区别管理。[1] 例如，当需要从鱼油中提出欧米伽3（omega 3）和脂肪酸时就需要大量捕获鱼类，此类遗传资源获取行为和商业规模的捕捞并无二致。目前挪威等国家用副渔获物进行海洋生物科学研究的做法也进一步增加了对二者区别管理的难度。再次，由于目前的海洋生物科学研究已经开始大量运用数字化的遗传数字序列或片段来进行海洋生物技术或产品的研发，来源不明的数字化遗传信息在网络数据库中的存储和扩散同样增加了对获取行为监管的难度。最后，由于 ABNJ 海洋遗传资源获取属于传统的海洋科研自由的当然内容，在国际社会没有一致同意对此类行为进行监管的情况下，任何国家及其国民应有自由进行海洋探索的权利，当然也包括以海洋科研为目的有限度地捕捞海洋生物。更何况对海洋生物资源的研究并不等于商业性利用。因此，ABNJ 海洋遗传资源利用的惠益分享问题的解决最终可能只能依靠改革现有与生物技术有关的知识产权保护制度来达成。具体而言，主要通过修改一国专利申请制度，要求有关生物技术发明申请者披露其所利用的生物遗传材料来源。

要求申请者披露遗传资源来源的要求与《与贸易有关的知识产权协定》（TRIPS）这一目前影响力最广泛的多边知识产权协定的规定并不相悖。多数学者认为，尽管 TRIPS 未明确规定专利申请者是否有义务披露遗传资源信息来源，但通过对 TRIPS 第29条和第22条的解释可以认为，对发明的清楚和完整说明是专利申请人的基本义务。[2] 所谓清楚完整的说明当然也包括对发明所利用的遗传资源的说明。若其源于国家管辖范围以内

---

[1] David Leary, "Marine Genetic Resources in Areas beyond National Jurisdiction: Do We Need to Regulate Them in a New Agreement?", *Maritime Safety and Security Law Journal*, Vol. 5, 2018, pp. 22-26.

[2] Angelica Bonfanti & Seline Trevisanut, "TRIPS on the High Seas: Intellectual Property Rights on Marine Genetic Resources", *Brooklyn Journal of International Law*, Vol. 37, No. 1, 2011, pp. 188-242.

区域，则应该依据《名古屋议定书》的要求与遗传资源来源国商定惠益分享内容与条件；若源于 ABNJ，则应考虑根据未来制订的实施协定所规定的模式分享由此产生的货币或/和非货币性惠益。这种基于知识产权制度对公海保护区养护成果利用的规制，同样可能从侧面对公海保护区管理措施的实施起到一定的监督和促进作用。

第五章

公海保护区建设中的国际机制重叠及其消解

第一节 国际机制与国际机制重叠

尽管国际机制和国际机制重叠这两个关联概念常常出现在国际关系和国际法论述当中，但实际上，到底何谓国际机制，论者常常并未清楚界定，并常常和国际制度等类似概念混为一谈，因此，在具体讨论公海保护区建设中的国际机制及其重叠问题前，有必要先就何谓国际机制，以及国际机制重叠予以澄清。

一 国际机制

按照《剑桥词典》的解释，机制（regime）一词原意为特定政府或某种管理办法或管理体系，中文更是常常直接翻译为政体，或者是指具有影响力和权威性的体系或机构。《韦伯斯特大辞典》对机制存在三种解释：其一，某种现象或固定行为模式；其二，某种统治或行政管理方式；其三，某种政府或管理机关的形式。虽然上述定义略有出入，但关于机制的内涵是基本一致的。首先，不同定义均强调了机制的系统性或体系性。无论是指特定管理领域，还是指代整个国家，它本质上都是某种成体系的社会管理或治理。小的机制可能是一个具体领域的管理形式，如一国耕地保护法律机制，大的机制则可以是一国整体的社会管理制度体系，即政体。其次，机制具有权威性和规范性。机制的形成背后可能有不同的动机和动力,但机制无不是由一系列成文或不成文原则、规范、规则以及运行程序组成,并就机制内主体的权利义务进行规定,机制运行秩序因此形成。此外,无论如何,机制一旦形成,通常具有一定的权威性。例如,国际机制常常被简单定义为在国家合意基础上制定的规范体系。最后,体系性也隐含着机制的另外一个特点,即逻辑性。由于机制是有序社会生活的外在约束和实现手段,[①] 因此任何社会机制的产生和发展都表现出一定的内在规律性,机制的存在形式以及内部运行都必然具有高度的逻辑性。在奥兰·扬看来,机制本质上就是调整特定领域社会活动的社会制度。它们是可预期的被认可的行为模式,一种正式的社会结构。[②]

对于机制,可以从主体、客体、本体三个层次加以认识。机制的主体也就是机制的创制者和参与者。因此社会机制的主体也就是人或其他社会活动主体。机制的客体则是指机制作用的对象,对于一个社会机制而言,其调整的对象也就是社会关系。按照霍布斯的描述,社会本身就是一种机制,即在自然状态下的人类为摆脱自相残杀而在社会契约基础上形成的基本秩序形态。本体是一切实在的最终本性,故机制本体也就是有关机制的性质、结构、功能、运动等原理的研究和分析。如前所述,社会机制是一系列原则、价值、规则、规范、准则、组织、过程等形成的体系。[③] 简言之,作为一个规范体系,不同学科或领域的学者可能对规范体系的实质有不同看法,如将其视为源于人们思想道德观念的规范体系,或规范社会行为的规范体系。

各国相互依赖程度的不断加深为国际机制的产生创造了契机,也为国际机制进入国际关系和国际法理论视阈创造了现实条件。20世纪70年代以来,全球化的发展,与全球问题的不断增多,为解决共同面对的问题和应对挑战,国家开始通过针对特定领域问题订立条约,建立国际组织或其他条约机制等方式展开制度化合作。机制开始跨越国家边界而成为国际机制,成为全球或区域治理的主要手段之一。随着国际机制合作的广度和深

---

① 刘美武:《重叠机制视域下的非洲国际减贫机制》,博士学位论文,复旦大学,2011年,第19页。

② [美]奥兰·扬:《世界事务中的治理》,陈玉刚等译,上海世纪出版集团2007年版,第187页。

③ [美]奥兰·扬:《世界事务中的治理》,陈玉刚等译,上海世纪出版集团2007年版,第187页。

度也不断扩展。一方面,机制合作的领域有了极大扩展,国际贸易、军事、文化、生物资源养护与生物多样性、气候变化、海洋环境污染、水资源治理等诸多领域都开始建立起了各种各样的国际机制;另一方面,在合作深度方面,在条约机制以外,专门性的政府间国际组织纷纷建立,并根据各自组织成立文件拥有日益广泛的独立职权,国际组织自治程度得到极大提高。拥有日益广泛和独立职权的国际组织在各自负责的专业领域发挥着重大作用。在某种程度上,今天的国际社会,诚如奥兰·扬所言,已经成为一个国际机制的世界。[①] 新自由主义的领军人物,罗伯特·基欧汉和约瑟夫·奈对于国际机制产生的原因和背景也表达了类似看法。在他们看来,随着国家间经济交往的不断加深,各国相互依存程度也在加深,国际社会也因此逐渐成为一个汇聚利益和矛盾的共同体。在这种背景下,国际机制的出现也为国际社会成员提供了各种交流与合作的平台。[②] 罗伯特·M. 克劳福德(Robert M. Crawford)也直白地指出,国家对相互依赖挑战的主要而非排他性的综合反应就是国际机制的创立。[③] 的确,相互依赖的增长使得地球变小,并且造就了对世界事务进行集中管理的需求和可能性,国际机制也顺理成章地成为其表现形式和结果。

国际机制这一概念由约翰·鲁杰(John G. Ruggie)在 1975 年首次引入国际政治领域。[④] 按照他的理解,国际机制是指"一组由特定国家集团所接受的相互期待、规则和规定、计划,以及组织精神和财政承诺"。此后,罗伯特·基欧汉和约瑟夫·奈正式将这个概念用于国际关系领域。[⑤] 通过对相互依赖国际现实的分析,罗伯特·基欧汉和约瑟夫·奈指出,国际机制就是调节相互依赖关系中行为体行为并控制其行为结果的规

---

① Young, Oran R., "International Regimes: Problems of Concept Formation", *World Politics*, Vol. 32, No. 3, 1980, pp. 331-356.

② [美]罗伯特·基欧汉、约瑟夫·奈:《权力与相互依赖》,门洪华译,北京大学出版社 2012 年第 4 版,第 153 页。

③ Robert M. Crawford, *Regime Theory in the Post-cold War World: Rethinking Neoliberal Approaches to International Relations*, Dartmouth: Dartmouth Publishing Company, 1996, p. 53.

④ John G. Ruggie, "International Responses to Technology: Concept and Trends", *International Organization*, Vol. 29, No. 3, 1975, pp. 557-583.

⑤ Young, Oran R., "International Regimes: Problems of Concept Formation", *World Politics*, Vol. 32, No. 3, 1980, pp. 331-356.

则、规范和程序,这一系列的控制性安排就是我们通常所说的国际机制。①奥兰·扬等制度主义学者也纷纷就国际机制进行了大量的撰文著述。但真正被学界所广泛接受和援引的定义是近20年后由斯蒂芬·D.克莱斯纳(Stephen D. Krasner)所提出的定义。在综合了不同观点的基础上,斯蒂芬将国际机制概括为"在国际关系特定领域由行为体的期望汇集而成的一套明示或默示的原则、规范、规则和决策程序"②。其主要是从表现形式角度对国际机制进行了界定。其中的原则是指一种信念——对事实、因果关系和公正的信仰;规范是指以权利义务形式表现的行为标准;规则是指对行动的特定规定和禁止;而决策程序是指制定和执行集团选择政策的实践。③也因此,原则、规范、规则和决策程序属于国际机制的基本内涵。有学者还将国际体制也纳入国际机制的核心要素当中。④但这种界定使得机制与制度(institution)之间很难得以明确区分。正因为如此,罗伯特·基欧汉此后干脆以国际制度替代了国际机制,同时将国际制度界定为"规定行为角色、制约行动以及塑造期望的一系列持久和相互关联的正式和非正式的规则"⑤。从这一定义来看,其与前述国际机制的内涵并无明显差异。也因此,无论中外学者,经常将二者互用。

尽管对于国际机制的定义与内涵,甚至称谓都还存在一定争议,但本书无意于就此展开进一步论述。本书对于国际机制的理解采用通说,即特定国际关系领域的一套明示或默示的原则、规范、规则和决策程序。与一般社会机制一样,国际机制同样也是由主体、客体和本体三部分构成。国际行为体是国际机制的主体,主要为主权国家和国际组织,在国际治理语境下,则还包括其他非国家行为体。国际机制的本体为国际治理,而特定

---

① Young, Oran R., "International Regimes: Problems of Concept Formation", *World Politics*, Vol. 32, No. 3, 1980, pp. 331-356.

② Stephen D. Krasner, "Structural Causes and Regime Consequences: Regimes as Intervening Variables", *International Organization*, Vol. 36, No. 2, 1982, p. 186.

③ Stephen D. Krasner, "Structural Causes and Regime Consequences: Regimes as Intervening Variables", *International Organization*, Vol. 36, No. 2, 1982, p. 186.

④ 张业源:《国际机制的基本理论范式及其价值缺陷与治理》,《内蒙古农业大学学报》(社会科学版)2009年第3期。

⑤ Robert Keohane, *International Institutions and State Power: Essays International Relations*, Routledge published, 2020, pp. 15-16.

问题领域则是国际机制的客体。如安全、经济、贸易、气候变化、环境保护区、生物多样性等。根据不同划分标准，国际机制有不同类型。按照其作用范围的不同，可以分为全球性机制、区域性机制、双边性机制。前者如联合国气候变化框架机制，后者如区域海洋环境保护机制。按照问题领域的不同，国际机制更是五花八门，如气候变化机制、海洋环境保护机制、国际安全机制、国际贸易机制等诸多专门性机制。从形式特征来看，国际机制还可以分为正式的政府间机制和非政府间机制。

二 国际机制互动

国际机制理论传统研究范式关注的重点是国际机制形成原因，以及特定国际机制运行实效。基于权力、基于利益、基于知识的研究分别代表了现实主义、新自由主义和认知主义三种国际机制理论的研究范式。例如现实主义认为在国际机制中，追求权力是国际机制化合作的中心内容，行为体之间的权力资源分配会影响机制的出现、机制的性质。而在新自由主义看来，对共同利益的追求、避免交往中的不确定性是促成国际机制形成和发展的主要原因。认知主义则认为共同文化、族群认同和规范等因素是促成国际机制产生和发展的主要因素。随着国际机制理论研究的不断深入，国际机制理论研究逐渐从关注国际机制的实施及遵约进入对机制有效性的研究阶段。在关注国际机制自身运作实效的同时，随着国际机制密度的不断增加，奥兰·扬等国际机制学者开始关注国际机制以外因素，尤其是其他国际机制对某一国际机制实际运行效果的影响。国际机制互动理论因此产生。在众多国际机制互动形态当中，国际机制重叠是最主要的互动形态之一，也是目前吸引最多国际关系和国际法学者的领域之一。

（一）国际机制互动概念界定

如同奥兰·扬所言，大部分的国际机制研究学者长期以来把制度安排作为独立或单独的实体，并努力对各个机制本身进行分析。如果仅仅是出于理解国际制度基本性质的手段和提高分析的可驾驭性而言，这种方法无疑有其可取之处，但是，随着国际机制密度的不断增加，国际机制不再是彼此互不干扰的"俱乐部"，[1] 国际社会中功能活动之间相互依赖性的增

---

[1] [美]罗伯特·基欧汉、约瑟夫·奈：《权力与相互依赖》，门洪华译，北京大学出版社2012年版，第14页。

加，使得国际机制间发生联系和互动的概率不断增加。研究不同国际机制间的联系以及这种联系对国际机制有效性所造成的影响也因此成为当前国际机制研究的重点。

国际机制密度的增加使得调整相同或不同问题领域的国际机制之间发生联系和互动的可能性随之增加。早期的国际机制学者对于国际机制都存在一种假设，即国际机制彼此孤立存在，各自独立运作而不会对其他机制产生重大影响。[1] 国际机制的创立历史和运作轨迹理论上是存在差异的，国际机制创立伊始就是由创始国设定了一套具有选择性特征的标准，它们被假定从系统中分离出来。其成员可以确立规则，以主导与之相联系的问题领域。[2] 然而，事物是普遍联系的，一个国际机制的设立和运行往往并不会如同创立者所设想的那样专注于解决特定问题领域议题。例如，追求自由贸易，减少贸易壁垒的国际贸易体制可能会因此减损国际环境保护的努力；追求碳汇而增殖速生林可能导致生物多样性的减损。问题领域的牵连、国际机制主体的重叠，以及国际机制治理有关的原则、规范、规则以及决策程序等方面的联动使得国际机制间发生互动，并呈现日益复杂的态势。

针对国际机制复杂的联系，奥兰·扬等学者就机制间联系及其对机制有效性的影响，包括产生影响的路径、结果以及改进策略等进行了系统的分析研究，由此形成了所谓的国际机制互动理论。通过大量实证分析和经验研究，国际机制互动学者总结出来一系列的国家机制互动形态，并用了诸如相互作用（interplay）、联系（linkage）、相互联系（interlinkage）、重叠（overlap）和互动（interaction）等一系列术语来描述国际机制间的联动现象。在众多概念当中，目前多数学者选择用互动这一概念来描述国际机制之间联系和影响的关系。盖因这一术语更能形象地表现出机制间互动的动态过程，即一机制对另一机制的影响源于该机制的决策过程，即行

---

[1] Robert O. Keohane, *After Hegemony*: *Cooperation and Discord in the World Political Economy*, Princeton University press, 1984, p. 121.

[2] Robert O. Keohane and Joseph Nye, "The Club Model of Multilateral Cooperation and Problems of Democratic legitimacy", in Roger B. Porter et al. eds., *Efficiency*, *Equity and legitimacy*: *The Multilateral Trading System at the Millennium*, Brookings Institution Press, 2001, pp. 264–307.

动导致互动（action that triggers interaction）。① 基于此，"当一个机制影响另一个机制的发展或有效性（或表现）时，国际机制互动产生了。本质上，机制互动是指两个机制间存在一个因果关系（causal relationship），其中一个机制对另一个机制施加影响"②。所谓因果关系，简言之，即一个机制的发展或有效性的变化源于另一机制，这种影响关系有明确线索可循。这种影响机制的存在是互动产生的前提，若国际机制间不存在这种因果关系，则两个或多个国际机制不过是并存国际机制而已。因此，在研究国际机制的产生和发展时，国际机制本身构成了解释的自变量，但若涉及机制有效性的分析，则国际机制就成为观察有效性的一个因变量。而在国际机制互动研究中，国际机制将同时扮演自变量和因变量两种角色。

（二）国际机制互动类型

通过大量经验分析和研究，通过综合运用国际制度理论、合作理论以及协商理论，塞巴斯蒂安·奥波斯赫（Sebastian Oberthür）等国际机制研究者从决策（decision-making process）、结果（outcome）和影响（impact）三个层次分析了认知互动（cognitive interaction）、承诺互动（interaction through commitment）、行为互动（behavioral interaction）和影响层面的互动（impact-level interaction）四种形态。

其中，决策阶段的互动机制表现为两种形态，一种表现为认知互动，另一种表现为基于承诺的互动。认知互动可能发生于任何两个机制之间，其并不需要机制间在问题领域或主体方面存在任何重叠。例如减少臭氧层空洞的蒙特利尔机制行之有效的履约机制会对其他国际机制的行为主体产生影响，通过习得（learning），这些主体可能会在其他机制中借鉴和吸收这种先进经验，认知互动因此产生。客观而言，认知互动会广泛发生于国际机制之间。其可能发生在平行的处理相同问题领域的国际机制之间，如不同区域渔业管理组织/安排之间相互借鉴各自先进渔业管理和养护措施即属于此类；也可能发生在跨领域国际机制之间，这种机制间先进经验的借鉴同样会发生，诞生于20世纪50年代共产国际（第三国际）决策惯例

---

① Sebastian Oberthür and Thomas Gehring eds., *Institutional Interaction in Global Environmental Governance, Synergy and Conflict among International and EU Policies*, Cambridge: The MIT Press, pp. 3-4.

② Sebastian Oberthür and Thomas Gehring eds., *Institutional Interaction in Global Environmental Governance, Synergy and Conflict among International and EU Policies*, Cambridge: The MIT Press, p. 6.

的"协商一致原则",此后在不同国际机制中得以广泛运用便是一例。值得强调的是,认知互动,如前所述,纯粹是一种制度间的习得过程,源机制并不会对目标机制产生直接的、强力的影响,更不会对目标机制内的行为主体施加任何压力,它只是通过间接地影响目标机制主体的偏好来实现其对另一机制的影响,因此,其影响力纯粹依赖于其说服力。世界社会学派研究者提出的机制模仿对此提供了很好的解释。在他们看来,新机制的形成和扩散本质上就是适应权力机制的模仿练习。①

承诺互动同样发生于决策阶段,或政策产出阶段(output process)。具体而言,当源机制内的行为主体就某个议题做出了具有约束力的承诺时,这种承诺会改变目标机制主体的偏好,进而影响目标机制特定决策的达成。例如当欧盟内部通过《责任分担协议》(Burden-sharing Agreement)在成员方之间就减排责任进行了分配的前提下,在联合国层面的气候变化谈判中,欧盟中的个别成员也因此失去了就减排责任进行单独议价的权利。与认知互动不同,承诺互动产生的条件更为严格。首先,问题领域的重叠或交织是承诺互动发生的前提,问题领域若毫不相干,则在一个机制中的承诺并不会直接影响到另一个机制内的决策。承诺互动的发生既可能产生于同一问题领域,也可能产生于交织的问题领域,如欧盟内部的减排机制与全球层面的减排机制之间可能会发生互动,也可能是问题领域的交织,如虽然WTO处理的是贸易关系,但其对部分商品贸易的管理会直接影响到环境保护措施的达成,这种问题常常以"与……有关"(related issues)的表述方式出现,如与环境有关的贸易问题、与贸易有关的投资措施、与气候变化有关的海洋问题等。其次,主体间的重叠也是必不可少的要素,因为唯有重叠主体在一个机制内做出了某种承诺方可能影响其在另一个机制内的偏好。这种偏好可能是避免使本国在不同机制下承担无法兼容,甚至相互冲突的国际义务;也可能是希望通过影响目标机制来扩展源机制下的承诺。②

上述两种机制互动形态,与其说是机制间的互动,不如说是主体间的

---

① John Meyer, et al., "World Society and the Nation State", *American Journal of Sociology*, Vol. 103, No. 2, 1997, pp. 144-181.

② Sebastian Oberthür and Thomas Gehring eds., *Institutional Interaction in Global Environmental Governance, Synergy and Conflict among International and EU Policies*, Cambridge: The MIT Press, 2006, pp. 37-38.

互动。无论是认知互动还是承诺互动，本质上都是由目标机制下的成员有意识地参照或遵照源机制要求而对目标机制下其他政策制定者施加影响，进而影响目标机制下最终政策的走向。在这两种机制互动形态以外，当一个机制制定了某种规范性要求，如有关行为的命令或禁止、为某种行为提供财政支持、对某种不遵守行为予以制裁等，行为主体根据此种规范性指令修正自己行为，这种行为修正会对外产生"溢出效应"，进而影响到其他机制的运行，这种形式的机制互动被称为行为互动。与发生在目标机制决策阶段的两种机制互动情形相比，行为互动发生在目标机制决策之后的决策实施阶段，其本质上反映了两个机制主体间行为的不协调。[1] 有时候，对目标机制的影响甚至不会为机制主体所察觉。因为目标机制主体察觉到这种影响进而采取措施的话，那么认知或承诺互动形态将再一次出现。除此以外，国际机制互动学者还提出了所谓影响层面的互动形态。这种互动形态可以用这样一个例子来描述。存在两个机制，一个机制负责鲱鱼捕捞管理与养护，另一个机制负责鳕鱼捕捞管理和养护。众所周知，鳕鱼主要以鲱鱼为食，因此，关联海域内鳕鱼养护机制的成功，将不可避免地导致同一或关联海域内鲱鱼种群的下降。与前述其他三种互动类型相比，这种互动发生在目标层面，即两种相互冲突的目标使得两个机制之间发生职能的冲突，奥兰·扬也因此将这种互动称为基于职能联系的互动。[2]

此后，奥兰·扬在其《世界事务中的治理》一书中又提出了四种机制互动类型：嵌入式（embedded）、嵌套式（nested）、集束式（clustered）和重叠式（overlapping）。其中，嵌入式互动是某个治理机制与诸如主权等根本原则或实践的联系。嵌套式互动指一个较小的制度与一个在功能或地理范围更广的机制之间的互动。如《纺织品协议》和《关税与贸易总协定》之间的联系。集束式互动是指有意地将数种不同机制安排结合成一揽子制度。例如当前正在进行的"ABNJ 实施协定"立法就是一种典型的集束式制度设计，其中包括了诸如海洋保护区在内的划区管理工具、环境影响评

---

[1] Sebastian Oberthür and Thomas Gehring eds., *Institutional Interaction in Global Environmental Governance, Synergy and Conflict among International and EU Policies*, Cambridge: The MIT Press, 2006, pp. 37-40.

[2] Oran R. Young, *The Institutional Dimensions of Environmental Change: Fit, Interplay, and Scale*, Cambridge: The MIT press, 2002, p. 31.

估、海洋基因资源开发及其惠益分享等多个方面的问题。重叠式互动是机制联系中的一个独立范畴。在其中，个体机制成立的目的不同并且很大程度上彼此无关，但它们又在事实上交叉从而对彼此产生实质性影响。[①] 此后，奥兰·扬又进一步提出，按照互动机制所处社会层级的不同，将机制互动分为处于同一社会组织层次的机制间的水平互动和处于不同社会组织层级的垂直互动。[②]

(三) 国际机制互动的成因与影响

国际机制之间发生联系是国际机制密度和多样性不断扩展的必然结果。更具体而言，是机制发展的分散化和多元中心的结果。分散化是指不同的机制具有不同成员并各自在不同范围内运作，而多元中心则是指多数国际组织由行为体"自下而上"建立，追求自身目标，并极少有主导的协调机制。[③] 20世纪中叶以来，尤其是伴随着20世纪90年代"冷战"的结束，基于多样性利益追求的必然结果，在一个缺乏中央权威的国际社会当中，国家开始围绕着各式各样的问题领域展开集体行动，在不同功能区域或大小不等的地理范围内形成了大量所谓的"自足的国际机制"（Self-Contained Regimes）。大量的国际法律制度和机制并存与世，且各自相对独立发展，从而出现了国际法学者所关注的"国际法的碎片化"，或国际机制学者所关注的"机制簇集"或国际机制复合体（International Regime Complexity）的现象。[④] 这些独立的国际法律机制的产生多数是相互独立的。诚如威尔弗雷德·C. 詹克斯（Wilfried C. Jenks）所言："大量立法性条约在历史、功能和区域群体基础上发展起来，它们彼此相互独立，其相互关系类似于不同国内法体系之间的关系一样。"[⑤] 尽管我们常常习惯性

---

① Oran R. Young, "Institutional Linkage in International Society: Polar Perspectives", *Global Governance*, Vol. 1, No. 2, 1996, pp. 1-24.

② Oran R. Young, "Institutional Linkage in International Society: Polar Perspectives", *Global Governance*, Vol. 1, No. 2, 1996, pp. 1-24.

③ Kenneth W. Abbott, "The Transnational Regime Complex for Climate Change, Environment and Planning", *Government and Policy*, Vol. 30, 2012, pp. 571-590.

④ Karen J. Alter and Sophie Meunier, "The Politics of International Regime Complexity", *Perspectives on Politics*, Vol. 7, No. 1, 2009, pp. 13-24.

⑤ Wilfried C. Jenks, "The Conflict of Law-Making Treaties", *British Yearbook of International Law*, Vol. 30, 1953, p. 403.

地为各种国际机制命名，如将不同国际机制称为国际环境保护机制、国际贸易机制、国际海洋法律机制，但这种命名自身并无任何规范性价值。事实上，一个国际机制可以基于不同利益或不同政策目标加以描述。例如我们可以将 WTO 多边贸易机制描述为"一个处理国际贸易事务但对人权和环境有重要影响的多边机制"。[①] 类似的，一个处理化学物品国际海洋运输的条约机制最起码涉及海洋法、环境法、贸易法和国际海事法。换言之，一个貌似独立运作的国际机制，由于其调整对象与其他国际机制间会发生各种联系或重叠，因此特定国际机制实际上无法自外于国际机制的"丛林"，难以实现真正的"自足"，国际机制间问题领域的交织、联系成为国际机制间发生互动联系的主要原因。

在上述四种互动类型当中，影响层面的互动虽然在理论上存在，但现实中很难去加以分析，因为对它的分析往往涉及复杂的自然科学的分析，其因果链往往很长，其中又包含众多变量。就好比我们通常很难去分析气候变化国际机制对于国际生物多样性养护机制的影响因素。所以在有关机制互动的政策性研究当中，国际机制互动学者往往只会选择对前三种互动情形进行分析和研究。

国际机制互动的结果是多样的，良性的机制互动可能会产生机制协同作用。例如欧盟的综合污染防控指令与有关垃圾和水资源管理等其他环境指令产生协同作用，因为前者的出台起到了对后者支持的作用。[②] 但一些机制间的互动也会对机制有效性造成负面影响，甚至妨碍目标机制目标的达成，或迫使目标机制做出违背其初衷的政策决定。例如 WTO 促进全球自由贸易，减少贸易壁垒的目标及规定可能因此对某些环境保护机制造成影响，尤其是当后者试图限制对特定物种的贸易以实现这一目标时。当然，部分情况下，尽管机制间会发生互动联系，但这种互动联系并不会对机制目标及其运行造成明显的影响。例如，即便世界刑警组织和世界海关

---

① Martti Koskenniemi, *Fragmentation of International law: Difficulties Arising from the Diversification and Expansion of International Law*, Report of the Study Group of the International Law Commission, A/CN. 4/L. 682, 13 April 2006.

② Andrew Farmer, "Interactions of EU Legal Instruments Establishing Broad Principles of Environmental Management: The Water Framework Directive and the IPPC Directive", August 2010, https://www.impel.eu/wp-content/uploads/2016/09/Report-Linking-the-Water-Framework-and-the-IPPC-Directives.pdf.

组织应《濒危野生动植物公约》需要调整了自身政策,这种机制互动下的机制调整对于前者而言也并不是很显著。[①]

三 国际机制重叠

无论国际机制互动的具体形态如何,一个机制的产生和运作之所以能够给它机制的运行和有效性产生影响,归根结底都在于机制的重叠。

(一) 机制重叠是机制互动的主要原因和表现形式

国际关系主体基于不同目的,围绕着特定问题领域内组织和协调国际关系的原则、准则、规则和决策程序。然而,不同国际机制表现和代表着相同或不同国家集团的偏好。然而,随着国际机制密度的不断增加,机制创立者和研究者都一再发现,多数机制都无法遗世独立,相同问题领域往往存在着多个相互联系的国际机制,这些国际机制彼此发生着复杂的联系。[②] 国际机制间的联系已然成为一个不争的事实。尽管前述国际机制互动研究学者采用了不同术语,对国际机制互动进行了描述,但归根结底,国际机制间在调整对象上的不同程度的关联性是国际机制间发生互动的纽带。根本上,多数国际机制互动关系都可以用重叠来描述,差别在于重叠程度不同而已。即便是所谓的认知互动,虽然二者之间可能不存在问题领域的重叠,但机制间调整对象的高度相似性也依然是机制间发生联系的根源。抛开认知互动这一特殊类型,其他类型的国际机制互动关系的产生,从根本上都是因为机制间在调整对象上不同程度的重叠而产生。所谓的国际机制重叠,是指由于机制间调整对象上的重叠而导致不同国际机制间在结构和功能上的重合。对于这一概念可以分解为三个部分来加以理解:首先,调整对象的重叠是机制间发生重叠的原因。调整对象的重叠既可以是调整对象本身的重叠,如国际环境机制与国际贸易机制间在"与贸易有关的环境问题"或"与环境有关的贸易问题"就会发生重叠。在 ABNJ 生物多样性养护领域,渔业管理机制、国际航运管理机制、其他针对特定涉海活动的管理机制将分别在各自领域与生物多样性整体性机制间发生调整对

---

① John Lanchbery, "The Convention on International Trade in Endangered Species of Wild Fauna and Flora (CITES): Responding to Calls for Action from Other Nature Conservation Regimes", *Queensland University of Technology Law and Justice Journal*, Vol. 6, 2002, pp. 98-103.

② Margaret A Young, *Regime Interaction in International Law: Facing Fragmentation*, Cambridge: Cambridge University Press, 2012, pp. 67-71.

象的重叠。调整对象的重叠同样还可能表现为调整对象在空间上的重叠，奥兰·扬所提到的嵌套型互动即属此类。其次，国际机制间的重叠产生的直接后果是功能性自足的国际机制间在结构和功能上的重合，简言之就是管理或规制上的重合。两个或两个以上管理机制在交叉领域竞相适用而导致机制适用的竞争。无论是前述所谓的承诺互动还是行为互动，本质上都是一种机制间的竞争。最后，值得一提的是，本书所指的机制重叠泛指除认知互动以外的其他所有互动类型。虽然奥兰·扬在四种互动类型中单独提炼出了一种所谓的重叠机制互动，但本书所指的机制互动是更广泛意义上的机制重叠。事实上，奥兰·扬所提上述四种互动分类并不周延，甚至他自己也明确表示，他这样的分类并不意味着这四种机制互动是相互排斥的，而是存在共性的，这种共性实际上表现为调整对象上的重合。仔细研读奥兰·扬有关前述四种机制互动类型的研究，可以发现，与其说他是在客观描述机制互动的几种类型，不如说他是在研究和分析在不同情形下推动何种类型机制互动会产生更好的机制协同效果，因此，本质上，其提出的四种机制互动类型更准确地说应该是有关机制互动的管理模型。① 虽然有些情况下，这种有意识可能表现为一种社会化的人的无意识思考，比如下意识地创立一个能够完全与国际社会基本规则兼容的制度安排的行为。再比如在机制间相互影响大体对称的情况下，舍弃在零敲碎打基础上建立应对具体问题的机制，而是尝试建立一种更深远意义承诺基础上的集束式机制。②

　　从国际机制的结构要素出发，可以进一步发掘国际机制重叠的不同面向。国际机制的结构性要素无非是问题领域（客体）、主体和治理三个层面，也因此，国际机制重叠可以进一步分解为问题领域的重叠、行为主体的重叠，以及治理的重叠。调整对象或问题领域的交织和重合是国际机制重叠的前提条件，也是客观结果。主体的重叠，也就是指不同国际机制间存在相同的成员。在无政府状态的国际社会当中，行为体主要是主权国家会根据自己的利益偏好参与或构建各类功能性机制，在不同国际机制当中

---

① ［美］奥兰·扬：《世界事务中的治理》，陈玉刚等译，上海世纪出版集团2007年版，第160—161页。

② ［美］奥兰·扬：《世界事务中的治理》，陈玉刚等译，上海世纪出版集团2007年版，第160—161页。

获取不同利益（权利），承担相应的义务和责任。行为体的重叠并非机制重叠的必然原因，但通常而言，在问题领域重叠情况下，行为体的重叠会对机制互动的影响产生扩张效应，重叠行为体可能会因此而有意识地促进机制间的协同，但也可能因此导致机制行为失调。最后，当问题领域重叠的国际机制在组织决策、行动方案、资源配置等方面相互交织时，国际机制间便产生了所谓的机制治理重叠。

（二）国际机制重叠影响

重叠国际机制代表联系的动力的不同图景。机制重叠可能是有意识选择的结果，但更多情况下是追求自身目标的不同行为体集团执行各自行动计划时无意产生的副产品。① 无论重叠背后的动因为何，重叠的国际机制是当下机制密度和丰富多样性背景下的客观事实。从国际机制的有效性而言，国际机制的重叠既有积极的影响，也有消极的影响，抑或两种影响同时并存。②

当不同国际机制能够大体上朝着一个方向努力，则它们之间可能产生机制协同的效果，二者之间潜在的职能重叠可能通过机制间协商得以解决。③ 具体而言，当机制构建和参与主体意识到机制间的重叠现况时，行为主体可能会有意识地改善机制间的互动结构，以便通过机制协同更好地实现机制目标。例如，从推动整个生态系统出发进行思考，挪威带头倡议把巴伦支海作为一个整体的系统，建立起合作性的制度安排就是一种典型。④ 同时，同质性机制的竞争一定程度上也可以提高问题的解决效率。针对同一问题领域，主导性国家为凸显自身主导机制的优越性，往往会不断加大投入力度，扩展问题解决途径，在这一竞争过程中，国际机制也相应得以不断完善。然而，更多情况下，当重叠机制的目标和义务之间无法做到协调与加强时，国际机制的效果也将因此受到

---

① ［美］奥兰·扬：《世界事务中的治理》，陈玉刚等译，上海世纪出版集团2007年版，第166页。

② ［美］奥兰·扬：《世界事务中的治理》，陈玉刚等译，上海世纪出版集团2007年版，第161页。

③ G. Kristin Rosendal, "Impacts of Overlapping International Regimes: The Case of Biodiversity", *Global Governance*, Vol. 7, No. 95, 2001, pp. 97–101.

④ Oran R. Young, *Creating Regimes: Arctic Accords and International Governance*, Cornell: Cornell University Press, 1998, pp. 143–144.

不利影响。[1]

当一个原本需要进行统一协调的问题领域被若干国际机制分而治之，且各个国际机制间无法彼此调适时，很可能产生的结果是所有国家机制的治理目标都无法完整实现。以海洋环境治理为例。无论是国内社会还是国际社会，都出现过所谓的"九龙治水"的局面，在国内，可能同时存在主管环境的环境部、主管航运的海事部门、主管渔业的渔业管理部门、主管海岸和滨海区域的国土部门。然而，海洋环境保护并非通过对单一污染源或环境危害的防止即可加以解决，很多情况下需要综合考虑各种人类活动对环境的累积性影响，综合考虑社会、经济、环境等诸多方面因素才能制定出同时具备社会经济和环保效应的措施。同样，在今天的全球海洋治理当中，当不同人类涉海活动也分别由不同国际机制主管时，这种同一问题领域被不同国际机制分割管辖的现状同样会造成海洋环境治理的低效。以公海生物多样性养护与管理为例。公海之上的不同涉海活动分别由不同国际机制加以管辖：航行以及船源污染问题由 IMO 管辖、公海渔业主要由不同 RFMO/As 管辖、公海水体之下的海床洋底矿物资源开发活动以及与此有关的环境保护则由 ISA 负责；除此以外，还存在大量的区域性公海环境保护组织和以特定生物种群为保护对象的国际机制。这种条块分割的管辖状态同样不利于 ABNJ 环境保护与生物多样性养护目标的达成。也正因为如此，当前筹备的"ABNJ 实施协定"拟通过建设公海保护区的方式来实现对一些敏感和脆弱公海海洋生态系统的综合养护时，也面临着与这些国际机制间的潜在机制重叠问题。即一个更为综合性的国际机制与既存的部门国际机制之间的重叠与机制协调问题，关于这一问题，本章后面将进一步详细论述。

客观而言，在一个更为宏观的问题领域，当不同要素机制（elemental regimes）所追求目标之间并不存在实质性冲突，[2] 而只是存在管理上的分散时，则国际机制重叠所导致的机制不协调问题很大程度上仍可以通过机制内规则层面的调试来加以解决。然而，如果国际机制之间在基本政

---

[1] Oran R. Young, *Creating Regimes: Arctic Accords and International Governance*, Cornell: Cornell University Press, 1998, p. 97.

[2] Kal Raustiala and David G. Victor, "The Regime Complex for Plant Genetic Resources", *International Organization*, Vol. 58, No. 2, 2004, pp. 277-309.

策目标上存在根本性冲突时，则机制重叠很有可能造成机制冲突或机制间的相互排斥。例如，如果RFMO/As继续将《海洋法公约》所确立的"使捕捞鱼种数量恢复或维持最高可持续产量"确立为基本目标，则可能与海洋生物多样性养护发生冲突。一个以保护金枪鱼为主要目标的RFMO/As在保护金枪鱼的同时，对于食物链上金枪鱼的上游物种和竞争性同类鱼类种群的养护在事实上将很难做到同等养护。虽然生态学与生态系统理论一再强调生态系统中物种的关联性，从理论上而言也的确如此。很多生态系统论者常常会提到这样的例子，比如没有狼群对野兔种群数量的控制，野兔将大量繁衍并最终损害草原生态系统。然而，这种简单的联系论显然并未考虑人的因素。野兔的泛滥固然是破坏生态链的结果，但若居于食物链顶端的人对兔子有强烈需求呢？当金枪鱼本身属于重要商业性渔业资源时，人类需求本身自然会成为控制金枪鱼种群的有利因素。因此在这种情况下，保护特定经济鱼类种群的渔业养护和管理机制根本不会有动力去养护金枪鱼的上游物种或平行竞争性捕食物种。同样的问题也会存在于"区域"机制和公海生物多样性养护机制之间。尽管ISA被赋予了管理海洋环境的职权，然而，这种职权本质上是一种附属职权。深海底采矿本质上是一种环境净亏损行为，也因此，二者之间同样存在目标上的冲突，进而机制间冲突也将不可避免。机制的重叠以及由此产生的机制冲突在当前机制扩散的情况下，当部分国家有意利用机制扩散来摆脱不利于己的行为约束时，机制之间的冲突反而可能更为显著。[1]

G. 克里斯汀·罗森代尔（G. Kristin Rosendal）有关重叠国际机制的互动模型有助于我们更清晰了解重叠国际机制互动的影响。[2] 在奥兰·扬提出的机制重叠概念基础上，进一步对国际机制重叠的具体形态进行了更为深入的分析。克里斯汀按照国际机制的两个核心要素——规范和规则，将国际机制重叠细分为四种情形（见表5-1）。其中规范是指国际机制的总体政策目标和原则；规则是实施阶段针对机制行为体的具体行为要求。按照克里斯汀的分类，重叠国际机制之间可能存在四种情

---

[1] 王明国：《机制复杂性及其对国际合作的影响》，《外交评论》2012年第3期。

[2] G. Kristin Rosendal, "Impacts of Overlapping International Regimes: The Case of Biodiversity", *Global Governance*, Vol. 7, No. 95, 2001, pp. 97–101.

形：同一问题领域不同机制间，在规范与规则上均兼容（类型一）；机制间规范上存在分歧，但在落实政策目标的具体行为要求之间却彼此兼容（类型二）；政策目标和原则兼容，但具体行为规则上存在分歧（类型三）；规范和规则均存在分歧（类型四）。类型一之下，重叠国际机制之间表现出最大程度的协同。CBD 和《拉姆萨尔公约》之间可以说是这种互动类型的典型案例。值得注意的是，这种情形并不是静止的，理论上，随着机制的动态发展，类型一可能发展为类型三。同时，这种情形下的互动也并非全无缺点，即便二者在规范和规则之间全然兼容，也还是有重复履行的问题，如在不同国际机制下的重复报告义务。类型二中，虽然不同机制在追求的政策目标上存在分歧，但它们所采取的具体管理措施却可能是相容的，如传统的特定经济鱼类养护机制与更为一般性的海洋生物资源养护机制之间的互动。类型三中，重叠机制之间虽然政策目标兼容，但在具体管理政策和措施上却会出现分歧。政策目标的一致或兼容并不必然会保证重叠机制出台的具体行为要求的兼容。典型的例子应数防止臭氧层空洞的《蒙特利尔议定书》和《联合国气候变化框架公约》之间的互动。[①] 虽然二者都基于共同的环境原则，同时也都是因应大气环境危机而建立的机制，但机制间在具体措施方面却存在分歧，并因此对机制有效性构成负面影响。类型四中，由于重叠机制之间不仅在原则目标上，而且在具体规制手段上也存在分歧，因此也是重叠机制之间发生机制冲突可能性最大的情形。

表 5-1　　　　　　　　　　国际机制重叠情形

规则	规范		
		兼容	分歧
	兼容	一	二
	分歧	三	四

重叠机制之间的潜在冲突可能性，以及冲突的严重程度又与分歧部分是否关键有很大关系。在国际机制的规范层面，多数国际机制的总体

---

① Beatriz Martinez Romera, *Regime Interaction and Climate Change: The Case of International Aviation and Maritime Transport*, Copenhagen: Routledge pressed, 2019, pp. 45-55.

政策原则和目标都不是单一的，多数情况下，国际机制往往存在主次不一的多元目标。① 在多元价值目标中，价值目标的地位必然存在差异，例如在国内社会当中，自由与公平之间、经济增长与环境保护之间、贸易自由与贸易公平之间等。以 CBD 为例，保护生物多样性、对生物多样性的持续利用、利用遗传资源的惠益公平合理分享等均属于 CBD 框架下的总体目标，但后者显而易见属于其中最为根本的目标。因为养护只是手段，最终目的在于持续利用，而能否实现持续利用，关键在于由此产生的惠益能否公平分享。因此，相应的其他目标可能相对就属于次级的规范。因此，要进一步深入分析和考察重叠机制之间兼容或冲突的程度，还需要进一步考虑互动国际机制之间在规范层次上，或者在机制主次目标之间的分歧程度。

国际机制的具体规则同样可以做出类似的界分。国际机制总体目标或基本政策原则延伸到具体的行为规则层面时，规则层面之间的互动同样可以进一步细化为主要规则和次要规则之间的互动。② 按照克里斯汀的研究，国际机制的规则因素可以进一步分为管理性规则（regulatory rules）和规划/计划性规则（programmatic rules）。其中管理性规则是指那些落实国际机制政策目标的、就行为体权利义务做出明确规定的规则，如行动时间表、具体行动目标、行为标准、阶段性可捕捞量等更为具体的行为规则。当重叠的国际机制之间在管理性规则层面发生冲突时，机制之间的互动必然会产生龃龉。而规划性规则一般是指那些强化对特定问题领域认识的规则。当国际机制之间的重叠在计划性行动方面呈现出重叠时，国际机制之间显然存在协调的需要，但这种情况下重叠很难演变为机制之间的剧烈冲突，因为不同国际机制参与主体往往很难因此发生履行上的冲突。

通过对重叠国际机制之间分歧部分的互动情形，将进一步获得一个考察机制重叠影响的分析模型（见表5-2）。

---

① Ingvild Ulrikke Jakobsen, "Marine Protected Areas in International Law: An Arctic Perspective", *Queen Mary Studies in International Law*, Vol. 25, 2016, pp. 63–68.

② P. J. S. Jones, etc., "Governing Marine Protected Areas: Social-ecological Resilience Through Institutional Diversity", *Marine Policy*, Vol. 41, 2013, pp. 5–13.

表 5-2　　　　　　　　　　国际机制重叠分析模型

规则（分歧）	规范（分歧）	
	次级	核心
计划	一	二
管理	三	四

总体而言，当重叠国际机制之间在核心规范层面存在分歧时，机制之间发生冲突的可能性和冲突烈度将大幅度升高，极端情况下甚至会影响特定机制的形成和运行。而当重叠国际机制之间在管理性规则层面存在分歧时，重叠机制的主体在履行相关管理要求时可能会因此导致行为主体无所适从，甚至发生义务冲突。反之，如果重叠机制之间仅仅只是次级规范或规则间存在分歧，重叠机制之间的消极互动情形相对不会那么严重。

基于对重叠机制之间分歧的核心规范和规则与次级规范和规则之间不同排列组合，重叠国际机制之间的互动形态可以分为上述四种情形。其中，当重叠机制之间同时在核心规范和管理性规则层面存在分歧时，机制之间冲突的范围和烈度会最强，相比较而言，其他三种情形下，通过机制之间观念或认知的相互学习和扩散，重叠机制之间仍有协调发展的可能。[1]

显然，当重叠机制之间分歧出现在核心规范层面时，机制之间发生冲突的可能性和激烈程度会更高，甚至出现彼此无法共存的情况。同样的，当分歧部分出现在管理性规则层面时，国际机制之间冲突可能性和激烈程度也会更高。

（三）解决方案

随着对国际法和国际社会认识的不断深入，进入 21 世纪以来，国际法和国际关系学者纷纷将目光从简单地研究和分析国际法的碎片化与国际规范之间的潜在冲突，转向更为深远意义层面的国际机制互动研究。与静态地分析和解释规范之间的关系不同，国际机制本身是一个动态的发展过程，它是一个协商、规范制定、规范执行，甚至包括国内部门之间政策协

---

[1] Kristina M. Gjerde, "Regulatory and Governance Gaps in the International Regime for the Conservation and Sustainable Use of Marine Biodiversity in Areas beyond National Jurisdiction", *IUCN Marine Series*, No. 1, 2008.

调的持续过程。这客观上也决定了国际机制互动研究需要调查和研究包括立法和司法等在内的国际机制发展的不同阶段。[①] 从关注国际法规范的多样性、碎片化乃至不协调和冲突到关注国际机制或制度的多样性乃至不协调和冲突,标志着国际法研究从微观向宏观的视角转换。国际机制重叠的解决办法也由此形成了两种不同的解决路径。一种是微观层面的,对国际机制重叠所产生的冲突规范的静态协调;另一种则是宏观层面的,即在国际机制动态发展过程中的协调路径。诚如我们对于国际机制概念的普遍理解,国际机制是由静态的规范和动态的决策过程两种部分组成。规范部分的内容包括一系列明示或默示的原则、规范和规则,具体包括机制形成早期阶段的框架性法律文件,如《联合国气候变化框架公约》,以及机制正式形成后经决策程序形成的具体行为规则。从这一部分内容而言,当谈到国际机制重叠所造成的机制冲突时,实际上是指一种实然状态的义务规则的冲突。然而,尽管部分国际法学者倾向于将国际法等同于国际机制,甚至将二者视为同义词,[②] 但通常理解中的国际机制还有其动态的部分。换言之,国际机制是一个动态的规范体系,也因此国际机制之间的联系和冲突,以及联系和冲突的广度与深度是变化的。[③] 只有从国际机制的这一特征出发,才有可能解决机制重叠中机制冲突的可能——从国际机制动态发展变化过程中寻找机制协调的可能。这种路径也就是有些学者所提出的机制互动管理(the management of regime interaction)。

微观层面的解决路径主要通过法律的一般逻辑原则和法律解释原则来解决部分国际法规范的冲突问题。虽然其承认国际法的碎片化,但依旧试图在体系性假设基础上,通过一种温和的、文本化的方式来对规范冲突加以处理。这一点从国际法委员会所进行的"国际法碎片化"研究及其成果(2006年报告)中可以清楚看出。在其2006年的最终报告中,委员会就解决国际法碎片化所带来的潜在规范冲突提供了一份务实和具体的解决方案,如建议通过适用"特别法优于一般法"、"后法优于先法"、尊重强

[①] Margaret A. Young, *Regime Interaction in International Law: Facing Fragmentation*, Cambridge: Cambridge University Press, 2012, p.1.

[②] 刘志云:《国际机制理论与国际法学的互动:从概念联系到跨学科合作》,《法学论坛》2010年第2期。

[③] G. Kristin Rosendal, "Impacts of Overlapping International Regimes: The Case of Biodiversity", *Global Governance*, Vol.7, 2001, p.95.

行法等法律的一般逻辑原则，以及通过条约解释技术，尤其是条约解释中的协调解释原则（principle of harmonization）或善意解释原则来尝试在一个不成体系的国际法中体系性地解决某些规范冲突问题。①

上述第一种解决方案对于处理部分因国际机制重叠而产生的国际法义务冲突问题是有用的，但其适用需要很多前提条件。首先，这种调整只对重叠机制的重叠主体适用。无论是所谓的后法优于先法或特别法优于一般法原则也好，还是要求善意解释条约，确保条约义务的一致与协调也罢，都是针对特定条约义务主体而言的。当重叠国际机制之间主体发生重叠，或至少关键性主体之间发生了重叠之后，机制间规范冲突的体系性解决路径才有得可能。其次，要依据"特别法优于一般法"原则解决国际法冲突问题，先要能够有效判断特别法与一般法，但很多情况下却并不能有效断定这一点。国际法委员会也承认，适用这一原则解决法律冲突存在现实的困难。例如一个区域性的一般性条约和针对特定问题的全球性公约之间究竟谁是特别法、谁是一般法就很难断定。如果同时考虑"后法优于先法"这一原则，情况将更加复杂。②

国际机制互动研究的意义，一方面固然是对当前国际法和国际制度发展现状的一种客观描述，但其意义显然并不止于此。对于国际机制研究者而言，阐述国际机制之间的复杂联系，最重要的是希望决策者能够运用到他们对这些问题的认识，以更好地实现国际机制设计的目标。③ 换言之，国际机制互动一方面是对现状的描述，另一方面也为机制管理提供了方法论。具体而言，包括在机制之间没有发生明显互动情形下，如何去有意识地创造机制之间的协同互动；在机制之间已经存在互动联系情形下，如何通过建立性的机制联系或修正已有联系来避免重叠机制之间的冲突。

奥兰·扬等国际机制互动研究者对国际机制重叠现象保持了高度的研

---

① ILC Study Group, *Fragmentation of International Law: Difficulties arising from the Diversification and Expansion of International Law*, Conclusions of the Work of the Study Group, A/CN. 4/L. 702, 18 July 2006.

② ILC Study Group, *Fragmentation of International Law: Difficulties arising from the Diversification and Expansion of International Law*, Conclusions of the Work of the Study Group, A/CN. 4/L. 702, 18 July 2006.

③ ［美］奥兰·扬：《世界事务中的治理》，陈玉刚等译，上海世纪出版集团2007年版，第167页。

究兴趣。在对其有关国际机制互动研究的自我评价中,奥兰·扬认为,对国际机制互动的众多研究中,有关机制重叠的解释,其政策意义要远大于其他。[①] 在他看来,机制重叠的研究已经达到了一个节点,使得它们不仅需要关于机制创立和运作的新见解,而且要求提出支撑这些分歧起点的知识体系。面对问题领域的重叠,从机制互动视角来看,存在着多种解决办法。比如为避免机制重叠导致的机制冲突,国际政策制定者最起码可以根据机制冲突程度的不同,在机制创立、机制运行过程中对机制之间联系加以调整来避免或缓和冲突。对机制重叠的研究过程在进一步明晰了机制间关联程度的同时,对于问题领域范围的准确界定也不无助益,进而可以通过能动的机制设计来协调机制间互动。奥兰·扬认为,在具备了必要的知识基础来理解机制之间交叉的背景下,机制之间至少可以通过所谓的辅助性安排、合并安排和程序性安排来实现机制之间的协调互动。辅助性安排是指那些关注具体机制的行为体增加条款,来减轻对其他安排造成的无意识的、通常是消极的影响。例如在《北美自由协定》框架下达成有关环境问题的补充协议。但是,当交叠开始影响到核心利益时,或者出现克里斯汀·罗森代尔所描述的核心规范之间的分歧时,辅助性协议将不可能解决所有问题。这种情况下,合并有关的机制,创立一个单一的、更具综合性的机制,来覆盖两个或更多交叉的问题领域可能成为解决问题的主要手段。本书主要讨论对象之一——有关ABNJ生物多样性养护与可持续利用的"ABNJ实施协定"在很大程度上就是这种思考的结果,即试图通过以公海保护区建设对ABNJ的海洋生物多样性实现综合性养护。

在上述两种机制互动管理方法以外,尤其是一些秉持世界主义理想或有此倾向的学者认为,如果一个特定问题领域的国际机制密度和复杂性极高,理想的办法是借助程序性手段来整合不同国际机制之间的关系。借用程序性办法来解决潜在法律制度和规则冲突在国内十分常见,甚至是解决法律或机制冲突的主要办法。例如通过法院的司法裁判来解决法律适用问题;或通过上位行政机构来解决不同部门机构之间的职能重叠和职能冲突问题。客观而言,这种办法无疑极为有效,但在无政府状态的国际社会当中显然也极为困难。

[①] [美] 奥兰·扬:《世界事务中的治理》,陈玉刚等译,上海世纪出版集团2007年版,第172页。

第二节 公海保护区建设中面临的潜在国际机制重叠

虽然公海系不属于任何国家主权范围的"全球公域",但公海并非"法律真空",事实上,为维护这一片全人类共享之公域,国际社会不仅针对公海环境与生物资源养护进行了大量立法,随着20世纪四五十年代以来国际社会组织化的不断发展,公海之上还出现了大量拥有特定管理职权的全球、区域和部门性国际条约机制与国际组织。这些全球和区域性、部门性和综合性组织与机制共同构成了一幅复杂的公海治理图景,并给当前的公海保护区建设带来了一个重要课题,那就是公海保护区建设应该如何与现有机制维持一个良性的互动。事实上,生态系统方法本身就对长期以来的部门导向的国际海洋治理构成了巨大挑战。[①] 也因此,作为落实生态系统方法的重要工具,海洋保护区也必然会与现有部门或物种导向的国际机制产生各种龃龉。

一 公海生物多样性养护的复杂国际机制背景

人类海洋活动的多样性与复杂性,以及海洋地理范围的广阔性,以及国际法和国际机制发展的自然特性决定了今天国际海洋治理的复杂机制背景。在处理各种海洋事务过程中,人类制定了大量国际法律制度、设立了众多国际组织,仅从联合国体系内部来看,就有不少于9个国际组织分别在不同领域负责管理特定海洋事务。

人类最为古老和传统的海洋活动无疑是捕鱼和航海,也因此,这两个领域也是国际社会最早展开制度化合作的领域。公海航行与捕鱼自由习惯国际法是人类对上述两个活动最早的规范性合作的成果。随着人类海洋环境保护意识的逐步觉醒,捕鱼自由逐渐开始受到限制。美国等少数国家开始对海洋内特定物种采取养护和管理措施,如19世纪末美国对濒危海豹

[①] Ingrid Kvalvik, "Managing Institutional Overlap in the Protection of Marine Ecosystems on the High Seas: The Case of the North East Atlantic", *Ocean & Coastal Management*, Vol. 56, 2012, pp. 35-43.

的立法保护。与此同时，国家间也开始在双边或诸边层面就特定海洋鱼类种群展开养护合作，如1882年《北海渔业公约》、1911年英、美、日、俄四国签订的《关于保护和保全北太平洋海豹华盛顿公约》、1923年《美国—加拿大北太平洋（含白令海）鳙鲽条约》、1931年《国际捕鲸公约》及其修正案和议定书等。进入20世纪中叶，随着《公海公约》和《捕鱼及养护公海生物资源公约》的签订，海洋渔业管理开始初步进入全球合作阶段。1982年《海洋法公约》的签订标志着全球渔业治理机制的框架机制正式形成。与1958年的日内瓦公约相比，《海洋法公约》在进一步限制了公海捕鱼自由基础上制定了相应的较为具体的国际法律制度，如养护公海渔业资源、渔业管理合作、船旗国义务与责任，以及争端解决机制等。20世纪90年代初，为进一步落实《海洋法公约》渔业养护与管理的规定，在联合国以及FAO的推动下，一些多边渔业协定和不具法律约束力的渔业捕捞指南得以制定。如1993年《促进公海渔船遵守国际养护和管理措施协定》（以下简称《遵守协定》）、1995年《鱼类种群协定》、1995年《负责任渔业行为守则》、2001年《预防、组织和消除非法、未报告和无管制的捕捞活动国际行动计划》等。与此同时，在区域层面也开始建立大量RFMO/As。

国际航运管理法律制度是海洋法律制度的重要组成部分，传统的国际航运管理主要关注的是促进国际航运便利化和效率，提高国际航运安全。基于对此类问题的关注，在《海洋法公约》确立的基本航行制度——公海航行自由、领海无害通过、海峡制度等基础上，一些技术性协定先后订立，如《船舶避碰规则》《海上人命安全公约》《国际海上避碰规则》等。

随着国际贸易的增加，国际海运也大幅度扩张，国际海运所带来的海洋环境污染问题也逐渐成为国际海运管理主要关切的对象。以避免船源污染为主的国际海洋环境保护机制也因此得以发展。国际社会有关防止船源污染合作的努力可以追溯到20世纪初。1926年，国际社会在美国华盛顿召开会议，开始讨论有关航行水道中的石油污染问题。但由于政治、经济等原因，最终并未就此达成协定。直到1954年，国际社会才就防治海洋污染制定第一个国际协定——《国际防止海洋油污公约》，公约的签订标志着海洋环境保护全球立法的开始。总体而言，国际海洋环境保护国际立法可以分别以1972年斯德哥尔摩人类环境会议和1982年《海洋法公约》为界分为萌芽、发展、成熟三个阶段。

萌芽阶段的海洋环境保护国际立法关注对象仍局限于船舶油污的防治。在《国际防止海洋油污公约》基础上，尤其是在1967年3月18日"托利·堪庸号"油污事件发生后，国际社会分别通过了《国际油污损害民事责任公约》《国际关于公海油污事故公约》和《设立国际油污损害赔偿基金的国际公约》三个油污公约。

1972年人类环境会议是国际环境保护发展史上的里程碑，会议通过的《人类环境宣言》和《人类环境行动计划》为人类环境保护合作指明了总体方向。1974年，根据会议决定，UNEP成立并开始推动区域海洋环境项目。1976年，国际海事协商组织成立后专门成立了一个临时委员会专门主持有关海洋环境保护及污染防治的立法方面的工作。这一期间，诸如MARPOL73/78《防止倾倒废物及其他物质污染海洋公约》《国际干预公海非油类物质污染议定书》等全球性海洋环境保护公约得以订立。与此同时，在区域层面，《防治船舶和航空器倾倒污染海洋公约》《防止陆源物质污染海洋公约》《波罗的海海洋环境保护公约》《保护地中海免于污染公约》《合作防止海洋环境污染的科威特区域公约》等区域性海洋环保公约也相继订立。整体而言，这一阶段的国际海洋环境保护法的发展主要表现出如下几个方面的特征：（1）海洋环境保护条约数量急剧增加。（2）海洋环境保护调整对象显著扩大。国际社会开始对油污以外的各种来源的海洋污染进行全面控制，国际海洋环境保护法从单一向综合性方向发展。（3）国际海洋环境保护立法的执行机制得到强化。

1982年《海洋法公约》的签署标志着国际海洋法律制度体系的正式形成。作为一个集束型国际法律机制，公约不仅在各个部分规定了缔约国海洋环境保护的义务与责任，还以专章的形式就海洋环境保护与保全进行了全面性的规定。[①] 1982年，国际海事协商组织正式更名为IMO，并由后者全面负责海洋环境保护与航行安全领域的专业性事项。

在《海洋法公约》建立了"区域"和大陆架、外大陆架制度以后，原本被一体对待的公海水体以及水体之下的海床洋底正式从法律上被区隔为三个不同区域。水体之上适用公海自由原则，而水体之下的海床洋底，大部分处于ABNJ适用全人类共同继承财产原则，由ISA代表全人类管理；部分位于200海里以外的大陆架则属于沿海国的外大陆架区域，沿海

[①] L. J. Bouchez etc., *The Future of the Law of the Sea*, Hague: Martinus Nijhoff, 1972, p. 163.

国依法对其上的自然资源享有主权权利。换言之,在传统的公海区域内实际上存在着三个不同的法律机制,各自管辖着原本被视为一体的海洋区域内的不同部分。各自管辖范围内的活动——公海水体中捕鱼、航海等活动、水体之下的采矿活动,虽然彼此高度牵连,却分别被纳入不同国际机制的管辖范围以内。

此外,随着人类文化遗产保护意识的觉醒,2001年,联合国框架内通过了《水下文化遗产保护公约》,按照公约规定,各缔约国有义务单独或合作采取措施保护海上具有文化、历史或考古价值的所有人类生存的遗迹,如遗址、建筑、工艺品、人的遗骸、船舶、飞行器,遗迹具有考古价值的环境和自然环境等。公约涉及的范围不仅包括沿海国管辖范围内的领海、专属经济区和大陆架内的海上文化遗产,还包括"区域"海上文化遗产。在保护措施方面将考虑通过包括设立海上文化遗址公园等方式来对重要海上文化遗址进行全面保护。

因此,总体而言,今天的公海之上,国际社会已经建立起了一个由庞大数量的条约组成,由众多全球、区域和部门机构或实体主管不同问题领域的国际机制复合体。在众多国际机制当中,由 IMO、区域海洋环境保护组织主导的公海环境保护机制、由 FAO、RFMO/As 主导的公海渔业养护机制,以及由 ISA 主管下的"区域"管理机制对公海保护区建设产生了重大影响。考虑到以生物多样性养护为目标的公海保护区在管理对象上势必与上述现有国际机制发生重叠,如何避免因机制重叠而产生的机制冲突也因此成为当前公海保护区建设和全球立法需要重点思考的问题。

二 公海保护区与 IMO 海运管理机制的潜在重叠

海上航行是人类最为古老的海洋活动之一,随着人类海上航行活动的爆发性增长以及由此带来的海洋环境威胁的增加,以防止船舶污染海洋为主轴的海洋环境保护国际法律制度体系也因此得以建立。在众多海洋环境治理机制当中,IMO 在防止船舶污染海洋方面扮演着重要的功能性角色。因此,从避免国际机制重叠乃至潜在机制冲突角度而言,考察公海保护区与 IMO 之间的潜在机制重叠将具有指标性意义。

(一) IMO 国际海运方面的职权

船舶对海洋生态环境的污染和破坏具体表现为船舶事故污染、船舶操作污染和对海洋生物栖息地的破坏。在解决国际海运对海洋生态、环境的污染和破坏方面，国际海事协商组织及其继任者——IMO 在此方面扮演着关键性角色。根据《IMO 公约》第 1 条的规定，IMO 的宗旨和目标是"促进各国间航运技术合作；并在与海上安全、航行效率和防止及控制船舶对海上污染有关的问题上，鼓励各国普遍采用最高可行的标准；并处理与本条规定宗旨有关的行政与法律问题"[①]。因此，IMO 的基本目标可以概括为两项：促进国际航运发展、控制航运带来的污染。为实现上述组织宗旨与目标，IMO 将针对与实现上述目标有关的问题展开研究，并负责推动相关领域的公约、协议或其他文件的起草和制定；同时为成员国之间就相关事项的协商提供交流平台。IMO 主要组织机构包括成员国大会、IMO 理事会，以及各种专业理事会和次级理事会，如海事安全委员会（MSC）、海洋环境保护委员会（MEPC）、法律委员会（LEG）、技术合作委员会（TCC）、运输便利委员会（FAL），航运次级委员会（Sub-committee on Navigation，NAV）。

尽管 IMO 本身无法制定任何对成员国具有普遍约束力的条约，但目前很多与国际海运有关的公约均是在 IMO 主持下制定，换言之，IMO 为国际海运相关公约和条约的制定提供了一个国际协商与合作的平台，与此同时，IMO 大会还可以多数决的形式对公约进行修订。尽管任何公约的修正案最终仍需取得成员国同意，但基于默示同意规则，当多数国家表决同意某一修正案时，修正案仍可得以通过，并对未明确排除适用的国家产生约束力。此外，IMO 大会和专门委员会还可以就某些公约的实施制定技术性指南或决议。这些技术指南或决定虽然并非正式的条约，但部分仍可被解释为对已生效公约的嗣后实践；或者经部分国际公约的明确指引而具有法律约束力。例如 IMO 有关分道通航的技术规则虽然属于软法性质的指南，但经《1972 年防止船舶碰撞国际管制公约》规则 10 的参照适用而在事实上成为该公约的一部分。

IMO 成立以来，在推动国际航运安全、防止船舶污染海洋环境方面做出了杰出贡献。在 IMO 主持下，国际社会就防止船舶油污、污染物排放、倾废、压载水等诸多方面与船源污染防治方面展开了密切合作，制定了一系列公约，为船舶污染排放、航线规划、船舶拆解等提供了普遍的技术标

---

① The IMO Convention, Article 1.

准和管理要求。目前，IMO 框架内，总共制定了 40 多个条约和大量软法性文件。[①]

（二） IMO 机制对海洋划区管理工具的运用

根据《21 世纪议程》的要求，各国应通过 IMO 等其他区域和全球性国际组织展开合作，共同应对海洋环境退化问题，评估船舶对海洋的污染情况，并在必要时在这些海域内采取应对行动，确保一般接受的国际规章得到遵守。同时，各国有义务查明生物多样性和生产力水平高的海洋生态系统和其他濒危生态环境区域，并对这种特殊海洋生态区域的活动采取相应的限制措施，包括采用建立海洋保护区的办法来妥善保护诸如珊瑚礁生态系统、河口、温带和热带沼泽地、海草床、鱼类产卵地和繁殖场等海洋生态区域。[②]

在对 MARPOL73/78 公约进行修订基础上，IMO 正式引入了划区管理工具。修订之后的 MARPOL73/78 公约确立了两类特别海域，第一类系按照公约附件一、二、五建立的特别海域（Special Areas）；第二类则是在附件六基础上建立的硫氧化物排放控制区（SO_x Emission Control Areas, SECAs）。

值得一提的是，这并非国际海洋船舶污染领域第一次采用空间管理的方式来治理船舶污染问题。事实上，早在 1954 年《国际防止船舶油污公约》中，就已经采用了所谓的禁止区（prohibition zones）来避免船舶航行过程中对特定海域油污损害。1971 年，IMO 第一次沿袭了这种禁止区的做法，在澳大利亚东北海域的大堡礁建立了第一个 IMO 禁止区。同年，在对 MARPOL73/78 公约进行修订后，IMO 正式建立了特殊海域制度。

按照 MARPOL73/78 公约附件的规定，特别海域是指那些"在海洋水文地貌和生态条件，以及海洋交通方面具有特殊性的海域"，为保护此类区域内的生态系统免于海洋航行活动的不利影响，在现有的技术条件基础上，对其适用特殊的强制性办法来防止海洋油污、有毒液体或海洋废弃物的影响。从附件的规定来看，某个海域能否被视为特殊海域，大致需要考

[①] IMO, "Towards Sustainable Development at Johannesburg", 2002, http: //www.imo.org/Conventions/mainframe.asp? topic_id = 247.

[②] 张辉：《南海环境保护引入特别区域制度研究》，《海南大学学报》（人文社会科学报）2014 年第 3 期。

虑三个方面的因素：海洋学因素、生态条件和海上交通情况。为进一步落实特殊海域制度，IMO 特别颁布了《MARPOL73/78 特殊海域设计指南》(*Guidelines for the Designation of Special Areas under MARPOL73/78*)。特殊海域的设立需要沿海国向 IMO 海洋环境保护委员会（MEPC）提交设立提案。提案内容包括 MARPOL73/78 修正案（每设立一个特殊海域，都意味着对 MARPOL 相应附件的修改）、设立特殊海域的需要、区域地理坐标、拟设立特殊海域类型、是否满足设立标准等。MEPC 在综合考虑该区域内海洋、生态特点、社会经济价值、科学和文化重要性、面临的船源污染压力，以及其他环境压力和既有环保措施等基础上，决定是否批准该特殊海域设立提案。在上述因素以外，在个案当中，MEPC 还会进一步考虑陆源污染情况、区域内已经存在的相应管理体系等因素。

囿于 IMO 本身职权的局限性，IMO 所设立的特殊海域及其制订的管理措施只能针对船舶及其航行活动，对于捕鱼、采矿、海洋科研等其他活动，特殊海域并不涉及，也因此，特殊海域只是一种广义上的海洋保护区。按照 MARPOL73/78 公约附件的规定，如果是防治船舶油污的特殊海域，一般而言，特殊区域内将禁止油轮或 400 总吨以上船舶排放油污或任何其他油类混合物。对于一些海洋生态特别敏感的海域，排放标准可能更为严格。以南大洋所建立的特殊海域为例，海域内将禁止任何船舶排放任何形式的油类污染物。

SECAs 是 MARPOL73/78 公约附件六下规定的另外一种海洋划区管理工具，如其名称所示，其并非控制所有废气排放，而主要是针对船舶航行过程中硫氧化物的排放进行控制。因此，SECAs 是指通过对区域内采取特殊强制措施减少船舶硫氧化物排放的划区管理工具。由于其针对的是船舶大气污染，因此 SECAs 的管理措施也相对较为特殊。与前述特殊海域相比，SECAs 更多的是通过落实船舶建造、设计、装备和管理标准（CDEM 标准）来实现，如要求船舶采用废气清洁系统或任何其他类似技术方法来净化船舶排放。未满足相关 CDEM 标准的船舶将禁止在 SECAs 航行。与其他特殊海域设立程序类似，IMO 成员国如能够充分证明特定海域存在硫氧化物污染威胁，在提交有关证据，如海域内气象条件、船舶交通情况、船舶硫氧化物排放存在的危害等基础上，可以向 IMO 申请设立 SECAs。

随着海洋环境科学的发展，人们日益意识到，在没有适当的海洋空间管理措施加以补充情况下，原有的源头控制（source-focused）的海洋环境保护将很难实现其既定保护目标。① 在此背景下，IMO 开始在特殊海域基础上寻求进一步通过海洋空间管理来实现海洋环境保护。1978 年，油轮安全与污染防治会议上首次提出特别敏感海域（PSSA）这一概念。1991 年，IMO 通过了《PSSA 指南》。② 指南获得了国际社会的普遍欢迎，但在各国实践过程中，由于指南本身内容过于烦琐，很难具体落实，因此 PSSA 并未在全球广泛建立。为此，2005 年 12 月，IMO 对 1991 年指南进行了修订，在简化相关内容之后，众多 PSSA 在全球不同海域建立，目前全球共已建立 17 个 PSSA。

按照《PSSA 指南》的规定，PSSA 主要是指那些在生态、社会经济或科学方面具有重要性，且容易受到国际航运活动的不利影响，需要 IMO 采取空间管理办法加以特别保护的海域。③ PSSA 适用范围广泛，理论上，沿海国领海、专属经济区、公海均可申请设立 PSSA；不仅闭海或半闭海可以申请设立，开放海洋当中同样可以申请设立。申请设立 PSSA 的海域必须至少满足以下三项标准中的一项：第一，生态标准。特定海域生态系统是否具有独特性、稀有性，是否属于鱼类或其他海洋生物的重要栖息地、海域内生物的相互依存性、生态系统代表性、多样性、整体性、脆弱性等。第二，社会、文化和经济标准。特定海域是否在渔业、休闲、旅游等社会经济方面具有重要性，对土著生存的重要性，是否属于重要文化遗产等。第三，科学和教育标准。包括特定海域的科学价值、监测研究的重要样本、是否存在特有生态现象等。当然，更重要的是必须证明具有上述特征或特征之一的海域正面临国际海运的威胁或不利影响。

尽管《PSSA 指南》第 6 和 7 段提出了一系列 PSSA 管理措施，但其也仅仅只是建议而已。实际上，任何 PSSA 管理措施都需要根据待保护海域生态环境、航运等方面的情况具体制定。诚如马库斯·J. 卡希尔（Markus J. Kachel）所言，PSSA 就像一艘空船，指南并未规定任何可以自动适用的管理标准和措施。某个 PSSA 应该采取何种管理措施，将根据

---

① Markus J. Kachel, Particularly Sensitive Sea Areas the IMO's Role in Protecting Vulnerable Marine Areas, Springer Pressed, 2008, p. 3.

② 1991 年，IMO 颁布了第一个指南。最新指南参见：IMO, *Revised Guidelines for the Identification and Designation of Particularly Sensitive Sea Areas*, Res. A. 982 (24), 1 December 2005.

③ 张辉：《南海环境保护引入特别区域制度研究》，《海南大学学报》2014 年第 3 期。

PSSA 所处海域以及海洋特征来制定。①

虽然目前还没有任何公海 PSSA 建立，但《PSSA 指南》也并未否定这种做法，其适用的地理范围从一开始便只是简单界定为"国家领海内外"。一些学者，如罗宾·沃奈（Robin Warner），② 马库思·J. 卡舍尔（Markus J. Kachel）③ 等已经开始讨论将 PSSA 适用于公海的可能性。目前，针对船舶污染，南大洋和地中海公海区域已经在 MARPOL73/78 附件下建立了两个特殊海域。要在公海设立 PSSA，其存在的主要障碍在于管理主体的确立。与建立在领海、专属经济区的 PSSA 不同，后者主要由沿海国负责管理和执法，但公海上却只能通过并不总是可靠的船旗国专属管辖来实现。因此，如何确立一个有效代管人（stewardship）是目前设立公海 PSSA 面临的主要障碍。

（三）公海保护区与 IMO 机制的潜在重叠

作为高度专业化的国际组织，长期以来，IMO 在防止船舶污染海洋方面扮演着重要角色。通过源头控制，船舶污染防治取得了显著成效。随着 IMO 对海洋生态养护的日益重视，针对生态特别敏感海域，IMO 也已经开始通过特殊海域制度、PSSA 制度等空间管理工具来强化管理。由于海上航运是人类最古老、最主要的人类海洋活动，当 IMO 开始对国际海运所造成的海洋环境污染和生态破坏予以关注并采取养护措施时，公海等海域的海洋生物多样性养护的目标也更容易实现。然而，与此同时，IMO 对海洋环境的管理与当前综合性公海保护区建设也因此不可避免地会产生重叠。但是，二者在规范层面并不存在冲突。无论是防止船舶污染海洋，还是避免船舶航行破坏特定海洋生态系统，客观上都有利于公海生物多样性的养护和管理。在规则层面，IMO 对船舶航行活动的管控措施和标准的制定，与公海保护区拟予实施的管理措施也不会发生根本性冲突。因此，总

---

① Markus J. Kachel, *Particularly Sensitive Sea Areas—The IMO's Role in Protecting Vulnerable Marine Areas*, The Springer Pressed, 2008, p. 156.

② Robin Warner, "Marine Protected Areas Beyond National Jurisdiction-existing Legal Principles and Future Legal Frameworks", in Hjalmar Thiel and J. A. Koslow eds., *Managing Risks to Biodiversity and the Environment on the High Sea, Including Tools Such as Marine Protected Areas, Scientific Requirements and Legal Aspects*, Hamburg: Bundesamt für Naturschutz (BfN) published, 2001, pp. 150-151.

③ Markus J. Kachel, *Particularly Sensitive Sea Areas—The IMO's Role in Protecting Vulnerable Marine Areas*, The Springer Pressed, 2008, p. 274.

体而言，IMO 航运管理机制与公海保护区机制之间的关系是相互协同的。

然而，即便 IMO 已经开始关注船舶航行对海洋生态环境的影响，甚至已经开始通过特殊海域、PSSA 等海洋空间管理工具进行了相关的管理，但无论如何，它只是一个有关国际航运管理的专门机制，其职权仅仅局限于国际航运管理，对于航运以外的人类涉海活动，诸如公海捕鱼、采矿、海上科研等活动，IMO 无权制定任何修正案或决议来对其加以管制。[①] 也因此，在公海生物多样性养护方面，单靠 IMO 机制对国际航运的管理显然力有未逮。这也是国际社会呼吁建立具有综合性养护意义的公海保护区的原因之一。然而，如果建立公海保护区，那公海保护区与 IMO 之间在国际航运管理方面的职权重叠与职权分配问题又该如何解决？更具体来说，在拟设立公海保护区的海域上，到底应该由哪个国际机制来针对国际航运活动确立行为要求？当公海保护区主体和 IMO 拥有对国际航运的并行管辖权时，二者之间应该如何协调，是否会存在重复立法？

此外，在 IMO 已然拥有了在海上设立特殊海域或 PSSA 权限的情况下，IMO 所设立的划区管理工具和公海保护区之间又该如何展开互动？自 1988 年 IUCN 提出建立海洋保护区网络的倡议以来，通过包括海洋保护区在内的多种划区管理工具的运用，建立一个海洋保护区网络以实现对代表性生态系统的整体养护已成为普遍趋势。在公海之上，并非所有具有生态重要性的海域都需要建立综合性海洋保护区，当特定海域面临的主要威胁来自国际航运时，在该海域设立 PSSA 或特殊海域实际上已经能够满足养护和管理需求。在这种情况下，公海保护区机制与 IMO 机制之间如何展开有效的机制协调同样是未来公海保护区建设过程中需要思考的问题。

三 公海保护区与"区域"机制的潜在重叠

如前文所述，"区域"制度是国际海洋法律制度发展史上的一大创举，长期在法律上没有做出界分的公海水体及其下的海床洋底通过《海洋法公约》首次被人为地从法律上分割为两个部分，上覆公海水体依然适用

[①] WWF, *Particularly Sensitive Sea Areas (PSSAs) and Marine Environmentally High Risk Areas (MEHRAs)*, September, 2003, https://www.wwf.org.uk/sites/default/files/2003-01/jmpbriefing_0903.pdf.

公海自由原则，而水体之下的海床洋底则属于"区域"，依据公约属于全人类共同继承财产，二者自此开始适用不同的国际法律制度。

(一) "区域"机制概述

在《海洋法公约》诞生以前，公海水体及其下覆的海床洋底的法律地位一直处于未定状态。部分国家和学者认为，在国际法做出明确规定之前，公海水体之下的海床洋底的法律地位未定。这种"未定论"观点认为，在国际海洋法发展历史上，由于人类技术和认识的局限，在很长一段历史发展过程中，深海海床洋底并非人类关注的对象。古典海洋法的关注对象仅在于海洋水体以及人类可得触及的有限的海岸，而对于深海海床洋底，人类的法律尚未触及。主要佐证之一便是 1958 年《公海公约》第 1条，按照该条规定，"公海是不属于领海或一国内水之海洋所有各部分"。从该条规定可以看出，所谓的公海仅仅是指"水域"，而并不包括水体之下的海床洋底。也因此，公海法律制度的调整范围并不自动适用于海床洋底及其资源。

当然，另有一派观点仍主张将公海自由原则适用于深海海床洋底。作为支持这种主张的论据，部分国家和学者从国际法系国家间私法这一视角出发，认为既然国际法对此没有做出任何限制或禁止性规定，那么作为主权者的国家当然在这一领域享有行动的自由。况且，公海自由原则本身是一个具有发展性质的规范，当技术的进步使得人类可得深入深海底区域，则公海自由当然可以延伸适用于这一领域。[①] 除了这两种观点以外，还有所谓的保护既得权益的观点，主张将公海本身与公海的资源区别对待。然而，由于这种观点实属为深海底资源开发先驱国家维护其事实上的特权张目，也因此难以得到广大发展中国家的支持。

1967 年，在第 21 届联合国大会上，帕多首次提出了将"区域"及其资源视为人类共同继承财产，但当时这一提议并未获得国际社会的一致同意，西方发达国家和当时以苏联为中心的东欧国家对此表示反对。在"77国集团"为首的发展中国家的努力下，苏联和东欧各国态度最终转变，转而支持这一原则。1975 年第三次海洋法会议中，建立在人类共同继承财产原则基础上的"区域"制度最终得以在《海洋法公约》当中确立。

---

① 金永明：《国际海底区域的法律地位与资源开发制度研究》，博士学位论文，华东政法学院，2005 年，第 27 页。

"区域"法律制度主要规定在《海洋法公约》第 11 部分及其实施协定当中。按照现行规定,"区域"属于人类共同继承财产的意涵主要包括以下几个方面:第一,任何国家不得对"区域"任何部分或其资源主张或行使主权或主权权利,任何国家或自然人或法人也不应将"区域"或其资源的任何部分据为己有。第二,"区域"只用于和平目的,且"区域"内活动应为全人类利益而进行。第三,"区域"及其资源应由全人类共同开发、共同管理。

"区域"及其资源的特殊法律地位,也因此决定了其开发和管理不可能交由任何单个国家或国家集团来进行。1991 年 11 月 16 日作为公约附件三的《关于实施公约第 11 部分的协定》生效之后,ISA 成立,由其代表全人类共同管理"区域"相关事务。作为一个政府间国际组织、"区域"的代管人,该组织的成立体现了人类共同继承财产原则中关于"共同开发、共同管理"的功能要求。

一个不太引人注目的事实是,在目前众多全球性国际组织当中,ISA 是为数不多的具有某种超国家属性的国际组织。与其他国际组织主要为国家间合作提供常设性合作平台不同,ISA 具有更大程度的自主性和独立性。作为一个自治性组织,ISA 由三个关键性机构组成,分别是由全体成员组成的管理局大会、由 36 个成员方组成的管理局理事会,以及负责日常行政事务的秘书处。其中,管理局大会主要根据《海洋法公约》第 11 部分的规定制定有关"区域"的总体方针政策,制定规范"区域"探矿、勘探、采矿等活动的规章、规定和程序。到目前为止,ISA 已经分别在 2000 年、2010 年和 2012 年批准了三个"区域"探矿与勘探规章,分别是《"区域"内多金属结核探矿与勘探规章》《"区域"内多金属硫化物探矿与勘探规章》以及《"区域"内富钴铁锰结核探矿与勘探规章》。目前,随着部分国家深海矿物开发技术能力的逐步提升,有关"区域"内矿物资源开发规章的订立已经提上日程。2016 年,管理局大会制定了第一个"区域"开发规章草案。除此以外,大会还负责审议和批准有关"区域"经济利益和其他收益分配规则、规章和程序的制定。理事会是 ISA 的执行机构,主要负责"区域"内矿产资源开发利用具体的政策制定,监督"区域"内各项政策的实施,并协调工作中遇见的各类问题。发生紧急环境事故时,理事会有权签发紧急禁令,中止"区域"活动或要求调整行为方式。未来"区域"一旦进入商业开发,理事会还将承担其他职责，包括指导企业部工作、采取行动避免"区域"矿物资源开发对陆上采矿业的不利影响、监督 ISA 规章和合同的执行。理事会共 36 个席位，由 ISA 成员国按照国家"区域"影响力、经济实力、地区代表性、陆地矿物资源产量等诸多因素选举产生。秘书处主要负责日常行政事务。除此以外，ISA 内部还有众多技术性机构，如法律与技术委员会、经济财政委员会等。

"区域"开发制度是《海洋法公约》中"区域"制度产生的直接原因，也是"区域"制度的基本内容。ISA 按照"平行开发制"对缔约国，以及缔约国国内企业或实体或缔约国担保的企业或实体在"区域"内的资源勘探开发活动进行管理。[①] 具言之，"区域"开发主体将按照 ISA 制定的探矿、勘探或开发规章，申请在"区域"进行相关的资源勘探、开发活动。

（二）"区域"机制主要功能

"区域"法律机制的首要目标是促进和实现"区域"矿物资源的公平开发利用。"区域"法律机制的建立，其出发点和基本目标之一便是鼓励和促进"区域"矿物资源的公平开发利用。由此也形成了"区域"机制的两大职能，"区域"资源开发利用与分享，以及作为附属职能的"区域"活动有关的海底生态环境保护。

从 20 世纪 60 年代人类发现深海底丰富矿物资源开始，直至《海洋法公约》正式确立"区域"制度之前，国际社会围绕深海底海床洋底的法律属性的所有论争和国际协商，本质上都是围绕着其中矿物资源开发利用展开，[②]《海洋法公约》第 11 部分及其附件 3 中的多数条款都是围绕"区域"矿物资源的开发利用进行规定。

在人类共同继承财产原则基础上，任何"区域"资源开发主体，包括国家、国家担保的企业和实体都需要在 ISA 主导下开展"区域"矿物资源的探矿、勘探和开发工作。具言之，任何"区域"矿物资源开发活动都需要经 ISA 批准。潜在主体首先需要向 ISA 提出探矿、勘探或开发申

---

① Natalie Bown, etc., *Contested Forms of Governance in Marine Protected Areas: A Study of Co-management and Adaptive Co-management*, New York: Routledge pressed, 2013, p.169.

② Rahman, M. etc., "Africa and the Deep Seabed Regime: Politics and International Law of the Common Heritage of Mankind by Edwin Egede", *De Jure*, Vol.46, No.2, 2013, p.638.

请，并按照规章要求提交正式书面承诺，经 ISA 审查后批准进入"区域"开展相关的探矿、勘探或开发活动。活动过程将受到 ISA 的持续监管，确保活动在符合《海洋法公约》及其议定书、ISA 制定的相应规章和合同承诺条件下进行。

"区域"机制的第二项职能是与"区域"活动有关的生态养护与环境保护。《海洋法公约》第 145 条责成 ISA 按照公约规定，对"区域"内活动采取必要措施，以确保切实保护海洋环境，不受这种活动可能产生的有害影响。[①] 为此目的，ISA 应制定适当的规则、规章和程序，以便防止、减少和控制对包括海岸在内的海洋环境的污染和其他危害，并防止干扰海洋环境的生态平衡，特别注意使其不受诸如钻探、挖泥、挖凿、废物处置，以及建造和操作或维修与这种活动有关的设施、管道和其他装置所产生的有害影响；同时保护和养护"区域"的自然资源，防止对海洋动植物的损害。从该条规定可以看出，对于"区域"内活动，ISA 享有通过立法进行规制的权力。《1994 年执行协定》第一节第 5 款（g）项也规定，ISA 有责任保护和保全海洋环境，有权制定相应环保标准。在目前 ISA 已经制定颁布的"探矿与勘探三规章"中，就针对"区域"海洋环境保护进行了更为细致和具体的规定。如《多金属结核规章》第 31 条第 1 款就规定，ISA 对"区域"内探矿与勘探活动保持定期环境评估，以确保活动不会对海洋环境造成有害影响。

（三）"区域"机制的存在对公海保护区建设的影响

虽然"区域"与公海在法律上分属不同海洋空间，但两个海洋空间在地缘上的高度结合决定了公海保护区与"区域"法律机制之间势必存在机制重叠。从目前有关公海保护区国际立法协商情况来看，其有关海洋保护区的讨论实际上是放在 ABNJ 这一更大范围内展开讨论的，换言之，未来的国际立法中，公海保护区的范围将包括公海和"区域"。前述区域公海保护区实践中，部分公海保护区的范围也已经涵盖了这两个部分。事实上，即便未来的公海保护区的范围仅仅涵盖公海水体部分，鉴于公海与"区域"之间的高度地缘联系，公海保护区建设与"区域"机制重叠仍不

---

① Tanaka, Y., "Reflections on the Conservation and Sustainable Use of Genetic Resources in the Deep Seabed beyond the Limits of National Jurisdiction", *Ocean Development and International Law*, Vol. 39, No. 2, 2008, pp. 129-149.

可避免。

1. "区域"矿产资源开发对公海保护区建设的影响

即便"区域"本身并未被直接纳入特定公海保护区涵盖的地理范畴，基于综合养护和管理的需要，一些与"区域"有关的活动仍可能受到公海保护区建设和管理的影响。毕竟"区域"活动依然主要在公海水体进行。"区域"矿物资源开发活动，包括探矿、勘探、开采等诸多行为同样需要船舶；矿物开采、加工、存储、倾废、排污等多个环节也都是发生在公海之上。① 一旦公海保护区与既定的"区域"矿区的范围发生重叠，上述活动将同时受到"区域"机制和公海保护区的重叠管辖。

如前所述，ISA 被赋予了两项基本职权，其中主要或基本的职权是对"区域"资源开发利用的管理。然而，这项职权的行使也必然对公海保护区建设造成影响。如《海洋法公约》附件3第2条所示，ISA 的职能之一便是"鼓励'区域'内探矿"，但公海保护区的主要目标则是生物多样性养护。客观而言，二者之间天然地存在冲突。"区域"探矿、采矿等活动，本质上都是一种环境净亏损行为。因为无论采矿活动如何"环保"，它都不可避免地会对海洋生态环境造成扰动，在破坏海洋底栖生物原生态环境的同时，挖掘、加工、运输过程也将不可避免地对海洋环境输出物质。在这种情况下，追求"区域"开发便不可避免地会对海洋环境和生态造成损害。因此，假如根据海洋调查和科研发现某一公海区域需要建立最为严格的公海保护区，出于养护该海域脆弱海洋生态系统的考虑，需要禁止在该海域内进行任何形式的倾废、排污活动，甚至禁止航行。此时，是否意味着该"区域"内将不得进行任何采矿相关活动？或者相反，"区域"主要利益相关国家是否会利用本国权力与影响力拒绝推动公海保护区建设，而执意在 ISA 框架下推动该区域采矿活动的进行？

当"区域"矿区尚未被 ISA 所认可情况下，或许 ISA 还可以基于海洋环境的考虑调整矿区，或调整采矿合同内容纳入更多与公海保护区管理要求相符的合同义务。但如果潜在公海保护区需要建立在一个已经被 ISA 批准的合同矿区之上时，问题将变得更为复杂。一个显而易见的问题是，若基于海洋生物多样性考虑需要在某个已经批准的合同矿区之上建立公海保

---

① Craig R. Smith, etc., "Deep-sea Misconceptions Cause Underestimation of Seabed-mining Impacts", *Trends in Ecology & Evolution*, Vol. 35, No. 10, 2020, pp. 853-857.

护区，此时"区域"矿区开发主体既得合同权利应该如何维护？从 ISA 官网统计数据来看，目前已经与"区域"开发主体签署了 30 份各类多数金属结核、多金属硫化物和富钴铁锰勘探合同。这些合同矿区主要分布在太平洋克拉里昂—克利伯顿断裂带（16 个矿区）、中印度洋海盆（1 个矿区）、西太平洋（6 个）、西南印度洋海脊和中大西洋海脊（7 个矿区）。海洋科学调查显示，这些深海区域同时也是海洋底栖生物丰富的区域。[1] 尽管从《海洋法公约》第 162、165 条的规定来看，如有充分证据证明海洋环境有受严重损害之虞，ISA 理事会有权拒绝批准由承包者或企业开发某些区域，然而，在理事会主要成员同时也是"区域"既得利益方的情况下，理事会是否会做出禁止开发的决定值得怀疑。更何况，从上述规定中诸如"充分证据""严重损害"措辞来看，ISA 理事会要做出禁止开发的决定也绝非易事。换言之，在现有合同矿区之上，公海保护区将很难建立。

2. "区域"环境保护对公海保护区建设的影响

ISA 的第二项基本职能便是防止"区域"活动对海洋环境的污染和对海洋生态的破坏。从这一项职能来看，其与公海保护区机制的协同性较强。保护海洋环境，防止海洋活动破坏海洋生态环境是二者的共同目标。防止"区域"内活动对海洋环境的不利影响同样有助于公海生物多样性养护，但由于"区域"活动同时也属于综合性公海保护区需要管制的对象，也因此使得二者之间出现了部分职权的竞合。即对于"区域"内活动，将出现两个国际机制并行管辖的问题，面对这种情况，需要思考的问题是：在确保"区域"活动不对海洋环境造成不利影响与推动"区域"开发之间，对于 ISA 而言是否存在价值排序问题；落实"区域"海洋环境保护这一目标的具体行为规则与公海保护区具体管理措施之间的分歧是否会影响，以及在何种程度上影响机制效力的问题。对于上述问题，可以从以下几个方面具体分析。

首先，"区域"海洋环境保护在目标价值排序上低于"区域"开发。如前所述，某种程度上，"区域"矿物资源开发本身就是一个环境净亏损

---

[1] S. Pavithran, B. Ingole, M. Nanajkar & B. N. Nath, "Macrofaunal Diversity in the Central Indian Ocean Basin", *Biodiversity*, Vol. 8, No. 3, 2007, pp. 11-16；同时参见张顺等《太平洋克拉里昂—克利伯顿断裂带嘴刺目线虫多样性》，《生态学报》2017 年第 5 期。

行为。考虑到深海底生态系统本身的高度敏感和脆弱性,这一问题会更加严重。换言之,在深海底采矿环境技术得到质的飞跃之前,除非大规模限制"区域"矿产资源开发,否则,海洋生态环境将不可避免会受到"区域"采矿活动的不利影响。[①] 然而,从目前"区域"制度中相关规定来看,在这两个机制目标的价值排序上,显然前者更占优。对于 ISA 而言,防止"区域"活动对海洋环境的污染和生态破坏在"区域"机制的规范体系当中显然属于次级规范。这一点,从《海洋法公约》第 145 条措辞中可明显看出,ISA 的环境职能是"对'区域'内活动采取必要措施",而不是"对'区域'采取必要措施",以保护海洋环境。换言之,作为"区域"代管人,ISA 的首要职能是推动"区域"开发,而其环境职能只是确保开发过程中不对海洋环境造成严重损害。

其次,在海洋环境保护具体规定上,"区域"海洋环境保护的要求目前仍难以与公海保护区的养护和管理要求完全契合。从《海洋法公约》第 11 部分,《1994 年执行协定》以及三个探矿和勘探规章中可以看出,预防做法和最佳环境做法是"区域"环境保护管理措施制定的基本原则。在具体的环境管理规则制定方面,ISA 主要委托其下属机构——法律与技术委员会负责。该委员会负责制订并执行环保相关程序,根据现有最佳科学和技术信息,确定"区域"内拟议的勘探活动是否会对脆弱的海洋生态系统,尤其是海山和冷水珊瑚等海洋生态系统造成严重不利影响;确保对这些活动加以管理以防止出现此类影响,必要时可以拒绝核准此类活动。同时,也要求每一承包者采用预防做法和最佳环境做法,尽量在合理可能范围内采取必要措施防止、减少和控制其"区域"内活动对海洋环境造成的污染和其他危害。

为进一步落实预防方法和最佳环境做法原则,"区域"环境管理当中引入了影响参照区和保全参照区制度,以及环境基线制度。按照"探矿勘探规章"的要求,承包者、担保国和其他有关国家或实体应同 ISA 合作,制订并实施方案,监测和评价深海底采矿对海洋环境的影响。[②] 在理事会

[①] Kathryn A. Miller, etc., "An Overview of Seabed Mining Including the Current State of Development, Environmental Impacts, and Knowledge Gaps", *Front Marine Science*, 10 January 2018.

[②] Rahul Sharma, *Environmental Issues of Deep-sea Mining: Impacts, Consequences and Policy Perspectives*, Gewerbestrasse: Springer pressed, 2019, pp. 459-501.

提出要求时，应划出影响参照区和保全参照区。前者用来反映"区域"环境特性，用作评估"区域"内活动对海洋环境的影响的区域；后者是指不应进行采矿以确保海底的生物群具有代表性和保持稳定，以便评估海洋环境生物多样性的任何变化的区域。

环境基线同样也是基于预防做法的一项具体要求。按照规章的要求，每一合同应要求承包者参照法律和技术委员会根据第41条所提建议，收集环境基线数据并确定环境基线，供对比评估其勘探工作计划所列的活动方案可能对海洋环境造成的影响，以及要求承包者制订监测和报告这些影响的方案。

再次，当"区域"内活动引起或造成的事故，已经、正在或可能对海洋环境造成严重损害时，ISA秘书长在接到通知后有权对紧急环境事故做出应急反应。在理事会做出决定前，秘书长应采取一切合乎情况需要的实际且合理的临时措施，以防止、控制和减轻对海洋环境的严重损害或可能的严重损害。

但总体而言，从现有的"区域"海洋环境保护管理规定来看，囿于技术等方面的局限，当前"区域"的活动总体并不频繁，有关"区域"矿物资源的大规模商业开发也还没有全面展开。同时，鉴于现有活动对"区域"环境的影响极为有限，因此上述"区域"活动环境保护的具体管理措施实际上并未具体落实。诸如环境影响评估的内容、环境基线等要求基本仍停留在比较粗浅的规定层面。而且在当前的实际操作过程中，多数勘探者也并没有在勘探工作实施前提交环境影响评估报告，而只是在申请开发许可时才提交环境影响评估报告。[①] 也因此，当公海保护区环境要求与"区域"环保要求相比更为严格时，公海保护区建设与"区域"活动之间仍可能存在一些行为规则上的不协调。

最后，值得一提的是，随着国际社会对"区域"生态、生物多样性养护问题的关注，ISA也开始尝试运用空间管理工具来保护那些"区域"内在生态生物多样性及生态系统结构和功能具有代表性的地区。ISA前秘书长南丹也发出倡议认为，有必要在全球范围内甄别具有极其重要性和敏感性的矿址，并对其加以特别管理。由此也意味着海洋保护

---

① 吕瑞：《深海海底区域资源开发法律问题研究》，博士学位论文，西南政法大学，2018年，第64页。

区等空间管理工具也将逐步运用于"区域"生态环境保护。2012年7月,在克拉里昂—克利伯顿区,ISA开始实施首个区域空间环境管理计划。克拉里昂—克利伯顿区位于东中太平洋,总面积约18080万平方千米,是目前世界上已知的多金属结核蕴藏量最丰富的海域;但与此同时也被发现是生物多样性水平、物种分布最为丰富的深海底区域之一,大量生物附着于结核矿藏之上。为减少矿物开发对区域内生物多样性的损害,ISA法律与技术委员会于2011年向ISA理事会提交了克拉里昂—克利伯顿区环境管理计划,后者在2012年7月正式核准了该计划。按照计划,区域内将在相关环境数据、种群分布、种群扩散能力、生态替代变量等详细数据基础上,建立九个"特别环境利益区"。在这些"特别环境利益区"内,ISA将暂时禁止一切采矿活动。在五年内,或在法律与技术委员会或理事会做出进一步审查前,"特别环境利益区"内将不予批准任何勘探或开发的工作计划。

在"特别环境利益区"以外,计划还将设立一些"环境特别受关注区",按照种群分布情况,"环境特别受关注区"内部又分为核心区和缓冲区两个部分,核心区内禁止进行任何采矿活动,以保障物种能够维持最小可存活种群数,且不受毗邻区域的采矿活动所形成的羽流的影响。

"区域"已经获批的合同区虽然允许采矿,但承包者仍需根据国际标准化组织制订的环境管理体系标准,参照《海洋采矿环境管理准则》,制订合同区的环境管理计划,同时在合同区内划定"影响参照区"和"保全参照区",以对比评估采矿区内活动对海洋环境的影响。[①]

"特别环境利益区""环境特别受关注区""影响参照区""保全参照区"等海洋空间管理工具的运用也使得"区域"机制在职能上进一步与公海保护区发生重叠。虽然并不是每一个公海区域都需要建立严格的综合性的公海保护区,IUCN等也特别建议,一个由不同功能定位的海洋划区管理工具组成的海洋保护区网络,将更有利于实现海洋生物多样性养护,也更有利于平衡养护与开发,但理想中的海洋保护区网络能否顺利建构仍有待于"区域"机制与公海保护区全球机制的协调和合作。

---

① 张善宝:《国际海底区域生物资源的法律规制》,博士学位论文,武汉大学,2014年。

四 公海保护区与区域渔业管理机制的潜在重叠

(一) 区域渔业管理机制发展概述

如前所述,海洋捕鱼是人类历史上最为古老的活动,也是人类最早开展合作的海洋领域。为实现可持续的海洋渔业捕捞,人类很早就开始了海洋渔业合作。以1868—1873年美、俄、英关于白令海海豹捕猎争端为肇始,人类社会首次就公海生物资源的养护与开发之间的平衡展开了讨论。尽管仲裁庭并未直接肯定美国对公海海豹单边养护措施的合法性,但依然被视为关于国际法如何看待海洋生物资源养护问题的重要起点。1882年,英、德、法、荷、比、丹麦六国在海牙签署了《北海渔业公约》,开始对区域内渔业资源进行计划性捕捞。1911年,美、英、俄、日四国又在"白令海海豹仲裁案"裁决基础上签署了《北太平洋皮毛海豹公约》。

20世纪中期以来,人类航海和捕鱼技术的高速进步促使人们进一步开发海洋渔业资源,伴随捕鱼量的不断增加,对海洋渔业资源予以养护的呼声也不断高涨。1958年,日内瓦第一次海洋法会议上通过的《公海养护公约》第一次就公海渔业资源养护进行了较为系统的规定,公约第6条更是首次肯定了海洋渔业资源养护过程中区域利益的存在。

值得指出的是,在《海洋法公约》生效之前,RFMO/As早已大量存在。如亚太渔业委员会、泛美赤道金枪鱼委员会、国际太平洋大比目鱼委员会、地中海渔业总委员会、大西洋金枪鱼养护国际委员会、东北大西洋渔业国际委员会等RFMO/As。这些RFMO/As也就是典型的"前《海洋法公约》组织"。早期的RFMRs主要以特定渔业资源,主要是经济性渔业资源的有序捕捞作为工作重点,换言之,养护特定鱼类种群并实现渔业资源公平分配是其主要目标,海洋生物多样性养护方面并未给予过多关注。以《养护大西洋金枪鱼国际公约》为例,其主要目标是维持大西洋金枪鱼的种群数量,以维持最大可持续产量。[①]

《海洋法公约》生效后,区域主义成为海洋渔业资源养护和管理的主要方向。在《公海养护公约》基础上,《海洋法公约》进一步强化了公海生物资源养护法律制度。在一般性规定了各国养护公海生物资源义务的同时,公约特别为各国履行公海生物资源养护义务和责任指明了方向,即各

---

① International Convention for the Conservation of Atlantic Tuna, Article VIII, 1 (a).

国应通过 RFMO/As 来实现养护和管理合作。[①] 然而,《海洋法公约》虽然赋予了 RFMO/As 在公海渔业资源养护和管理方面的基础性角色和地位,但并未提供具体的行动指南。为进一步落实《海洋法公约》有关海洋渔业资源养护合作,尤其是高度洄游和迁徙鱼类种群的养护和管理的规定,1991 年国际社会签订了《鱼类种群协定》。该协定不仅针对这些鱼类种群的养护引入了新的治理要求,同时也将《海洋法公约》谈判期间已经在讨论的两个原则——预防做法和生态系统方法正式在这一实施协定中加以确立。[②] 该协定针对高度洄游鱼类和迁徙鱼类种群的养护进行了更为细致的规定。其中,有关 RFMO/As 的地位也得到了进一步提升。在上述国际法律文件基础上,RFMO/As 得以迅速发展,逐渐成为公海渔业资源养护和管理的主要国际机制。[③] 据统计,目前全球已经建立了超过 30 个区域渔业管理组织和其他形式的区域渔业合作安排。[④] 诚如 Boyle 所言,在落实《21 世纪议程》第 17 章内容,以及实现 2002 年《约翰内斯堡宣言》及其实施计划中有关可持续和综合生态系统管理目标上,RFMO/As 目前已经并且将继续扮演日益重要的角色。[⑤]

(二) RFMO/As 的主要职能

养护和管理目标鱼类种群,维持可持续捕捞显然仍是 RFMO/As 的首要和基本目标。《鱼类种群协定》第 2 条就明确指出,协定的目标在于通过有效执行《海洋法公约》有关规定以确保跨界鱼类种群和高度洄游鱼类种群的长期养护和可持续利用。在这一目标下,协定也再次重申了《海洋法公约》中关于公海生物资源养护与管理的基本要求,根据最佳可得科学证据,使种群维持在或恢复到能够产生最高持续产量的水平。据此,各

[①] 《海洋法公约》第 117、118 条。

[②] David Freestone, "International Governance, Responsibility and Management of Areas beyond National Jurisdiction", *The International Journal of Marine and Coastal Law*, Vol. 27, 2012, pp. 191-204.

[③] 魏德才:《公海渔业资源养护机制变革的国际法考察》,博士学位论文,吉林大学,2017 年,第 38 页。

[④] Daniela Diz Pereira Pinto, *Fisheries Management in Areas beyond National Jurisdiction—The Impact of Ecosystem Based Law-making*, New York: Martinus Nijhoff Publishers, 2013, p. 118.

[⑤] A. Boyle, "Further Development of the Law of the Sea Convention: Mechanisms for Change", *International & Comparative Law Quarterly*, Vol. 54, No. 3, 2005, pp. 563-584.

RFMO/As 根据其管辖海域的捕捞情况，就渔具和捕鱼技术、可捕量等制订具体要求；同时采取措施监测、管制和监督区域内的渔业活动。

在《鱼类种群协定》生效后，随着预防做法和以生态系统为基础的渔业资源养护原则的确立，部分 RFMO/As 在关注目标种群的养护与管理的同时，也开始从更大范围内关注海洋生态系统的整体养护。按照《鱼类种群协定》的要求，RFMO/As 在制定养护和管理措施时，在关注目标鱼类种群的同时，还应评估捕鱼、其他人类活动及环境因素对目标种群和属于同一生态系统的物种或与目标种群相关或从属目标种群的物种的影响。必要时对属于同一生态系统的物种或与目标种群相关或从属目标种群的物种制订养护和管理措施的要求。也因此，随着以生态系统为基础的渔业资源养护理念的确立，今天的 RFMO/As 已经成为公海生物多样性养护议题中的重要参与主体。以南太平洋区域渔业管理组织为例，"保障目标物种所在海洋生态系统"成为该组织的主要目标。同样，在北太平洋渔业管理组织中，其职能描述当中也纳入了"保护南太平洋区域内目标种群所在的海洋生态系统"。

近年来，为进一步强化对特殊海洋生态环境的养护，一些 RFMO/As 也开始运用海洋空间管理工具来实现这一目标。2006 年，联合国大会又进一步做出了第 61/105 号决议，呼吁国家和 RFMO/As 采取行动保护脆弱海洋生态系统免于底拖网捕鱼的破坏。[①] 决议特别要求对底拖网捕鱼进行影响评估，提升科学研究，适用灵活改进式规则，并且在必要时设立禁渔区来实现对脆弱海洋生态系统的养护。2009 年，在评估 2006 年决议实施情况基础上，联合国大会通过了第 64/72 号决议。决议要求在批准或授权底拖网捕鱼之前应切实落实前述第 61/105 号决议的要求。这些决议内容实际上都是在进一步落实《鱼类种群协定》第 5 条、第 6 条有关生态系统和生物多样性养护要求规定。部分 RFMO/As 基于上述文件的要求已经开始广泛的空间管理实践。以东北大西洋渔业委员会（NEAFC）为例，2009 年以来，已经在很多重要渔区设立了禁渔区。同时，基于预防做法，

---

① UN, Sustainable Fisheries, Including through the 1995 Agreement for the Implementation of the Provisions of the United Nations Convention on the Law of the Sea of 10 December 1982 Relating to the Conservation and Management of Straddling Fish Stocks and Highly Migratory Fish Stocks, and Related Instruments, A/RES/61/105, 2006.

在一些潜在的脆弱海洋生态系统所在区域，也建立了代表性禁渔区。① 类似的，在西北大西洋渔业委员会（NWFC）的主导下，目前西北大西洋海域已经建立了20个大型禁止底拖网捕鱼区，这些禁渔区的禁渔期将在后续评估后决定是否开放或部分开放。② 当前，西北大西洋渔业管理委员会还在研议是否进一步扩大此类禁渔区数量和范围。东南大西洋渔业组织（SEAFO）更是永久性地关闭了11个被认定为脆弱海洋生态系统的海山海域，和其他一些具有代表性的、它认为可能属于脆弱海洋生态系统所在的海域。③ 为保护一些珊瑚系统、冷泉和海山，地中海渔业总委员会（GFCM）也建立了制度化的禁渔区。④

然而，部分RFMO/As在具体落实前述要求方面并不尽如人意。调查显示，多数RFMO/As设立的禁渔区并未完全遵循其科研机构的建议，在没有确切证据之前都不愿意就此设立禁渔区，即便是设立了有限的禁渔区，这些区域实际上也大多设立在本来就无鱼可捕的海域内。⑤ 当然，不可否认的是，近年来RFMO/As在海洋生态环境保护方面已经加大了力度，尤其是在过去10年中，对于ABNJ底拖网捕鱼的管理与此前相比已经有所加强。例如，在底拖网捕鱼的环境影响的科学数据和信息收集整理方面也已经有了明显进步，历史捕鱼的足迹也已经基本识别并标示，为进一步的环境影响评估奠定了基础。一些重要而脆弱的海洋生态系统也得以识别，部分已经开始了制度化管理或保护。FAO颁布的《深海渔业指南》中的很多条款也被纳入RFMO/As管理措施当中，包括脆弱海洋生态系统

---

① NEAFC, *Recommendation for the Protection of VMEs in NEAFC Regulatory Areas as Amended by Recommendation*, September, 2015, https://www.neafc.org/managing_fisheries/measures/current.

② NAFO, *North-West Atlantic Fisheries Organisation Conservation and Enforcement*, Measures 24-31, 2015.

③ SEAFO, *Conservation Measures 18/10 on the Management of Vulnerable Deep-water Habitats and Ecosystems in the SEAFO Convention Area*, 2010.

④ GFCM, *On Area Based Management of Fisheries, Including Through the Establishment of Fisheries Restricted Areas (FRAs) in the GFCM Convention Area and Coordination with the UNEP-MAP Initiatives on the Establishment of SPAMIs*, GFCMRES-GFCM/37/2013/1, 2013.

⑤ Wright, G. etc., "Advancing Marine Biodiversity Protection through Regional Fisheries Management: A Review of Bottom Fisheries Closures in Areas beyond National Jurisdiction", *Marine Policy*, Vol. 61, 2015, pp. 134-148.

的识别、环境影响评估、不利影响确定标准等。①

（三） RFMO/As 机制的存在对公海保护区建设的影响

区域渔业管理机制的存在同样是当前碎片化公海治理的表现之一。其对于公海保护区建设的影响，也同样可以从规范和规则两个方面来加以考察。从规范层面来看，区域渔业管理机制的基本目标是养护和管理特定鱼类种群，尤其是经济性鱼类种群，以确保其满足人类对海洋鱼类蛋白质的持续需求。维持特定鱼类种群的最大可持续产量与公海保护区养护海洋生物多样性的目标之间存在一定的冲突。如前所述，传统的 RFMO/As 的出现，很大程度上是为了公平地分配区域内渔业资源。也因此，针对性地养护和管理特定鱼类种群始终是这些机制的主要任务和目的，至于渔业利益以外的其他利益，如生物多样性的保存、历史、文化价值等则是次要的考量。这也是为何很多情况下，在部分 RFMO/As 内，部分成员国会基于捕鱼经济利益而拖延在脆弱海洋生态系统所在海域建立禁渔区。由此，在RFMO/As 和公海保护区之间就可能存在规范层面的冲突，前者为追求渔业经济利益主张开放特定海域捕鱼作业；而后者可能基于生物多样性养护的考虑而主张在该海域建立全面禁止或限制人类涉海活动的公海保护区。二者之间的矛盾与冲突也因此产生。前述罗斯海保护区设立的艰难历程可以证明。尽管关于设立罗斯海保护区的提案早在 2011 年就已经提出，但由于俄罗斯等国家基于本国南极磷虾捕捞利益的考虑而迟迟无法得以通过，直到 2016 年方才建立了一个限缩版的公海保护区，其中重要的磷虾捕捞海域被有意地裁剪、剔除在保护区之外。

当然，如前所述，随着海洋生态学的发展，在海洋捕鱼国日益意识到保持海洋生态系统和生态服务的完整性之于特定海洋经济鱼类养护的重要性之后，以生态系统为基础的公海渔业资源养护与管理办法逐渐为 RFMO/As 所采用。从某种程度上来说，就这些已经向生态系统方法转向的 RFMO/As 而言，它们与公海保护区之间在养护和管理规则层面将形成事实上的协同。当然，囿于职权的限制，无论其有多关注海洋生态系统的养护，RFMO/As 也只能针对公海渔业活动实施管理，对于同一区域内的

---

① Wright, G. etc., "High Seas Fisheries: What Role for a New International Instrument?", (2016), https://www.iddri.org/sites/default/files/import/publications/st0316_gw-et-al._fisheries-bbnj.pdf.

采矿、航行、科研等其他海洋活动,它们并无管辖权。也因此,它们所制定的以渔业养护为中心的生态系统养护措施可能因为无法兼顾其他涉海活动而有所局限,与此同时,在渔业资源管理领域又会与公海保护区形成职权竞争。

五 区域海洋环境保护机制与公海保护区建设的潜在重叠及其影响

(一) 区域海洋环境保护机制概述

在当今的公海之上,除了前述主要国际法律机制以外,另一个引人注目的国际机制便是区域层面上建立的各类综合性海洋环境保护机制。梳理国际海洋环境保护法的发展历史可以清楚地发现,全球海洋治理长期以来就存在区域化和部门化的传统。[①]

在海洋环境保护与资源养护问题上,国际海洋法区域化的传统由来已久。近代国际海洋法当中的领海制度,以及现代海洋法当中进一步出现的专属经济区、大陆架等制度的出现,本质上也就是肯定了海洋利益的区域化。即便是在公海生物资源养护问题上,国际海洋法也依然充分肯定了这种区域做法。以1958年《公海养护公约》为例,公约第6条明确肯定,沿海国对于邻接其领海之公海任何区域内生物资源生产力之保持,有特别的利害关系。并且,基于此种特别利害关系,公约赋予了沿海国如下特权:其一,毗邻公海区域生物资源养护与管理合作的参与权;其二,对毗邻公海生物资源养护的优先立法权。《公海养护公约》对沿海国之于毗邻公海生物资源养护的特殊利益和特殊法律地位的规定为1982年《海洋法公约》所借鉴和吸收,进而形成了今天的专属经济区制度。按照《海洋法公约》有关专属经济区制度的规定,沿海国对于领海基线以外200海里海域的生物和非生物资源享有主权权利和专属管辖权。至于在200海里以外的公海内,《海洋法公约》依旧对沿海国的特殊地位和利益予以了特殊关注。在《海洋法公约》第118条、119条和第197条中,依然要求,对于特定公海区域内的生物资源养护与持续利用问题,各国应在区域、分区域基础上展开合作。其中第197条还特别强调,在制定海洋环境保护和保

---

① Douglas M. Johnston, *Regionalization of the Law of the Sea*, New York: Balllinger Publishing Company published, 1977, p. 93.

全相关国际规则、标准和程序时,各国应在全球或区域基础上,直接合作或通过主管国际组织进行合作。同时,合作过程中应特别注意考虑区域的特点。因此,按照该条之规定,在海洋生态环境保护和保全方面,缔约国存在两条路径:在全球基础上直接或通过主管国际组织合作或在区域基础上直接或通过主管国际组织合作。但无论采用何种方式,都应该特别照顾到区域特点。至于究竟应选择何种路径,则应从具体的合作目标出发来加以选择。如果区域合作能更有效地实现这一目标,则采用区域办法;但如果问题需要从全球层面统筹规划,则应采全球办法。1995年生效的《鱼类种群协定》实际上就是在落实这种区域合作的要求。

客观而言,海洋治理的区域化是广阔海洋上各国海洋利益多元和地区性、海洋管理区域便利性的必然结果。虽然海洋的开放性要求海洋问题及其治理的共同性和全球性;但是,海洋利益又往往具有显著的地区性特点。对于毗邻本国领土的海岸和海洋区域,沿海国总有优先于其他国家的正当化利益诉求和考虑。例如,在海洋国防、海洋生物资源获取、近海海域使用和环境保护、沿海航运等诸多方面,相较于远在大洋彼岸的其他国家,沿海国显然要存在更多正当与合理的利益诉求。与此同时,对于同一海洋区域内的国家而言,地理区位上的毗邻,法律、文化传统、海洋价值追求的趋同也使得它们更容易协调彼此立场,也因此更容易在区域海洋问题上展开合作。[1] 并且,这种区域层面上的合作也能更灵活地呼应区域海洋的生态特点和养护要求。[2] 此外,海洋治理的区域化也是对海洋管理现实需求的回应。面对广袤无垠的海洋,没有任何一支执法力量可以对其实施有效和全面的管理。对于本国远洋渔船,船旗国在事实上很难有效监管它们的远洋活动,相比较而言,毗邻的沿海国则拥有更多管理上的便利,也可以更为灵活地应对突发的环境事件或危机。

在国际海洋法这种区域主义导引下,一些地区的沿海国纷纷开始在各自海洋区域开展起了不同形式、不同程度的区域合作。晚近,面对公海生

---

[1] Julien Rochette etc., "The Regional Approach to the Conservation and Sustainable use of marine Biodiversity in Areas beyond National Jurisdiction", *Marine Policy*, Vol. 49, 2014, pp. 109-117.

[2] T Stephens, "Global and Regional Cooperation—Article 197 Cooperation on a Global or Regional Basis", in A Proelss ed., *The United Nations Convention on the Law of the Sea: A Commentary*, London: Hart Publishing, 2017, p. 79.

物资源不断退化的挑战,部分国家开始逐渐将其养护措施延伸到了公海。其中,海洋保护区等划区管理工具也逐渐运用于公海。在众多区域实践当中,RFMO/As 最早开始对公海海洋生物资源进行管理,而早期的区域海洋环境安排则往往只关注海岸和近海的环境与生物资源养护。但最近一段时间以来,随着人们对公海生物资源退化的关注,越来越多的区域环境合作安排开始关注区域内公海生物资源养护问题。[①]

在海洋环境保护区域化方面,UNEP 在 20 世纪 70 年代开始推行的区域海洋计划功不可没。计划的主要目标在于通过所谓的"共享海洋方法"(shared seas approach)解决海洋和海岸区域环境加速退化问题。所谓"共享海洋方法",是指鼓励毗邻沿海国之间通过综合行动来保护它们共同的海洋环境。截至目前,已经有 143 个国家参与了 18 个区域海洋公约和行动计划,以实现对海洋和海岸环境的可持续管理和利用。在这 18 个区域海洋行动计划当中,部分由 UNEP 直接管理,如地中海行动计划、加勒比区域、东亚区域、西北太平洋等,部分则由独立的区域海洋环境保护组织或机构负责实施,如黑海防止海洋污染的区域机制、OSPAR、红海和亚丁湾区域海洋环境保护组织等。这两种类型以外,还有一种所谓的独立区域海洋计划(Independent Regional Seas Programmes),这些区域海洋机制虽然参与了区域海洋会议,但并非 UNEP 主持下建构,如南、北极海洋环境保护机制,波罗的海、东北太平洋等区域海洋环境保护机制。但无论其是否直接归属 UNEP 管理,通常而言仍被视为广义上的区域海洋行动计划的一部分。这些区域海洋环境保护合作多数建立在具有法律约束力的区域公约或针对特定问题的议定书等国际法律文件基础之上。[②] 也因而成为过去 40 年间有关区域层面海洋环境保护的唯一法律框架,为国家间实现区域海洋可持续发展合作提供了重要的法律基础。

(二) 区域海洋环境保护机制的主要职能

与 RFMO/As 不同,区域海洋环境保护组织和机制安排属于一种综合性的海洋环境保护制度安排,其职责也因此往往界定得更为综合。一般而

---

① Douglas M. Johnston, *Regionalization of the Law of the Sea*, New York: Balllinger Publishing Company published, 1977, p. 93.

② UNEP, "What Does Working with Regional Seas Matter?", 2017, https://www.unenvironment.org/explore-topics/oceans-seas/what-we-do/working-regional-seas/why-does-working-regional-seas-matter.

言，保护特定海洋区域内海洋环境和动植物等生物资源被同时视为区域海洋环境保护机制的职责范围。虽然多数区域海洋环境保护合作组织的管辖范围仍局限于参与合作沿海国的管辖海域，但随着国际社会对公海环境和生物养护治理的关注，如第二章所述，已经有部分区域海洋环境保护机制将其管辖范围扩大到了公海。2016年的联合国环境大会进一步通过决议，鼓励和呼吁区域海洋环境保护机制的缔约方在遵守国际法基础上考虑扩大其区域机制的管辖范围，① 言下之意也就是呼吁将区域机制的影响扩大到公海。

在海洋环境保护方面，多数区域海洋环境组织基本都会将主要海洋污染，如陆源污染、海洋倾废、离岸设施污染、船源污染等纳入调整对象。在这一领域，区域海洋环境保护组织的主要职责一方面是响应《海洋法公约》和其他特别海洋环境保护公约的要求，"通过主管国际组织和外交会议，制定区域性规则、标准和建议"，落实后者有关防止海洋环境污染的义务和责任。另外，针对本地区特殊情况和需要，在现有的国际防止污染标准和要求基础上，部分区域海洋环境保护组织还会制定更为严格的海洋环境保护标准和要求。

海洋生物资源养护同样是主要区域海洋环境保护组织的主要职责所在。CCAMLR 和 OSPAR 等区域海洋公约均明确规定，"养护……区域海洋生物资源是其基本目标"。围绕着区域内海洋生物资源和生物多样性养护问题，区域海洋环境保护组织手中所能运用的工具相对要多于其他部门性组织和机构。在制定有关海洋环境保护规则防止海洋污染的同时，区域海洋环境保护组织还会就区域内海洋生物资源的捕捞进行直接或间接的管理。所谓直接管理主要是在那些尚未建立 RFMO/As 的区域，如南大洋。在这些海域，区域海洋环境保护组织往往同时扮演着 RFMO/As 的角色。在南大洋，CCAMLR 会就海域内就磷虾等海洋生物资源的捕捞设定捕捞限额和标准。当然，在同一区域已经存在 RFMO/As 时，比如在 OSPAR 管辖海域范围同时也存在着东北大西洋渔业管理委员会的情况下，区域海洋环境保护组织则主要通过与该渔业组织分工合作来实现对海洋生物资源的养护和管理。在管理方式上，部分区域海洋环境保护组织已开始运用海洋保

---

① Glen Wright, etc., "The Long and Winding Road: Negotiating a Treaty for the Conservation and Sustainable Use of Marine Biodiversity in Areas Beyond National Jurisdiction", *IDDRI Paris*, 2018.

护区等空间管理工具来强化对海洋生物多样性的养护和管理（详细内容第二章）。

（三）区域海洋环境保护组织的存在对公海保护区建设的影响

客观而言，相对其他部门导向或物种导向的区域或全球机制而言，综合性的区域海洋环境保护机制在规范层面显然与公海保护区高度契合，二者均以实现海洋生物多样性养护与持续利用为己任。[1] 目前部分区域海洋环境保护组织甚至已经开始了公海保护区实践。因此，从这一角度来看，区域海洋环境保护组织的存在对于公海保护区建设在全球层面的展开是契合的。一方面，在区域海洋环境保护组织落实《海洋法公约》和其他海洋环境保护公约，以及《21世纪议程》等国际文件有关海洋生物多样性养护要求过程中，公海生物多样性客观上也将得到极大改善。另一方面，当前部分区域海洋环境保护组织在区域层面的公海保护区实践也为未来全球层面公海保护区及其全球法律机制的构建进行了有益的探索，为后者提供了有益的经验和借鉴。如保护区的选划标准、管理措施的制定、规则的执行与实施等。

然而，区域海洋环境保护组织的存在，也给当前公海保护区全球法律机制构建提出了挑战。挑战之一便在于如何避免机制重叠。在区域海洋环境保护组织已经存在公海保护区实践，或具有建设公海保护区潜在职能的情况下，未来的公海保护区全球机制一旦建立，势必会与这些区域机制之间发生职权的重叠和竞争。此外，值得注意的是，目前区域层面建立的公海保护区并不能约束非成员方国家的船舶，也因此无法形成一个统一适用的全球公海保护区网络。也因此，对于当前"ABNJ实施协定"的立法协商代表而言，他们需要思考的问题是，"ABNJ实施协定"究竟应如何在自身与区域海洋环境保护组织之间分配公海保护区建设的职权。换言之，在未来的公海保护区全球机制当中，现有区域海洋保护组织应在其中扮演各种角色？

---

[1] Tanja A. Borzel, *Theorizing Regionalism: Cooperation, Integration, and Governance*, Oxford: Oxford University Press, 2020, pp. 321-330.

第三节 国际机制协调视域下的公海保护区建设

在当前复杂国际海洋法律机制背景下，如何加快公海保护区建设，在实现《21世纪议程》所设定之目标的同时避免与现有国际机制的重叠，以及由此带来的机制冗余和潜在的机制冲突也因此成为当前国际社会需要重点思考的问题。如前所述，目前部分区域海洋环境保护组织已经进行了狭义上的公海保护区实践，而其他部门机制框架内，海洋空间管理工具也应开始运用。在当前尚不存在专门公海保护区国际立法规定情况下，现有实践主要通过协调现有机制来完成综合性公海保护区建设工作的。当然，另一种更为根本性的解决办法无疑是通过新的国际立法，为公海保护区建设提供更为明确和全面的国际法依据，但这种新的国际立法同样也会面临机制重叠乃至冲突的问题，甚至在某种意义上而言，新的公海保护区国际法律制度的制定本身就是在进一步增加海洋治理机制的复杂性。也因此，本节将主要就这两个问题展开讨论：对现有公海保护区实践实现机制协调展开实证分析；通过总结当前实践当中存在的问题，为当前有关公海保护区全球立法，从机制协调视角提出应然性建议。

一 现有公海保护区建设中关于机制协调的实践

为应对国际机制重叠所带来的机制协调问题，不同区域的公海保护区实践采取了不同做法。其中，OSPAR公海保护区建设过程中的机制协调模式和南极CCAMLR分别代表了两种不同的机制模式。前者主要通过机制间水平互动来实现协调；而后者则主要是在《南极条约》这一更大的区域法律框架下展开。地中海公海保护区建设也基本采取了与OSPAR类似的机制协调模式。为论述方便起见，本书将把前一种模式简称为"OSPAR模式"，后者简称为"CCAMLR模式"。同时，除非有特殊需要，本文将不再单独将地中海公海保护区实践中的机制协调问题单独列出讨论。

(一) OSPAR 模式

OSPAR 虽然是一个综合性区域海洋环境保护组织,[①] 但其并未将其管辖事项范围扩展到所有海洋活动。区域内渔业资源的养护和管理、区域内深海底矿物资源开发、船源污染等问题仍分别由 NEAFC、ISA 和 IMO 管辖。OSPAR 与这些国际机制之间彼此互不隶属,也因此,在公海保护区建设过程中,为有效实现东北大西洋海域生物多样性养护,OSPAR 一方面主动限制自身管辖对象,将某些部门活动依旧保留给现有全球和区域机制;另一方面,在选划保护区以及制定养护和管理措施时仍尽量考虑各类活动对特定海洋区域生态环境的综合性影响,在进行综合评估基础上制定养护和管理措施。与此同时,为避免出现管理漏洞,OSPAR 积极寻求与现有全球、区域部门机制合作,通过与相关全球、区域机制签署不具有正式法律约束力的谅解备忘录来加强机制间合作,以避免潜在的管理漏洞。

OSPAR 公海保护区建设与现有全球和区域部门机制间的重叠是显而易见的。一方面,OSPAR 所建立的公海保护区理论上均为综合性公海保护区,任何影响区域内海洋生态系统和生物多样性的人类活动都应纳入保护区管理;另一方面,一些传统海洋活动,如"区域"活动、船源污染、公海捕鱼等又分别已有相应国际机制来加以规范和调整。OSPAR 与现有机制之间在机制主体、养护目标、管理措施等方面无疑都存在着现实和潜在的重叠。在机制主体方面,OSPAR 成员同时也都是 ISA 和 IMO 等全球性海洋部门机制的成员。除俄罗斯以外,NEAFC 其他成员同时也是 OSPAR 机制成员。当然,在欧盟成员国采取共同渔业政策之后,NEAFC 内部欧盟成员国实际上由欧盟所取代。[②] 在管辖海域范围上,由于 OSPAR 公海保护区的空间范围同时也包括深海底区域,因此与 ISA 也存在现实的管辖空间范围上的重叠。与此同时,除俄罗斯管辖的部分巴伦支海以外,OSPAR 与 NEAFC 管辖海域也基本重叠;在公海部分,二者更是完全重合。

[①] OSPAR 公约第 1 条有关公约目标的阐述是:"采取一些必要步骤消除污染,采取必要措施保护海洋区域免于人类活动不利影响,保障人类健康,养护海洋生态系统,在可能情况下,恢复已经遭受不利影响的海洋区域。"

[②] Ingrid Kvalvik, "Managing Institutional Overlap in the Protection of Marine Ecosystems on the High Seas: The Case of the North East Atlantic", *Ocean & Coastal Management*, Vol. 56, 2012, pp. 35-43.

在机制职权方面,在《奥斯陆公约》和《防止陆源污染海洋公约》两个区域环境公约基础上,OSPAR 公约已被改造成一个综合性的区域海洋环境保护公约。生态系统方法和预防原则等现代海洋生物资源养护原则也已完全纳入 OSPAR 公约。理论上,改造后的 OSPAR 作为一个综合性区域海洋环境保护组织,其职权也应相应地从最初的管辖陆源污染和离岸污染扩展到对海洋生态、环境的综合保护养护。然而,OSPAR 公海保护区从一开始便已经将公海捕鱼、船源污染等排除在了管辖对象以外。换言之,目前 OSPAR 公海保护区与其他主要国际机制间并不存在管理职权上的重叠,其与现有主要国际机制间的重叠更多表现为机制目标上的重叠。以其与 NEAFC 之间的关系为例。目前,东北大西洋公海区域的公海捕鱼活动仍由 NEAFC 负责管制,OSPAR 所设立的公海保护区并未就渔业活动制订任何养护或管理措施要求。[①] 也因此,OSPAR 公海保护区与现有国际机制之间的重叠所带来的影响更多地将反映在不同机制之间管理措施不协调导致的管理漏洞上。

为解决国际机制之间目标重叠所带来的管理协调问题,OSPAR 的解决方式是在制定综合性养护目标的同时,寻求与其他专门机制展开合作。一方面,在制定公约管辖海域内生物多样性养护目标,识别、确认需要保护海域时,OSPAR 仍将捕鱼、航行、采矿等各类海洋环境纳入考量和评估;另一方面,当评估认为某些海域生态系统养护需要对公海捕鱼等属于其他国际机制管制对象的活动进行管制时,OSPAR 将寻求与其他全球和区域部门机制合作进行协调管理。OSPAR 公约附件五前言及其第 4 条也明确要求为实现公约目标,OSPAR 委员会应寻求与其他国际制度展开合作。

与现有全球和区域相关国际机制签署非正式谅解备忘录是 OSPAR 以及地中海派拉格斯公海保护区机制寻求机制协调的主要方式,目前,OSPAR 已先后与 NEAFC、IMO、ISA、阿比让区域环境保护组织、欧洲环境署、国际原子能机构(IAEA)联合国欧洲经济委员会、IECS、北大西洋三文鱼养护组织(NASCO)、马尾藻海联盟等其他区域和全球部门性国际机制的秘书处签署了谅解备忘录,以强化机制间的协调与合作,解决机

[①] Molenaar, E. J., "Managing Biodiversity in Areas Beyond National Jurisdiction", *The International Journal of Marine and Coastal Law*, Vol. 22, No. 1, 2007, pp. 89-124.

制之间重叠所带来的,在管理上的潜在不协调问题。地中海派拉格斯保护区秘书处也于2012年与地中海和黑海总渔业委员会签署了类似的合作备忘录。① 通过这些谅解备忘录,OSPAR 希望能够借此强化与其他国际机制之间的信息交流与共享,并尽可能协调彼此行动。以其与 IMO 签署的两份谅解备忘录(分别是《与 IMO 的合作协议》和《IMO 和 OSPAR 之间关于促进〈伦敦公约〉及其议定书的谅解备忘录》)为例,双方承诺在涉及共同利益事项时进行磋商,以确保各自框架内的活动能够实现最大程度的协调。② 为此,双方采取任何行动前应彼此充分交换信息确保涉及共同利益方面的任何活动都为对方所知悉并就此展开秘书处层级的磋商。在彼此关切事项上,双方允许并委派代表参与相关会议。在共同利益领域,应对方要求应提供必要之协助,并在适当时可以采取共同行动。在建立查理吉布斯南公海保护区前,OSPAR 就与 IMO、ISA、NEAFC 召开了专门的协商会议并讨论有关共同管理的问题。③ 值得注意的是,备忘录并非 OSPAR 与这些国际组织之间的正式合作协议,不具有法律约束力;在合作内容上也多流于原则性宣示。信息分享基于自愿,具体的管理措施上的协调方式与程序也未做具体说明。例如在 OSPAR 所建立的公海保护区中,究竟应如何管控船源污染和渔业活动,OSPAR 与 IMO 和 NEAFC 之间并未形成具体的合作机制。

实际上,在众多全球和区域机制当中,只有 OSPAR 与 NEAFC 之间的合作有了一定程度的进展。当然二者之间的合作也并非一帆风顺,而是经历了较长一段时间的磨合。2002年,OSPAR 首次提出与 NEAFC 就海洋生物多样性养护进行合作,但遭到 NEAFC 的拒绝。当时的 NEAFC 认为,海洋环境和渔业问题属于主权国家事项,不需要也不应该在两个国际机制间进行协商。④ 直到2003年 OSPAR 提出建立海洋保护区网络之后,NEAFC 方才回应称,如果该海洋保护区网络会影响到 NEAFC 所管理的海域,那

---

① Julien Rochette, Sebastian Unger, . etc., "The Regional Approach to the Conservation and Sustainable Use of Marine Biodiversity in Areas beyond National Jurisdiction", *Marine Policy*, Vol. 49, 2014, p. 113.

② Agreement of Cooperation with IMO。

③ B. C. O's Leary, "The First Network of Marine Protected Areas in the High Seas: the Process, the Challenges and Where Next", *Marine Policy*, Vol. 36, 2012, p. 598.

④ NEAFC, *NEAFC Annual Meeting*, Doc. AM2003/19, 2003.

此类活动应该属于 NEAFC 管辖事项。[①] 二者之间的潜在机制重叠问题方才为双方所肯认。在此之后，双方进一步就重叠领域相关事项展开对话，2008 年，双方正式签署谅解备忘录，从而为双方之间的互动提供了正式制度安排。对于二者之间的关系，备忘录极为谨慎地界定为，在东北大西洋海域，NEAFC 和 OSPAR 在渔业管理和环境保护问题上有着相互补充的职权和责任。[②] 备忘录为双方合作范围提供了相应的合作指南，包括信息交流、海洋空间规划和公海保护区管理措施方面的讨论与合作，以及基于 ICES 建议就特定领域事项的协调。与此同时，为强化二者之间联系，OSPAR 和 NEAFC 将各自向对方派驻观察员，负责向对方报告本组织的活动情况，并适时参与对方会议。

在当前 OSPAR 公海保护区实践中，在进行公海保护区建设前评估时，OSPAR 委员会在评估自身职权同时，也会考虑与其他国际机制协调合作的必要与可能，以尽量避免机制重叠带来的不利影响。在公海保护区建设中的机制合作问题上，OSPAR 委员会特别指出应与 NEAFC 展开对话，并考虑与 NEAFC 在若干方面展开联合行动。[③]

但实际上，诚如一些学者所观察到的那样，尽管 NEAFC 同样注意到了 OSPAR 公海保护区建设与自身职能的潜在冲突，但二者之间的协调与合作并未得到实质性改善，双方基本仍在各行其是。[④] 就公海保护区建设而言，由于 NEAFC 同样有权设立禁渔区，由此也使得东北大西洋公海出现了两种不同的海洋空间管理，一类是由 NEAFC 所建立的禁止底层鱼垂钓的禁渔区，另一类是 OSPAR 所建立的公海保护区。前者虽然禁止底层鱼垂钓，但不禁止其他海洋活动；后者虽然对其他海洋活动进行管理，但却并不禁止底层鱼垂钓。从一个角度来看，OSPAR 建立的公海保护区不会对捕鱼活动加以管制；同样的，NEAFC 建立的禁渔区也不会对其他海洋活动进行管理，彼此相互克制以避免管理措施上的冲突。

[①] NEAFC, *NEAFC Annual Meeting*, Doc. AM2003/19, 2003.

[②] NEAFC, *The Memorandum of Understanding between the OSPAR Commission and NEAFC*, Extraordinary Meeting, Doc. EM 2008/04 Rev. 1, 2008.

[③] NEAFC, *NEAFC Activity Report Annual Meeting*, Doc. AM2009/09, 2009.

[④] Ingrid Kvalvik, "Managing Institutional Overlap in the Protection of Marine Ecosystems on the High Seas, The Case of the North East Atlantic", *Ocean & Coastal Management*, Vol. 56, 2012, pp. 35–43.

总的来看，OSPAR 与其他全球和区域机制之间的协调仍不尽如人意。虽然通过自我管辖限制，OSPAR 避免了与其他全球和区域机制之间对某些海洋活动的积极管辖竞争，但也留下了很多管理漏洞。由于缺乏其他国际机制的积极配合，很多海洋活动被排除在公海保护区规制范围以外，实际上很难做到综合养护和管理。此外，即便是 OSPAR 和 NEAFC 之间已经相互委派了观察员，并听取对方政策进程，但基本上，二者之间也没有形成全面深入的合作。二者之间的合作仍主要停留在响应（reactive）式的协调，而不是一种积极主动的（reactive）合作。[①] 这与本书后面所谈到的南极模式存在明显的区别，在公海保护区设立、管理到评估过程中，CCAMLR 和《马德里议定书》的区域环境机制之间都展开了深度合作。

在总结相关经验和教训基础上，OSPAR 认为，当前双边形式的不具有法律约束力的谅解备忘录实际上难以有效支持它与其他国际机制之间展开深入合作。一方面，建立在双边谅解备忘录基础上的区域海洋生物资源养护合作与海洋生态系统综合养护之目标并不能很好兼容。要真正实现综合养护，就必须将各类活动对海洋生态系统的累积性影响考虑在内，在此基础上由各方协调出一个综合养护方案，并通过联合执法等形式来加以落实。单纯依靠 OSPAR 在双边基础上与其他国际机制展开合作显然无法实现综合管理。另一方面，由于谅解备忘录并非正式的国际组织之间的合作条约，在合作安排上也缺乏具体的机制安排，使得合作表现出很大的随意性和随机性。正因为如此，在东北大西洋海域建立某种更具综合性的，具有正式法律约束力的协调安排成为 OSPAR 公海保护区建设中机制协调的主要努力方向。

2010 年 3 月，OSPAR 在西班牙的马德拉岛上召集了利益相关主体就如何改善和促进远海执行与监督交换了信息，并就如何进一步加强与其他机制的合作进行了讨论。ISA、NEAFC、IWC、IUCN 等国际组织也派代表参加了本次会议。会议达成了一个有关公海综合治理的"协调安排"。"协调安排"的主要目的在于集合众多全球和区域机制建立一个多机制协作平台，以便在公海保护区等划区管理工具的运用中更好实现机制之间合作。按照协定要求，在各方选定的 ABNJ 特定海域，各方将通过合作来确

[①] Ingrid Kvalvik, "Managing Institutional Overlap in the Protection of Marine Ecosystems on the High Seas, The Case of the North East Atlantic", *Ocean & Coastal Management*, Vol. 56, 2012, p. 42.

保在这些区域采取协调一致的措施进行养护和管理。为实现这一目标，各方承诺就区域内新的科学信息、环境评估、监测数据进行共享，并在适当时展开合作；各方区域内的海洋利用活动应当相互通知；承诺就区域内养护和管理目标的落实情况进行年度共同审议。2014 年，该安排已正式在 OSPAR 和 NEAFC 之间生效，但其他全球和区域机制尚未加入。其他全球机制未积极响应的部分原因在于，这种环境领域的合作可能被其他主管国际组织视为一个边缘性议题；① 此外，对于其中的全球组织而言，其特殊身份也使得它们很难参与进这些区域倡议当中去。②

OSPAR 模式在处理公海保护区建设过程中的机制重叠上的方式，总结起来具有以下特点：在与现有机制发生目标重叠的情况下，OSPAR 主动将航行与捕鱼等海洋活动排除在直接管理对象之外，以此避免造成管理上的机制重叠与竞争，但由此也对平行国际机制间的互动协调提出了较高要求。为解决后一问题，OSPAR 初期采取的主要办法是通过与其他机制签署合作谅解备忘录的方式来澄清各自职能，并在信息共享和行动上展开协调。但总体而言协调成效有限；且现有的机制之间协调更多仍只是一种应对性的合作，在管理行动上的协调配合明显不足。

（二）CCAMLR 模式

与其他海洋区域不同，南极洲以及南大洋整个区域都被视为处于《南极条约》体系（ATS）的调整之下。理论上，IMO 和 ISA 等全球性部门机制的管辖范围同样涉及整个南大洋，然而，由于南极在地理、政治方面的特殊性，这些全球性部门机制在这片海域的治理方面暂时并未扮演太大角色。对于 ISA 而言，1998 年《马德里议定书》生效后，南纬 60°以南的整个区域都禁止采矿，因此，ISA 机制在此形同虚设。对于 IMO 机制而言，由于南大洋特殊地理环境和位置，长期以来海洋商业航运活动对该海域的影响并不显著，IMO 在此也无多大用武之地。当然，随着近年来南极旅游等活动的不断增加，南大洋海洋环境保护机制也逐步开始了与 IMO 之间的互动与协调。但总体而言，南大洋公海保护区建设过程中的机制互动主

---

① 王勇：《论"公海保护区"对公海自由的合理限制——基于实证的视角》，《法学》2019 年第 1 期。

② Friedman, A., "Beyond 'Not Undermining': Possibilities for Global Cooperation to Improve Environmental Protection in Areas beyond National Jurisdiction", *ICES Journal of Marine Science*, Vol. 76, 2016, pp. 452-456.

要还是发生在 ATS 内部各机制之间。

如前所述,CCAMLR 是南极条约体系的重要组成部分,保护南极海洋生态系统,管制南极渔业活动,尤其是磷虾捕捞活动是其基本职能。与此同时,在 ATS 框架内,还存在另一个直接建立在《南极条约》基础之上的机构——南极条约协商会议,《马德里议定书》以及在该议定书基础上形成的南极区域海洋环境保护机制均出自南极条约协商会议。CCAMLR 和《马德里议定书》机制之间的重叠是显而易见的。首先,二者在管辖海域上几乎完全重叠。《南极条约》及其议定书适用于南纬 60°以南区域,而 CCAMLR 则涵盖整个辐合带。其次,在管辖事项上,《马德里议定书》和 CCAMLR 同样存在重叠。在前者第 2 条和第 3 条中,缔约方承诺对南极环境和与之相关联生态系统予以全面保护;并承诺,保护南极环境将是南极条约区域所有活动和规划的基本考量。上述规定显然并未将保护南极海洋生物资源排除在外,而后者属于 CCAMLR 的基本职责。此外,CCAMLR 和南极条约协商会议均有权设立海洋保护区。前者依据 CCAMLR 有权在南大洋设立综合性海洋保护区,目前已经建立了南奥克尼和罗斯海两个大型公海保护区;后者依据《马德里议定书》附件五的规定,同样有权设定 ASPAs 和 ASMAs。虽然早期 ASPAs 和 ASMAs 主要设在南极洲沿岸,但自 2000 年开始,这两种海洋保护区陆续向海延展,截至 2012 年,已经建立了 10 个涉海的 ASPAs 和 6 个涉海的 ASMAs。当然二者在管辖事项上还是有所差别,海洋运输、生物勘探、旅游和深海捕鱼等属于《马德里议定书》的管辖范畴,但并不归 CCAMLR 管辖。

尽管 CCAMLR 和 ATCM 互不隶属,有权在各自职权范围内独立制定海洋环境保护和生态养护措施,包括设立不同形态的公海保护区,但由于二者同属 ATS,且彼此成员高度重叠,因此二者虽然在理论上存在诸多职权重叠,但在实际操作中,在议程商定、规则制定和管理措施实施阶段,二者都在有意识地相互配合,二机制间表现出高度协同。

在规则制定方面,这两个南极条约体系下的次级机制均为对方保留了"协调窗口"。例如在附件五当中,《马德里议定书》明确授权 CCAMLR 有权向南极条约协商会议申请设立 ASPAs 或 ASMAs。[①] 很多情况下,在

---

① The Annex V to the Protocol on Environment Protection to the Antarctic Treaty Area Protection and Management, Article 5.

CCAMLR 暂时无法落实某个海洋保护区议程时，其常常通过向南极条约协商会议提交管理计划的方式，请求对方批准在某些管理空白区域设立 ASPAs 或 ASMAs。① 在另外一些情形下，比如当 ASMAs 或 ASPAs 的设立可能影响到捕捞或其他 CCAMLR 活动时，根据《马德里议定书》附件五第 6 条（2）款的规定，则这些 ASMAs 或 ASPAs 的设立同样需要获得 CCAMLR 的批准。由于二者均处于南极条约体系之下，在规则制定阶段二者便有意识地通过设定某种协调程序来强化二者之间的联系。②

在管理方面，由于都属于南极条约体系，二者之间的强制度联系也确保了南大洋综合海洋生态系统管理上的有效协调。③ 在海洋保护区建设上，虽然 CCAMLR 和《马德里议定书》下设立的环境保护委员会（CEP）都将建立代表性海洋保护区网络视为彼此优先事项，并由 ATS 担任实际性的主导角色。④ 在 CCAMLR 制定的"养护措施 91-02"中，对于在其设立的公海保护区当中植入 ASPAs 或 ASMAs 的做法，CCAMLR 表示了认可。按照该规定，出于 ATS 内空间保护措施协调考虑，在已经由 CCAMLR 设立公海保护区的海域，如果有需要，可以由南极条约协商会议决定是否在其中再设立 ASPAs 或 ASMAs。⑤ 因此，ASPAs 和 ASMAs 建设实际上被赋予了两个目标。其一，对 CCAMLR 已经设立公海保护区的部分海域提供额外保护；其二，在某些尚未由 CCAMLR 建立公海保护区的海域，或虽然建立了 CCAMLR 公海保护区，但在无法应对某些海洋环境威胁的海域，南极条约协商会议可以在这些海域设立 ASPAs 或 ASMAs 以填补管理漏洞，从而形成一个相互补充、高低搭配的海洋保护区网络。同

---

① Dhaxna Sothieson, "Marine Protected Areas in the North-East Atlantic Ocean and Southern Ocean: The Role of Regional Organizations in Areas beyond National Jurisdiction", LLB Degree Dissertation, Victoria University of Wellington, 2014, p. 41.

② Karen Scott, "Marine Protected Areas in the Southern Ocean", in Erik J Molenaar, Alex G. Oude Elferink and Donald R. Rothwell eds., *The Law of the Sea and the Polar Regions: Interactions between Global and Regional Regimes*, Martinus Nijhoff Publishers, 2013, p. 133.

③ Erik J. Molenaar, "Managing Biodiversity in Areas Beyond National Jurisdiction", *The International Journal of Marine and Coastal Law*, Vol. 22, No. 1, 2007, p. 95.

④ CCAMLR, *Report of the Joint CEP/SC-CAMLR Workshop*, CEP 11, April 2009, para. 7.7.

⑤ CCAMLR, *Protection of the Values of Antarctic Specially Managed and Protected Areas*, Commission Conservation Measure 91-02, 2012.

时，按照 CCAMLR 有关海洋保护区建设的要求，在海洋保护区设计阶段，委员会应考虑哪些行动可以通过南极条约体系内其他条约或机制来进行管理上的配合，以便更好实现海洋保护区所追求的特定目标。[①] 例如，由于旅游活动属于议定书管辖范畴，因此，CCAMLR 在设计海洋保护区时应考虑通过与南极条约协商会议协调，通过在重叠海区建立 ASPAs 或 ASMAs 来实现管理。

在南极条约体系当中，以《马德里议定书》为基础的南极海洋环境保护机制还可以通过《南极条约》其他机制进一步配合 CCAMLR 海洋生物多样性养护目标的实现。比如，通过 CEP、南极研究科学委员会（the Scientific Committee for Antarctic Research）等咨询机构为 CCAMLR 提供相关科学信息。2012 年，为进一步了解并解决二者之间的重叠所带来的潜在影响，南级条约体系内又进一步建立了 CEP-CCAMLR 联合科学工作组，由其对二者在保护对象、保护区管理和环境监测等方面的措施之间的潜在重叠予以调查分析并提出建议。

通过在规则制定和实施过程中的相互配合，上述两个机制之间在相当程度上实现了相互补充和支持。学者对此也予以了较高评价。有学者认为，在南极条约体系这样一个体系框架内，通过补充 CCAMLR 机制养护职能履行当中的漏洞，《马德里议定书》扮演着保险的角色。[②] 换言之，虽然在《马德里议定书》基础上形成的南极海洋环境保护机制，理论上独立于 CCAMLR 机制，但在这样一个以《南极条约》为基础构建起来的高度自治的制度体系内，二者之间关系的处理也相对更为灵活，在具体职能履行当中，《马德里议定书》完全可以接受这样一个补充性机制的角色。

与 OSPAR 模式相比，CCAMLR 模式的主要特点在于，在南大洋公海保护区建设过程中，CCAMLR 与《马德里议定书》之间的配合与协调要更加顺畅和深入。与 OSPAR 模式不同的是，后者从议程设定到决策，再到实施的整个阶段都进行了密切配合。在包括公海保护区在内的划区管理

[①] CCAMLR, *General Framework for the Establishment of CCAMLR Marine Protected Areas*, Conservation Measure 91-04, 2011, para 10.

[②] Adriana Fabra etc., "The Convention on the Conservation of Antarctic Marine Living Resources (CCAMLR) and the Ecosystem Approach", *International Journal of Maritime and Coastal Law*, Vol. 23, 2008, p. 567.

上，CCAMLR所设立的公海保护区与《马德里议定书》下的ASPAs和ASMAs实现了相互补充，在进行共同评估基础上，甚至会在同一海域重叠设置保护区以实现综合养护和管理。当然，南大洋公海保护区在机制协调与合作上的相对成功也与《南极条约》体系自身相对封闭的特点密不可分。这对于未来公海保护区建设在全球层面的展开，以及相应的全球立法提供了有益的借鉴。

二 机制协调视域下公海保护区全球立法的基本要求

如前所述，公海保护区实践目前仍只是在少数海洋区域展开，但随着包括公海保护区纳入当前的国际立法议程，一旦"ABNJ实施协定"正式制订并生效，公海保护区建设将在全球更大范围内展开。与目前少数区域层面的公海保护区实践一样，未来的公海保护区建设同样会面临如何与现有全球、区域和部门国际法律机制互动与协调的问题。这一问题同时也成为当前"ABNJ实施协定"立法的重要内容之一。

从设立不限成员名额非正式工作组以来，在有关ABNJ生物多样性养护和可持续利用议题的讨论中，其中的一个核心议题便是如何处理公海保护区等ABNJ生物多样性养护立法与现有国际法律机制之间的关系问题。2015年7月7日通过的联合国大会第69/292号决议对这一问题尤其进行了关注。决议特别强调，当前立法不应当"损害"（undermine）现有相关法律文书或框架以及相关全球、区域和部门机构，特别是不能干预FAO、RFMO/As、IMO、ISA等机构的职权。新国际文书应促进与现有相关国际机制的协调与合作，避免职权重叠或冲突。上述立法要求已为国际立法者普遍接受并直接体现在当前的立法草案中。从2020年公布的最新"ABNJ实施协定"立法草案文本来看，各国代表对于这一点并无异议，"ABNJ实施协定"草案第4条3款重申并确认了这一基本立场。因此，"不损害"这一术语将在界定"ABNJ实施协定"范围和功能中扮演关键角色，同时也是处理当前包括公海保护区在内的ABNJ法律制度与现有相关国际法律机制关系的基本要求，其重要性不言而喻。然而，该术语的含义实际上仍相当模糊，对它的不同理解也因此严重阻碍了当前的国际立法协商进程。

所谓"损害"（undermine），按照《牛津词典》等权威词典的解释，是指"减轻（减少）……的有效性、权力或能力"（lessen the effectiveness, power or ability of）。从其字面含义看来，其所指涉的对象，或者干脆说该动词的宾语实际上是存在较大差异的。结合所讨论的背景来看，国际机制的有效性实际上也就是指该国际机制目标的实现程度。换言之，若公海保护区等新的 ABNJ 国际法律制度的建立不会影响现有机制目标的实现，则可以视为没有损害到该机制。而某一国际机制的权力或能力，则是指该机制的职权，也就是说，该机制的独立性和自主决策的权力不应该受到当前立法的损害。当前包括公海保护区在内的新的国际立法应高度尊重现有国际机制，对于它们从本组织或机构职责出发所制定或采取的任何措施，新的立法不应该干预，更不应该取而代之。因此，结合"损害"一词本身的含义以及当下讨论背景，不损害现有国际机制，可以作两种解读。

第一种解读是，有关公海保护区全球立法不应阻碍现有国际文书或框架目标的实现。按照这种解读，既然"不损害"仅局限于不去影响现有国际机制的有效性或目标，那么新的国际立法可操作的空间将相对较大，国际社会完全可以通过设计新的国际机制来改善现有文书和框架的实施或有效性。换言之，这种有关"不损害"的解读并不会过多关注新机制是否会与现有机制存在重叠，乃至实施层面的潜在冲突。按照这种解读，在公海保护区建设中，新的国际立法可以不顾及现有机制在公海治理方面的职权，而是从确保全球治理一致性角度出发，建立以缔约方大会为决策中心的公海保护区全球模式，通过建立这种权力中心化的全球机制来避免公海治理的碎片化。① 但这样一来，新的全球机制与现有全球、区域和部门机制间将存在严重的机制重叠问题。斯坎隆（Scanlon）认为，这样做的结果不仅否认了现有机构职权的独立性，极端情形下，甚至会形成不同位阶等级的国际机制同时并存的局面，在联合国大会的固有权力（inherent power）加持下，新的国际机制将指导现有部门、区域实体采取相应养护措施。②

第二种解读则强调"不损害"的宾语应是"机构"（bodies），因此，所谓"不损害"现有机构，也就是要求"ABNJ 实施协定"这样的全球立

---

① 王勇、孟令浩：《论 BBNJ 协定中公海保护区宜采取全球管理模式》，《太平洋学报》2019 年第 5 期。

② Scanlon, Z., "The Art of 'Not Undermining': Possibilities within Existing Architecture to Improve Environmental Protections in Areas beyond National Jurisdiction," *ICES Journal of Marine Science*, Vol. 75, 2017, pp. 405–416.

法不应妨碍现有国际机制职权的独立性和自主性，不去影响现有机制下所采取的措施，包括不去触动现有机制的职权。按照这种思路来理解"不损害"一词，则即便进行公海保护区全球立法，现有机制仍可以不受干扰地继续它们的运作，包括继续独立地做出养护和管理决策并加以实施。新的全球机制的任务将主要在于填补现有机制的养护漏洞，尤其是空间方面存在的漏洞，例如在需要设立公海保护区而没有设立的海域，将根据新的全球立法加以建设。同时负责联络并协调现有各机制，促进跨部门合作。

在《鱼类种群协定》中，"不损害"和"不损害其有效性"这样的术语同样多次出现。考虑到《鱼类种群协定》和当前的"ABNJ实施协定"同样是《海洋法公约》下的实施协定，因此有学者认为，前者对这一术语的理解对于我们理解和澄清后者的含义应具有启发性。怀特（Wright）等学者基于此提出，"不损害"应该被理解为"不减损有效性"（not reduce the effectiveness），因此，联大第69/292号决议当中的"不损害"应当理解为当前立法不应该损害或减少现有国际机制的有效性。[①] 以RFMO/As为例，"ABNJ实施协定"既不应该损害《鱼类种群协定》的有效性，也不能减损或影响RFMO/As的养护和管理措施的有效性。但细观《鱼类种群协定》中有关"不损害"所使用的语境可以看出，协定中"不损害"主要是要求协定缔约方遵守协定本身规定，即要求缔约方确保本国籍渔船在RFMO/As管辖海域从事捕鱼活动时不破坏RFMO/As的养护和管理规定。协定第7、17、18、20和23条也的确都只是在强调船旗国应保证其本国渔船不损害有关RFMO/As养护和管理措施的有效性。换言之，它并不是从国际机制协调角度来使用这一概念，其适用语境与我们当前讨论的机制互动可以说是完全不同的。[②] 也因此，基于《鱼类种群协定》对"不损害"的理解显然难以适用于当前有关公海保护区全球立法与现有机制之间互动问题的讨论。

总之，对于"不损害"的这两种截然不同的理解所展现出来的机制互动形态之间的差异极为明显。在第一种解读下，由于只会考虑到新机制

---

① Wright, G. etc., *High Seas Fisheries: What Role for a New International Instrument?*, Study No. 3/2016, IDDRI, Paris.

② Scanlon, Z., "The Art of 'Not Undermining': Possibilities within Existing Architecture to Improve Environmental Protections in Areas beyond National Jurisdiction," *ICES Journal of Marine Science*, Vol. 75, pp. 405-416.

与现有机制之间目标上的协同，因此立法者将不会去过多考虑与现有机制在管理职能上的重叠问题，填补当前治理上的地理空白和现有部门机制所带来的职能空白是其首要目标。例如，虽然某一海域已经由 RFMO/As 进行养护管理，但如果其未采取生态系统养护方法，或者无法管理渔业活动以外的其他活动，则全球机制将自主决策，在该海域设立综合性公海保护区，或采取其他划区管理。如此一来，该 RFMO/As 将与全球机制之间发生机制重叠，甚至是管理措施层面上的冲突。反之，如果采纳第二种解读，则有关公海保护区建设的新的全球管理机制将会在尊重现有机制职权前提下进行设计。

2016—2019 年，"ABNJ 实施协定" 立法筹备委员会已经召开了五次会议并公布了各阶段立法协商进展，同时也包括相应的立法草案文本（以下简称"草案文本"）。① 文本中内容分为两大类，一类是立法协商代表已经达成共识的部分；另一类是尚存争议部分，包括条文和文字增减部分。为区分起见，筹备会在"草案文本"中以"[ ]"对争议部分内容进行了标示。从当前公布的最新"草案文本"来看，国际社会似乎更倾向于第二种解释。

"不损害"一词在草案文本第 4 条、第 15 条、第 23 条中多次出现。第 4 条是有关协定与公约以及其他[现有]相关法律文件和框架，以及相关全球、区域和部门机构关系的专门规定。因此也是协定处理机制互动相关问题的基本条款。该条 3 款规定："本协定应以一种不损害[现有]相关法律文件和框架，以及相关全球、区域、次区域和部门机构的方式解释和适用，并促进与这些文件、框架和机构的协调一致（coherence and coordination）。"但该款同时就上述规定的适用设定了一个前提条件——"这些文件、框架和机构与《海洋法公约》对本协定目标有支持作用且不相冲突（not run counter to）"。该款中除了"现有"（existing）一词加上了[ ]以外，整款都未加[ ]，显见国际社会对于该款内容并无太多异议。考虑到该款属于专门针对"ABNJ 实施协定"和全球、区域机制间关

---

① The Preparatory Committee, "Chair's Non-paper on Elements of a Draft Text of an International Legally-binding Instrument under the United Nations Convention on the Law of the Sea on the Conservation and Sustainable Use of Marine Biological Diversity of Areas beyond National Jurisdiction", Jan, 2020, https://www.un.org/depts/los/biodiversity/prepcom_files/Chair_non_paper.pdf.

系处理的专门规定，因此可以认为该款构成了"ABNJ实施协定"处理机制互动问题的基本原则。从该款文本来看，一方面，所谓的"不损害"首先是一种有条件的"不损害"。如果相关国际机制自身职权和管理措施有助于实现ABNJ生物多样性养护和持续利用，则"ABNJ实施协定"应以不损害这些机制方式加以解释和适用；反之，若现有机制职能设定或管理措施不利于"ABNJ实施协定"目标的实现，则"不损害"原则不予适用。另一方面，如果现有机制对"ABNJ实施协定"目标实现有帮助，则协定将努力促进与这些机制的协调一致。从这里也可以看出，立法协商代表显然更倾向于接受第二种对"不损害"的解释。

第15条和第23条分别出现在"ABNJ实施协定"第三部分和第四部分，分别为有关海洋保护区和环境影响评估专章。按照第15条规定，在海洋保护区等划区管理工具措施运用方面，在ABNJ生物多样性养护与持续利用方面应进一步促进国际合作与协调，协调与合作过程中不得损害[现有]相关法律文书、框架以及相关全球、区域和部门实体。① 在［建立］［设计］海洋保护区在内的划区管理工具时，[在不损害(prejudice)其相应职权前提下]，应通过[（现有）相关法律文书和框架，以及相关全球、区域和部门机构]来促进协调与互补（coherence and complementarity）。② 从"ABNJ实施协定"上述内容来看，一方面，在海洋保护区等划区管理方面，机制之间协调与合作仍是一以贯之的要求，同时，[]中的内容更是清楚表明了部分谈判代表的意见，即"ABNJ实施协定"有关公海保护区的规定不能对现有机制职权造成不利影响；另一方面，"ABNJ实施协定"与现有机制间应是协调互补的关系，新协定即便就此建立新的机制，新旧机制之间也会存在职权重叠和竞争。在环评问题上，"ABNJ实施协定"草案文本同样规定，协定下的环评不应损害现有

---

① The Preparatory Committee, "Chair's non-paper on elements of a draft text of an international legally-binding instrument under the United Nations Convention on the Law of the Sea on the conservation and sustainable use of marine biological diversity of areas beyond national jurisdiction", (Jan, 2020), https://www.un.org/depts/los/biodiversity/prepcom_files/Chair_non_paper.pdf.

② The Preparatory Committee, "Chair's non-paper on elements of a draft text of an international legally-binding instrument under the United Nations Convention on the Law of the Sea on the conservation and sustainable use of marine biological diversity of areas beyond national jurisdiction", (Jan, 2020), https://www.un.org/depts/los/biodiversity/prepcom_files/Chair_non_paper.pdf.

三 机制协调视域下公海保护区建设全球立法路径选择

从上述分析可以看出，在当前公海保护区等 ABNJ 全球立法协商中，在如何处理与现有机制关系问题上，国际社会的基本共识是：新的全球立法不能损害相关法律文件和框架，以及相关全球、区域和部门实体。而对于"不损害"的理解，国际社会也倾向于将其理解为不损害相关国际机制独立职权的行使。换言之，国际社会不准备通过"实施协定"在公海全球治理中建立一个等级化的国际机制体系。相反，通过鼓励具有重叠利益的、相互平等的机制之间展开某种结构性的交流和协同性的协作，以实现某种具有体系性的机制互动管理可能更能够为国际社会所接受。在这一前提下，"ABNJ 实施协定"中有关公海保护区建设究竟应该采取何种管理模式也就变得至关重要了。

（一）"ABNJ 实施协定"有关公海保护区立法的角色定位

当然，在讨论公海保护区全球管理机制角色定位之前，一个前置性的问题还在于是否有必要建立一个公海保护区全球管理机制。这个问题之所以有必要加以讨论，主要是因为目前有部分国家代表主张通过"ABNJ 实施协定"将设立公海保护区的权力整体性赋予现有机制。[①] 因此，如果按照这种思路，则实际上根本无须再另外设立一个新的全球管理机制。但这种思路显然并不符合当前公海生物多样性养护的现实。首先，当前公海生物多样性养护的碎片化从另一角度而言也是全球治理专业化发展的结果。不同机制，尤其是国际组织有各自不同的专业领域和专业特长。很难要求 IMO 去管理航行以外的其他事项，或要求 RFMO/As 去承担起对渔业资源养护和管理以外的其他职能。而且，扩大国际组织的职能也就意味着修改组织章程，客观上也难以做到这一点。当然，依赖现有专业性机制之间的协调互动固然在一定程度上也可以修补职能空白。然而，缺乏全球层面的统一协调的情况下，完全依靠现有机制的自主协调也还是存在现实障碍。前述 OSPAR 发起的机制协调，其有限的成效就足以证明这一点。也因此，即便试图通过现有机制协调来实现公海保护区建设，仍然

[①] 王勇、孟令浩：《论 BBNJ 协定中公海保护区宜采取全球管理模式》，《太平洋学报》2019 年第 5 期。

需要全球层面设立某种协调机制，以实现类似于南大洋区域那种体系下的互动。其次，现有机制所留下的治理上的地理空白也同样需要设立一个新的全球机制来加以弥合。现有国际机制尚未完全覆盖所有公海等 ABNJ 区域，在全球范围内仍有一些海域并没有处于现有国际机制的全面管理之下。对于这些海域，其海洋环境是否具有脆弱性和敏感性，是否需要建立公海保护区或采取其他划区管理，都需要一个专门机构来进行评估并提出相应管理方案。

公海保护区全球管理机制设置的必要性同时也应是当前有关公海保护区全球机制的基本职能目标和制度设计的主要思考方向。综合前述内容，当前"ABNJ 实施协定"中有关公海保护区全球管理机制的角色定位应该是一种补充性机制。在存在职能空白的领域，新创设的机制应考虑如何协调现有机制行动；在存在地理空白时，则应考虑如何运用新机制来创设相应保护区。

(二)"ABNJ 实施协定"下公海保护区建设的路径依赖

在基本确立了"ABNJ 实施协定"在公海保护区建设方面的补充性角色基础上，下一个需要思考的问题是，在"实施协定"下，公海保护区究竟应该由谁去设计、建设和管理？这一问题本质上也就是"ABNJ 实施协定"下公海保护区建设的路径选择问题。目前，关于这一问题的争议焦点在于，究竟应采用分散模式还是集中管理模式。所谓分散模式，实际上也就是延续《海洋法公约》海洋环境治理的传统，即在公约确立有关环境保护和海洋生物资源养护基本义务和目的基础上，要求缔约方通过全球、区域或次区域层面展开合作以履行义务和实现公约既定目标。[①] 换言之，在海洋环境保护和生物资源养护方面，公约并没有建立一个综合国际组织或条约机制来处理相关问题，而是由缔约方根据自身需求和能力，以及待处理问题的专业，通过相应的全球、区域和部门机制来进行合作，以履行公约义务、实现公约目的。集中管理模式，顾名思义就是通过一个综合性机制来统一管理和协调公海保护区建设。

到底依赖何种路径进行公海保护区建设，国际社会仍存在较大分歧。其中非洲集团、"77 国集团"和欧盟等国家和地区主张通过全球公约就公海保护区的设立、养护和管理标准、监督和评估等事项进行统一规范，甚

---

① 如《海洋法公约》第 61、63、64、65、66、197 条。

至主张建立一个类似于 ISA 的全球层面的中心化权力机构来对上述事项加以统一管理。在它们看来，这样做既有利于实现公海生物多样性的整体养护，避免当前公海生物多样性养护区域实践中所出现的职能和地理空白；还可以有效克服区域机制下公海保护区的"政出多门"的问题。① 同时，避免公海保护区成为少数国家向公海扩张管辖权的工具。但冰岛、美国、俄罗斯等国家则更倾向于维持现状，即继续保持现有机制的主导地位，排除全球层面的干预。② "ABNJ 实施协定"草案文本第 15 条也表明，在公海保护区建设上，部分国家也更愿意延续《海洋法公约》的做法，在出现治理空白的海域，仍应由缔约方选择通过建立某种区域机制来建设和管理公海保护区等划区管理工具。

客观而言，公海保护区建设的全球路径和分散路径各有优劣。通过设立一个权力集中的全球性机构来负责全球层面公海保护区建设，有利于克服部门化和区域化管理所带来的管理碎片化，以及治理上的地理和职能漏洞，也有助于公海保护区获得全球层面的普遍遵守和执行。但缺点在于可能无法兼顾区域特殊性和国家的特殊要求，而且由缔约方大会从全球层面进行决策需要协调众多利益相关方，因此在决策效率上可能较低。更重要的是，极端的全球主义将不可避免地导致全球机制与现有机制之间的职能重叠，乃至职能竞争和冲突。分散模式固然照顾到了区域和部门特殊需要，国家可以根据特定公海区域生态环境现状，从工具箱中选择最适宜的工具进行养护和管理。例如，当过度捕捞对于特定公海区域生物多样性养护构成重大威胁时，区域国家可以考虑在此类海域进行相关渔业合作，设立禁渔区；在海域面临的主要威胁来自船舶航行活动时，则可以通过 IMO 展开合作，必要时设立特别海域或特别敏感海域，但分散化的模式最大的缺陷在于国际机制的碎片化。当前之所以将公海保护区等划区管理工具纳入"ABNJ 实施协定"立法议程，很大一部分原因就在于解决当前的治理

---

① 王勇、孟令浩：《论 BBNJ 协定中公海保护区宜采取全球管理模式》，《太平洋学报》2019 年第 5 期。

② The Preparatory Committee, *Textual Proposals Submitted by Delegations by 20 February 2020, for Consideration at the Fourth Session of the Intergovernmental Conference on an International Legally Binding Instrument under the United Nations Convention on the Law of the Sea on the Conservation and Sustainable Use of Marine Biological Diversity of Areas beyond National Jurisdiction (the Conference), in Response to the Invitation by the President of the Conference in her Note of 18 November 2019*, A/CONF. 232/2020/3, 2020.

碎片化问题，若在"ABNJ实施协定"中继续奉行这种分散化管理无疑会进一步加剧治理的碎片化。

（三）公海保护区建设的混合模式

从既能填补治理漏洞，同时又要避免与现有机制发生重叠和冲突这两个基本要求出发，公海保护区建设应采取一种折中模式。一方面，为避免机制重叠乃至冲突，避免损害现有机制，"ABNJ实施协定"应尽可能尊重并发掘现有机制在公海保护区建设方面的职能和制度潜力。另一方面，在现有全球、区域和部门机构能够处理的领域，应尊重这些机制的独立职权，同时鼓励这些机制采用生态管理方法和预防原则，加强对公海生物多样性的整体养护。

对于部门/物种导向机制治理下的职能空白，"ABNJ实施协定"一方面应建立起某种协调和沟通联络机制，强化机制间的协调互动；另一方面，对于潜在的地理空白，则应由"ABNJ实施协定"下的缔约方大会或其他机构来负责建立公海保护区，而不是留待缔约方建立区域机制来加以解决。原因很简单，公海等ABNJ没有沿海国，除少数例外情况，各国对于公海并无太多特殊利益，作为"全球公域"，公海养护义务是所有国家的义务，也因此，除非由某个类似于ISA一样的，代表全人类整体利益的机构出面决定对特定公海区域设立保护区进行生物多样性养护，否则，对于多数公海区域而言，呼吁区域合作更多的只是一句口号。

从目前最新草案文本内容来看，"ABNJ实施协定"更倾向于在现有机制以外仍设立一个新的机制，以补充和完善基于全球、区域和部门机制的治理。"ABNJ实施协定"草案第15条显示，在现有全球、区域和部门实体所采取的养护措施以外，"ABNJ实施协定"将按照第三部分程序适用相应养护和管理措施来加以补充，防止出现治理上的职能漏洞。同时，对于缺乏相应全球、区域和部门机制管理的海域，"ABNJ实施协定"将按照自身程序设立/设计公海保护区或进行相应的划区管理。建立公海保护区或采取其他划区管理，准确识别需要保护海域是前提，也是建立公海保护区的基础。"ABNJ实施协定"草案第16条第2款列举了22项需要建立公海保护区或采取其他划区管理海域的识别标准，同时规定，在缔约方大会批准前提下，"ABNJ实施协定"下拟设立的科学与技术机构/网络（the Scientific and Technical Body/Network，STB/N）有权根据现实和需要对上述标准进行发展和修订。"ABNJ实施协定"草案上述规定并未加

[ ],显然国际社会对此已有共识。因此,无论"ABNJ实施协定"最终形成的管理机制形态如何,目前基本可以确定的是,在未来公海保护区建设中,缔约方大会及其附属机构将有权制定相应的识别标准。值得注意的是,按照"ABNJ实施协定"草案第15条第4款之规定,这些标准显然也会对其他国际机制设立/设计公海保护区或采取其他划区管理措施有影响。按照该款规定,相关国际机制在设立/设计保护区或采取其他划区管理措施时,应"考虑"(take into account)"适用"(apply)这些标准。到底是有义务加以考虑还是有义务直接适用这些标准,具体措辞还有待商榷。如果最终文本采用的措辞是考虑,则"ABNJ实施协定"所制定的标准并非强制标准,而仅具指南和参考作用;如果最终采用了"适用"这一措辞,则意味着上述标准属于具有普遍约束力的强制性标准。但事实上,即便其采用相对软性的"考虑"一词,结合《海洋法公约》的规定,这些标准仍会因为其属于一般外交会议或主管国际组织设立的标准而成为约束所有成员的最低强制标准。

有关公海保护区提案以及咨询程序的内容同样也是"ABNJ实施协定"草案中争议较少的领域。"ABNJ实施协定"草案第17条规定,有关公海保护区或其他划区管理方案,应由"ABNJ实施协定"缔约方单独或集体向秘书处提出。对于提案内容,秘书处应特别要求毗邻之沿海国、相关国际机制就提案实体内容,相关科学建议、特定海域已有管理措施、提案所提养护和管理措施是否属于特定机制职权、是否属于特定机构职权范围的任何附加措施等相关信息与秘书处咨询。秘书处将根据咨询结果修正提案,并提交STB/N,由后者评估后向缔约方大会提交建议。

"ABNJ实施协定"草案显示,有关公海保护区设立/设计的决策程序方面的内容,谈判代表们仍存在较多分歧,但分歧并不在于是否需要设立一个新的有关公海保护区建设的决策机制,而主要在于决策机构的职权内容。"ABNJ实施协定"草案文本公布的第19条第1款措辞是,"缔约方大会应/可以(shall/may)就与包括海洋保护区在内的划区管理工具有关的事项做出决定。"草案文本中除了在"应该"还是"可以"措辞上仍存在争议外,对于将缔约方大会作为有关公海保护区建设的新的决策主体,谈判代表并无异议。目前分歧主要集中在缔约方大会具体职权设置上。"ABNJ实施协定"草案文本列出了两种方案。按照第一种方案(第19条第1款之一),在相关海域已经存在相关国际法律机制情况下,缔约方大会将考虑是否向协定缔约方建议,督促它们在相关机制内适用某些养护和管理措施;或者考虑由缔约方制定相应养护和管理措施以补充现有机制。在相关海域存在治理上的地理空白时,"ABNJ实施协定"草案文本第19条现有文本建议由缔约方大会直接制定相应养护和管理措施。但按照第二种方案(第19条第1款之二),则缔约方大会除了有识别保护区建设海域的权力外,只能根据其识别情况,建议缔约方和相关国际机制在该海域建立海洋保护区或采取其他管理措施。

"ABNJ实施协定"最终采用何种方案不得而知,但从避免职能重叠和消除治理漏洞层面考虑,第一种方案显然优于第二种。因为如果按照第二种方案来配置缔约方大会职权的话,则缔约方大会基本上只是一个建议机构,特定海域是否会设立保护区并采取相应养护和管理措施很大程度上取决于协定缔约国或相关机构是否愿意或是否有能力依循此一建议。

按照最新"ABNJ实施协定"草案文本的建议,缔约方大会还可能扮演相应的监督和审查的角色。按照草案文本第21条的规定,协定缔约方应单独或集体向缔约方大会报告公海保护区或其他划区管理工具的实施情况;同时,STB/N也将监督和定期审查保护区等措施的有效性并向缔约方大会适时提出改善建议,并由缔约方大会根据审查结果调整公海保护区建设和管理措施。

第六章

公海保护区建设的中国参与

党的十八大以来，习近平总书记多次强调，在新时期，我国要加大对网络、极地、深海、外空等新兴领域规则制定的参与。公海保护区建设作为全球海洋治理的重要内容，也因此成为中国参与全球海洋治理的重要着力点。参与公海保护区建设，既符合中国国家利益，是中国"战略新疆域"经略的重要切入点，同时也是我国在国际海洋秩序变革时期深度参与全球海洋治理的重要战略机遇。在西方倡导的自由主义海洋秩序已无法有效适应当前全球海洋治理要求之际，中国应以"共商、共建、共享"的人类海洋命运共同体理念为指引，推动公海保护区全球立法协商进程，同时，以更为积极的姿态参与到海洋区域治理当中，为参与全球海洋治理累积经验和话语权。

第一节 参与公海保护区建设的意义

随着我国航海和其他海洋开发技术的不断发展和进步，以及我国经济、社会、国家安全发展对进一步开拓海洋空间和资源需求的不断增长，我国海洋权益也在不断从近海向远洋扩展。与此同时，我国综合国力，包括海洋实力的不断增长，以及海洋权益的不断发展，客观上也要求我国在新一轮全球海洋秩序变革中发挥更大影响力。在《海洋法公约》现有框架下，全球海洋治理变革在空间上已经限缩在国家管辖范围以外的公海和"区域"；在内容上，也从原来的海洋"私有化"逐渐转变为海洋公域的共同治理。无论从哪个角度,对于公海保护区建设等新的全球海洋议题,我国都有必要积极参与。

一 维护和拓展我国海洋权益的必然选择

(一)渔业利益

在中国数千年历史中,除在某些短暂的历史朝代以外,作为一个海陆兼备的国家,中国与海洋的关系历史悠久。据历史学家考证,早在新石器时代,位于江浙一带的河姆渡人就已经开始了海上渔猎。商朝人所用占卜之器具中也出现了深海龟甲。而到了汉唐盛世,扬州、广州等沿海城市更是各国商贾云集,成一时之盛况。南宋时期,指南针的发明进一步促进了中国古代海洋经济的发展,作为当时最发达的经济体,南宋的影响力已从海上辐射到整个亚洲。在历经近两个世纪的海权衰落世代之后,从20世纪80年代开始,随着中国改革开放,中华海洋文化迎来了新的发展契机。中华文明重新向海而生。"一带一路"倡议的提出,更是进一步为中国海洋经济的发展注入了新的生机。[①]

1985年以来,中国远洋渔业逐渐起步,历经数十年的发展,到今天中国已经成为具有重要影响力的远洋渔业国家。无论是远洋渔业船队规模、捕捞作业海域,还是在捕捞数量和技术上都位居世界前茅。据《2019年中国渔业统计年鉴》显示,2018年,中国渔船规模总数达到86.39万艘,总吨位1080.15万吨。全国渔业从业人口1878.68万人。全国水产品总量6457.66万吨,渔业经济总产值25864.7亿元,海洋捕捞产值2228.76亿元。其中,远洋渔业总量为225.75亿吨,同比增长8.21%。尽管如此,中国在公海渔业资源的人均占有率方面仍明显过低,人均不足1千克,远低于其他主要远洋渔业国家和地区。[②] 换言之,随着中国社会经济的发展,为满足人们日益提高的物质生活水平,中国还需要进一步发展我国远洋渔业。为此,早在2012年,中国农业部《关于促进远洋渔业持续健康发展的意见》就指出,发展壮大远洋渔业是我国中长期海洋渔业发展的基本目标。目前一些传统大洋性捕捞品种已经被充分利用,但还有

[①] 李晓欢:《中华海洋文化的基本特征及发展特点》,《时代金融》2019年第17期。
[②] 于康震:《做负责任渔业国家 为世界渔业贡献中国力量》,《中国水产》2018年第12期。

一些品种资源,例如中上层鱼类、头足类、软体动物和南极磷虾等尚有开发潜力。因此,我国仍有必要在相关国际渔业组织框架下,推动大洋性渔业有序发展,进一步增强公海渔业资源占有份额和开发能力。努力争取和扩大金枪鱼捕捞配额,稳步发展超低温金枪鱼延绳钓及金枪鱼围网渔业,适度扩大冰鲜及低温金枪鱼延绳钓围网渔业,采取可行的合作方式开发中西部太平洋、印度洋岛国水域金枪鱼资源;有序扩大鱿钓渔业规模,稳步提高北太平洋、东南太平洋和西南大西洋公海鱿鱼资源开发利用水平,积极探捕开发新渔场;稳定东南太平洋竹荚鱼渔业,探索大型拖网加工船队后备资源和渔场;积极开发秋刀鱼等其他中上层渔业资源。意见还特别将南极海洋生物资源,尤其是磷虾资源的开发提上了议事日程。意见提到,应在 CCAMLR 框架下,以开发南极磷虾资源为重点,深入开展南极海洋生物资源调查研究、探捕开发和加工利用。

(二) 国际海运利益

在国际海运方面,改革开放 40 余年来,中国海运业的发展也经历了由面向国内到全球网络化布局、由注重融入全球海运发展向积极参与全球海运治理体系建设。为满足国际贸易的需要,中国一方面不断完善国内港口设施,大量大型港口和码头设施得以建立;另一方面,中国造船业也在不断发展,国际商业船队规模也在不断扩大。以中远海运为代表的具有国际竞争力和影响力的大型海运企业纷纷涌现。到 21 世纪初,中国海运运力已经达到 3844 万载重吨,跃居世界第五。[1] 而到了 2018 年年底,中国仅 1000 吨以上的海运船舶就已经达到了 20630.10 万载重吨。就船舶数量而言,中国也跃居世界第一。[2] 目前,中国已经成为海运需求第一大国、海运服务的主要提供者。在这一背景下,包括公海保护区在内的任何新的海洋秩序的变革都会明显影响到中国国际海运业的发展。

(三) 科研利益

在传统海洋航运与渔业资源开发以外,随着中国科技水平的上升,中国海洋科研的脚步也逐步从近海向远洋迈进。中华人民共和国成立不久,中国科学研究院即成立了水生生物研究所,该所也是中华人民共和国成立

---

[1] 贾大山:《中国海运发展的历史性转变》(二),《中国远洋海运》2018 年第 9 期。
[2] 智研咨询集团:《2020—2026 年中国海运行业市场发展潜力及投资策略研究报告》,2019 年。

以来的第一个海洋研究机构。此后，青岛海洋生物研究室进一步扩建为中科院海洋研究所。1959年3月，中国第一个专门性的海洋高校——山东海洋学院成立。1964年，中国成立国家海洋局。海洋局的成立标志着我国第一个专业性海洋行政管理机构的设立。在海洋局的领导下，1977年，中国首次将"查清中国海、进军三大洋、登上南极洲"确立为我国当时的海洋战略发展目标。从中华人民共和国成立到20世纪70年代，在对渤海、黄海、东海、南海等近海区域进行"摸底排查"，以完成对我国近海海洋空间及其资源的综合调查外，围绕前述战略目标，中国在加强海洋调查能力和装备研发基础上，也开始走出近海，面向深海大洋进行了大规模的海洋调查和探索研究工作。[①] 党的十八大正式做出建设海洋强国的战略部署后，中国海洋科研调查和海洋科研成就斐然。自2012年组建国家海洋调查船队以来，我国海洋科考船数量已经从最初的19艘增长到50艘。新建、在建数量已经居世界首位。在海洋科考方面，截至2019年3月，我国已经成功进行了44次极地科考（南极35次，北极9次）。在海洋遗传资源研究方面，我国虽然起步较晚，但进展迅速。在海洋遗传资源专利申请方面，从世界知识产权组织首次备案数量来看，中国以518件位列世界第三，仅次于美国（1113件）和日本（773件）。[②] 总之，今天的中国在物理海洋学、海洋化学、海洋地质、海洋生物等海洋科研方面已经取得了显著进步。随着中国海洋科研、海洋技术与装备水平的不断提高，中国在海洋科研方面必将进一步发展。

（四）深海矿物资源开发

随着中国经济的快速发展，对资源的需求量在不断攀升之中，在发掘本国领土和管辖海域内的矿物资源开发潜力的同时，中国也逐渐将目光投向广阔的国家管辖外海域。矿物资源储量丰富的"区域"的意义也因此不断凸显。有调查显示，太平洋、大西洋和印度洋3000米以下的深海底的锰结核的总数量就达到了30000亿吨。[③] 从20世纪70年代开始，中国便已经开始筹备"区域"矿物资源的勘探开发工作。1978年，通过"向

---

① 陈连增等：《中国海洋科学技术发展70年》，《海洋学报》2019年第10期。

② 胡斌：《国家管辖外海域遗传资源开发中的国际立法争议与消解——兼谈"南北对峙"中的中国角色》，《太平洋学报》2020年第6期。

③ 左大康：《现代地理学词典》，商务印书馆1990年版，第439页。

阳红 05 号"科考船，中国海洋科学家成功从 4784 米深的海底采集到了多金属铁锰结核样品。① 1990 年，中国大洋矿物资源研究开发协会（以下简称"中国大洋协会"）成立，由其主要负责"区域"矿物资源的勘探与开发工作。随后，中国向 ISA 和国际海洋法法庭筹备委员会提交了矿区登记申请，并顺利地在 1991 年获得批准并被授予深海采矿先驱者投资登记证书，成为全球第 5 个获得登记的先驱投资者。② 2001 年，中国大洋协会在东北大西洋海底获得 7.5 万平方千米的多金属结核勘探合同矿区。2010 年在西印度洋获得 1 万平方千米的多金属硫化物勘探合同区；2013 年在西太平洋获得 3000 平方千米的多金属富钴铁锰结壳勘探合同区；2015 年，中国大洋协会再一次在东太平洋获得了一块面积约 7.3 万平方千米的多金属结核勘探合同区，成为获得"区域"目前全门类矿物资源勘探权的国家。

在深海底生物资源勘探、保存与开发利用方面，中国也取得了显著进展。中国已经分离了近一万株微生物，建立了第一个深海菌种库，内容涵盖 22000 株海洋微生物，构建了第一个深海微生物宏基因组大片段基因库，完成了近 300 株海洋微生物的基因组测序。③ 如前所述，尽管公海和"区域"在国际法上被界分为不同法律区域，但其自然边界是模糊的。当公海上覆水体被设立海洋保护区时，其下的海床洋底的潜在矿物资源开发活动将不可避免地受到影响。

（五）海洋生态环境利益

尽管在法律上，全球海洋已经被划分为不同区域并赋予不同法律地位，但海洋本身终究是一个整体的海洋生态系统。海洋的开放性、流动性决定了海洋生态环境治理的整体性。与陆域生态环境不同，在开放的海洋当中，在季风、洋流等因素的影响下，海洋污染、海洋生物还有其他物质和能量往往都会在大范围内交流和扩散，比如很多海洋迁徙类物种的幼体补充地、育幼地、栖息地、觅食地往往分散在不同的海洋区域，甚至不同大洋。④ 换言之，国家管辖范围以内海域，甚至陆源污染可能因此扩散到

---

① 陈连增等：《中国海洋科学技术发展 70 年》，《海洋学报》2019 年第 10 期。
② 陈连增等：《中国海洋科学技术发展 70 年》，《海洋学报》2019 年第 10 期。
③ 李文杰：《海洋保护区制度与中国海洋安全利益关系辨析》，《国际安全研究》2019 年第 2 期。
④ 胡斌：《南海 MPAs 区域网络构建：现实需求、法律基础和路径选择》，《海南大学学报》（人文社会科学版）201 年第 4 期。

他国管辖海域和公海；同样，公海上发生的污染事故或生态损害的后果也同样可能波及沿海国管辖范围以内的海洋。简言之，海洋开发性和流动性的特点使得任何海洋污染和生态危机具有一定程度的外溢性特点。也因此，对于包括中国在内的沿海国家而言，公海保护区的设立与实施将有利于实现海洋生物资源的可持续利用，最终惠及所有国家。

二 深度参与全球海洋治理的战略机遇

对于近代全球海洋秩序而言，中国是一个不折不扣的"迟到者"。众所周知，近代海洋秩序形成的根本驱动力在于西方资本主义的全球扩张。正是在"航海大发现"年代，欧洲国家在广袤海洋中的权力争斗过程中形成了今天海洋秩序的基础，形成了自由的公海和毗邻陆地的主权海域的两分体系。这一基本秩序形态即便是在《海洋法公约》生效后的今天也依然保持着。但显然古代中国并未赶上这一过程。中华人民共和国成立后，囿于中国自身航海、捕鱼和海洋技术的局限，中国对国际海洋事务的参与也较为有限。并未提出具有建设性的意见和提案。客观而言，这一阶段的中国更多还只是西方主导的国际海洋法律制度和秩序的学习者。诚如庞中英教授所言，在全球海洋治理体系的形塑过程中，中国只是"被"治理，而并不是完全意义上的治理的参与者。[①] 很多今天看来对于中国极为重要的海洋法议题，如海洋历史性权利、群岛制度之于大陆国家群岛的适用等，在当时并未引起中国谈判代表的足够重视，客观上也给今天的中国处理若干周边海洋议题埋下了隐患。

如今的中国已今非昔比。经历数十年改革开放之后的中国，在海洋科技、航海、造船、海洋科研等诸多方面已经取得了长足进步。悬挂中国国旗的船只已经遍布全球海洋的各个角落，包括南极、北极、大洋深处。随着中国经济、政治和科技实力的不断提升，中国海洋利益也不断从近海向远洋扩展。国家海洋利益的扩展必然要求中国更多参与到全球海洋事务当中。同时，随着中国国力的提升，全世界客观上也需要中国更多参与全球海洋公共物品的提供。总而言之，中国参与全球海洋治理，是一种必然，是由中国自身发展的动力和国际社会的需求所决定的。

[①] 庞中英：《在全球层次治理海洋问题——关于全球海洋治理的理论与实践》，《社会科学》2018年第9期。

党的十八大正式提出了提高海洋资源开发能力，发展海洋经济，保护海洋生态环境，维护国家海洋权益，建设海洋强国的战略目标。在中共中央政治局第八次集体学习中，习近平总书记也特别强调了海洋之于国家主权、安全、发展利益的至关重要性。党的十九大报告进一步指出，中国是一个海陆兼备的发展中国家，建设海洋强国是全面建设社会主义现代化强国的重要组成部分。坚持陆海统筹、依海富国、以海强国、人海和谐、合作共赢是未来中国海洋强国之路的基本方向。海洋强国战略目标的提出，从国内政策层面为中国全面参与海洋治理奠定了政策基础。在国际外交层面，近年来，中国也在积极向外展示着中国积极参与全球海洋治理的意愿。2017年1月，在联合国，习近平主席发表了"建设人类共同未来"的主旨演讲。强调深海海底、极地、外空和互联网将是国际合作的"战略新前沿"。2019年4月23日，在出席中国海军成立70周年活动上，习近平总书记再一次表达了中国的海洋治理观和积极参与全球海洋治理的意愿。海洋对于人类生存和发展具有重要意义。在开放和联通的海洋基础上，人类被海洋连接成了命运共同体。也正是有了海洋，不同国家和地区的市场、技术、信息和文化等合作才得以展开。中国将全面参与联合国框架内的海洋治理机制和相关规则的制定与实施，落实海洋可持续发展目标。

2017年以来，包括公海保护区在内的一系列海洋公域治理制度的国家协商，某种程度上是一场关于海洋治理的新的秩序变革。围绕着ABNJ生物多样性养护与利用问题，海洋秩序正在发生演变。其中最显著的特征便是，海洋公域秩序的构建不再是，或者最起码可以说，主要不再表征为陆权与海权、海洋国与沿海国之间的对抗与张力。最起码，今天没有任何一个国家像20世纪70年代一样，从陆地出发，向外主张更多的管辖海域（更宽的领海、专属经济区、大陆架）。在今天有关海洋公域的构建过程中，各国之间的利益冲突和矛盾并不主要表现在海洋控制与反控制之上，而是不约而同地思考，如何在这片辽阔海域上构建体现某种共同价值追求（公平和/或自由）的资源开发秩序。简言之，今天围绕海洋公域所展开的思考不再是站在陆地之上凝视海洋，而是立于波涛之上思考海洋。面对这场秩序变革，中国无论是基于本国利益，还是作为一个负责任的大国，都需要积极参与其中，引领全球海洋治理。

三 中国"战略新疆域"经略的重要切入点

2017年1月18日,习近平主席在联合国总部召开的"共商共建人类命运共同体"高级别会议上提出,"要秉持和平、主权、普惠、共治原则,把深海、极地、外空、互联网等领域打造成各方合作的新疆域,而不是相互博弈的竞技场"。正式提出了"新疆域"这一概念。何谓"新疆域"?从习近平主席所提到的深海、极地、外空、互联网等对象来看,可以看出,新疆域实际上也就是通常所说的全球公域,即任何国家不能对其主张主权的领域。随着人类对海洋等全球公域认识和开发能力的不断深入,原来不易为人类所全面触及的全球公域开始成为新时代人类空间扩张的新领域,全球公域正日益成为主权国家管辖之外的战略性区域。[①] 海洋、极地、外层空间、网络空间等已经成为国家的未来战略新边疆。[②] 与此同时,建立在自由主义和个人主义基础之上的传统公域秩序的建构逐渐显露其不足,而新的公域秩序仍在型构当中,某种意义上,今天的国际社会再一次来到了一个"格劳秀斯时刻"(Grotian moment),即在环境已经发生根本性变化情况下,国际社会迫切需要一个不同的世界结构和一个不同的国际法的时刻。[③] 包括公海保护区建设议题在内的ABNJ海洋生物多样性养护与可持续利用的国际立法协商的开展,正是新时代关于海洋公域秩序构建的重要环节,公海保护区的建设、深海海洋遗传资源的开发利用与中国海洋利益密切关联,也因此是经略中国"战略新疆域"的重要切入点。

公海保护区建设除了从上述各个具体层面与中国国家利益存在着不同程度的关联,从更宏观的角度来看,包括公海保护区在内的一切全球公域治理运动实际上都会与中国当前的国家地缘政治战略密切相关。更具体地说,公海保护区建设本质上就属于战略新疆域当中的具体治理活动,这些活动的展开,对于中国在新时期经略战略新疆域而言,无疑都需要予以特

[①] 韩雪晴:《自由、正义与秩序——全球公域治理的伦理之思》,《世界经济与政治》2017年第1期。

[②] 石源华:《全球公域秩序与中国的"未来战略新边疆"》,《党政论坛(干部文摘)》2016年第3期。

[③] B. V. A. Roling, "Are Grotius' Ideas Obsolete in An Expanded World?" in Hegley Bull, etc. eds., *Hugo Grotius and International Relations*, Oxford University Press, 1990, pp. 297–298.

别的关注。

外层空间、"区域"、公海、极地等全球公域,虽然不是任何国家主权管辖范围,但近年来,这些公域对于国家安全、发展的重要性已成为主要国家的共识。各国普遍认为公域属于国家利益未来拓展和维护国家安全的"战略新疆域"。自20世纪80年代开始,西方国家便已开始积极经略这些全球公域。美、日、俄等西方国家纷纷将太空、极地、深海作为国家安全战略的重要内容,在全面制定相关国内法律和政策的同时,也在积极引领相关国际制度的设计,以此保障本国在这些公域的国家利益。我国作为崛起中的大国,在这些领域同样有着现实和潜在的重大国家利益。无论是公海保护区建设,还是其他ABNJ生物多样性养护与利用全球治理议题的演进和发展,无疑都会对我国国家利益产生重大影响。

近年来,随着科技的迅猛发展,人类生存空间和活动空间得到极大扩展。人类活动早已从传统的陆地领土和近海向深海远洋、外空、网络等实体或虚拟空间延伸。一时间,公域成为各国拓展战略资源、谋求国家利益的重要领域,也因此成为各国博弈的新舞台。因此,所谓新疆域同时也包含着国家利益疆域或边疆的概念,也就是说是以国家利益为标准来判断主权国家之间利益划分的边界和范围。[①] 换言之,在今天的地缘政治中,国家战略边疆已经从原来的生存概念向发展的概念转化。[②] 在这种情况下,国家利益的多元化,包括政治、安全、经济、生态利益等也就成为一国进行战略决策的重要考量。国家海洋局国际合作司原司长李景光总结认为,一国的海洋权益可以概括为两方面:海洋上可行使的权利和可获得和需要维护的利益。[③] 申言之,国家的海洋利益包括三类,其一是国家既得海洋权利,包括国家基于主权和国际法确定的权利。例如,中国基于《海洋法公约》和习惯国际法与其他国家平等享有的公海自由权利。对于中国日益成长的远洋渔业、航行和科考等远洋利益的维护具有重要作用。其二是基于本国实力,以及现实状况,包括兼顾他国利益和需求的情况下可以获得或主张到的利益。其三是基于本国发展所需,需要国家在国际社会交往中争取的利益。例如对于一些在旧秩序下形成的不公平海洋利益分配秩序,

---

[①] 刘惠荣:《海洋战略新疆域的法治思考》,《亚太安全与海洋研究》2018年第4期。
[②] 刘惠荣:《海洋战略新疆域的法治思考》,《亚太安全与海洋研究》2018年第4期。
[③] 李景光:《我国海洋权益内涵丰富》,《中国海洋报》2012年11月30日第2版。

中国有必要推动其改革和完善，以便争取更多国家利益。

如前所述，公海保护区建设是完善、填补当前公海生物多样性养护空白的重要治理工具。其基于生态系统的空间管理显著区别于传统的部门或物种导向的管理，也因此构成了对公海自由这一国际法原则的重大挑战。在当前数个区域海洋环境保护组织的公海保护区实践中，中国全程参与了CCAMLR框架下两个公海保护区的设立协商和谈判过程。中国全面参与南大洋海洋生物资源养护区域治理机制的时间并不长。2007年中国方才加入CAMLR。此时海洋保护区的议题已经在CCAMLR框架内讨论多年。2005和2007年，CCAMLR内部两次有关海洋保护区科学小组的讨论中国也因此无缘参与。2009年，在有关南奥克尼群岛南大陆架海洋保护区设立地讨论中，中国提出了三点意见：第一，CCAMLR框架内的海洋保护区应逐案建立，而不应形成任何有关海洋保护区设立的先例。第二，海洋保护区不应该妨碍合理利用。第三，应考虑南大洋海洋保护区的设立对《海洋法公约》的法律影响。尽管提出了上述关切，但在2009年，中国并未阻碍南奥克尼南部陆架海洋保护区的通过。2011年开始的有关罗斯海和东南大洋海洋保护区的讨论中，中国代表重新表达了对合理利用的关切，并提出应就海洋保护区的设立进行更多的科学研究，认为设立海洋保护区应有充分科学依据，特别是应证明现实威胁的存在。此后，在2012—2015年间有关罗斯海保护区的多次磋商中，中国也一直都坚持，海洋保护区设立与海洋生物资源捕捞和利用之间应取得适当平衡。在中国和俄罗斯代表的坚持下，罗斯海西面的重要磷虾捕捞区没有被纳入海洋保护区的范畴。[①] 中国关于罗斯海保护区应设立退出机制的提议也得到了国际社会的响应，罗斯海保护区虽未直接设立终止期限，但仍规定，在罗斯海保护区设立一段时间后，若对其延续无共识，则保护区将自动终止。这一制度与南极条约体系传统的"终止共识"显然存在很大差别。美国和新西兰对中国这一提案也表达了赞赏。[②] 从初步参与南大洋南奥克尼海洋保护区到罗斯海保护区设立，中国逐步完成了从追随者到积极的规则和制度倡议

---

① Nengye Liu, etc., "China's Changing Position Towards Marine Protected Areas in the Southern Ocean: Implications for Future Antarctic Governance", *Marine Policy*, Vol. 94, 2018, pp. 189-195.

② Nengye Liu, etc., "China's Changing Position Towards Marine Protected Areas in the Southern Ocean: Implications for Future Antarctic Governance", *Marine Policy*, Vol. 94, 2018, pp. 189-195.

者的转变。这种转变，反映了中国对公海保护区等公海议题认识的不断深入；同时也反映出中国对于深海远洋这一战略前沿中国家利益的清晰定位——中国并不反对公海生物多样性养护，但反对极端保护主义；公海保护区只是养护工具，最终要实现的是生物资源的可持续利用。

第二节 "海洋命运共同体"是中国参与公海保护区建设的理念指引

21世纪是海洋的世纪。全球围绕着海洋资源利用、海洋环境污染防治、海洋生态系统养护等形成了紧密的利益共同体和责任共同体，海洋命运共同体理念也因此成为新时代中国深度参与全球海洋治理的基本理念指引。

一 "海洋命运共同体"提出的时代背景与基本意涵

（一）海洋命运共同体提出的时代背景

"海洋命运共同体"的提出有其特有的时代背景。当今世界，全球化的加深使得人类社会更加依赖海洋这一传统的交流平台，全球90%以上的国际货物贸易需要通过国际海运来完成。同时，随着陆地上资源的日渐枯竭，为满足人类人口增多和经济发展对资源的渴求，人类社会开始将目光从陆地转向海洋，甚至外太空，海洋因此承受着较以往更大的资源和环境压力。国际社会多极化的发展，也使得越来越多国家参与到全球海洋资源开发利用中。众多全球性海洋问题的出现已经让建立在自由主义和个体主义价值理念基础之上的传统海洋秩序不堪重负。在诸如公海生物资源养护、国际海底矿物资源开发以及深海海洋生物遗传资源开发利用等诸多议题中，人类海洋共同利益日渐凸显。人类共同利益并非各国国家利益的简单交集，而是人类作为一个整体所共享的利益。此种共同利益显然也已经无法通过传统海洋秩序来实现。人类迫切需要新的全球海洋治理理念，以此来指引新的国际海洋秩序构建。在此背景下，2019年4月23日，习近平总书记在中国人民解放军海军成立70周年讲话中正式提出了"海洋命运共同体"理念。在会见外方代表团时，习近平主席指出，对于我们人类居住的这个蓝色星球而言，海洋不是分隔世界各国人民的藩篱，而是连接全世界人民的纽带,世界各国人民被海洋连接成命运共同体,各国人民安危与共。① 海洋命运共同体理念是全球海洋治理的中国方案和中国立场。在当前自由主义和个体主义传统海洋秩序与人类海洋相互依赖的现实之间矛盾日益激化,传统海洋秩序迫切需要变革的时期,海洋命运共同体的提出恰逢其时,为全球海洋秩序变革提供了新的理论指引和支撑。

个体主义和自由主义是传统国际海洋秩序的基本价值理念,追求国家海洋利益的最大化是所有国家寻求海洋制度化合作的基本动因。沿海国与海洋强国之间、发达国家和发展中国家之间,以及沿海国与非沿海国之间利益博弈的结果便是今天的《海洋法公约》,《海洋法公约》也因此被认为是国际政治斗争和各方利益妥协的结果。② 在海洋利益的分配上,其一方面将原本属于全球公域的沿海国 200 海里海域及其海床洋底资源进行了"私有化",以满足沿海国占有更多海洋资源的需求;另一方面,对剩余的海洋则继续奉行海洋自由原则。各国有权自由进入广袤的公海区域,捕捞远洋渔业资源,获取其他海洋生物资源。公海及其资源被视为人类共用物,任何个人或国家不得对其任何部分主张独占,同时任何人或国家也不得排除他人对公海及其资源的利用。与此同时,对于公海之下的海床洋底,则尝试着以"人类共同继承财产"来重新界定其国际法地位,试图以此实现所谓的人类共同利益。然而,实际上,即便是为全人类利益服务,"区域"制度最终也没能完全贯彻"人类共同继承财产"之要求。在共同管理上,发展中国家寄予厚望的 ISA 实际上仍是一个权力主导的国际组织。在发达国家不愿落实技术转让和能力建设承诺情况下,"区域"所谓的平行开发制仍有利于技术发达国家,仍未能从根本上脱离自由主义和个体主义的窠臼。

自由主义海洋秩序在人类尚未在海洋资源利用上形成"拥挤"状态时具有一定的合理性。在格劳秀斯时代,海洋作为一种空间资源和丰富海洋渔业资源所在的空间域,海洋承担的主要使命在于沟通世界各地的桥梁。同时,在人类捕捞技术和航海技术,以及人口和经济发展水平对海洋渔业资源需求有限的情况下,海洋没有理由为任何国家和个人所垄断。它

---

① 参见范恒山《积极推动构建海洋命运共同体》,《人民日报》2019 年 12 月 24 日第 9 版。
② 姚莹:《"海洋命运共同体"的国际法意涵:理念创新与制度构建》,《当代法学》2019 年第 5 期。

如同空气、阳光一样，取之不尽用之不竭，当然应该为全人类自由进入、自由开发利用。人类自可各取所需、各得其所。这也是格劳秀斯反驳塞尔登"闭海论"的主要自然法理据。与此同时，海洋环绕着陆地，天然地成为建立在陆地之上的国家防御外来威胁的屏障，由此也形成了沿海国对毗邻沿海区域拥有领海的习惯国际法。

进入《海洋法公约》时代，公约基本上仍是这种自由主义范式下的产物。然而，这种范式已经明显不符合现代海洋治理的要求。首先，公约将原本自然一体的海洋人为分割为许多不同区域，① 使得一体化、系统化的海洋生态治理无从实现。沿海国在各自的领海、专属经济区采取不同的环境保护与生态养护政策，而在公海上则主要依据有限的国际制度进行治理。这种分而治之的海洋政策与基于生态系统的养护需求背道而驰。事实证明，对于海洋这种生态系统而言，"割地而治"的"私有化"并不能有效解决公地悲剧问题。其次，在海洋自然资源和空间资源利用方面，在深海矿物资源、海洋生物遗传资源等新兴海洋资源开发利用过程中，奉行自由竞争，"先到先得"的海洋资源分配秩序，在南北经济和技术实力差距进一步加剧的背景下也已经越来越背离了国际公平正义。

不能否认，全球共用物的形成，其最初目的在于实现人类共同利益，工业革命以前，地球人口数量有限，资源需求量也相对有限，这种情况下，共用物完全可以供人各取所需而不会也不必相互排挤。② 就像吃自助餐一样，在食物充足而人数有限的情况下，食客各取所需本身具有道德必然性。他们中的任何人既不会对全部食物主张所有权，也不必事先就谁应该取得哪一份取得一致，而是彼此默认各自放入盘中的食物为他所享用。但一旦出现"僧多粥少"，且食客本身身高、体力等特征存在明显差异（如成人与幼儿）的情况时，这种道德必然性将不复存在，人们或者将对食物发生争抢，或者需要就食物获取达成某种协议，如不得浪费食物、确保所有人均可得到果腹之物等。换言之，从照顾全体利益出发对资源进行分享和照管的要求必然产生。

---

① ［美］路易斯·亨金：《国际法：政治与价值》，张乃根等译，中国政法大学出版社 2005 年版，第 113—142 页。

② ［澳］斯蒂芬·巴克勒：《自然法与财产权理论——从格劳秀斯到休谟》，周清林译，法律出版社 2014 年版，第 89 页。

随着各国海洋相互依赖程度的不断加深，海洋不再是隔绝各个大陆的分界线，而是联通世界的纽带。不同大洲的人们被海洋连接成命运共同体，各国人民安危与共。① 没有哪个地方能比诸如海洋这样的全球公域更能彰显人类共同利益的存在了。在这片超出国家管辖范围以外的区域中，唯有通过国际合作，海洋环境保护、生物资源养护、和平有序的公域利用秩序方得以维持。没有任何国家能够凭一己之力解决当前所面临的种种全球性海洋问题。全球化时代的海洋利益冲突，已经从原来的国家利益之间的冲突逐渐转变为国家利益与人类共同海洋利益之间的冲突。客观上也要求各国抛弃旧有的海洋利益观与合作观，海洋命运共同体的提出，正是对当前以海洋为代表的全球公域提出的新的治理观。

(二) "人类海洋命运共同体"的基本意涵

"人类海洋命运共同体"是人类命运共同体在全球海洋领域的拓展和延伸，是人类命运共同体理念的重要组成部分。人类海洋命运共同体是以人类共同价值为指引，以中华民族传统文化为抓手，倡导全球"共商、共建、共享"理念，涵盖国际关系、海洋经济发展、海洋文明交流、海洋生态建设等各方面的重大理论体系。②

1. 人类海洋命运共同体逻辑起点——共同体

"共同体"这个概念本身源于社会学研究。德国社会学家费迪南·滕尼斯是对这一概念研究的集大成者，在其名著《共同体与社会》一书当中，共同体和社会被用来描述人类群体性存在的两种方式和类型。按照滕尼斯的界定，共同体是真实的、有机的生命体；而社会则是想象的、机械的构造。前者依靠个人的本质意志维持和维系群体关系。所谓本质意志，是指"包含了思维的意志"，其内涵包括纯粹本能或喜好、习惯、记忆，乃至良知。与此相对的是"包含在思维之中的意志"，被滕尼斯称为抉择意志。靠本质意志维系的群体形态为共同体，而靠契约和抉择意志维系的群体关系为社会。由于某些统一或共同的东西的存在，人类在本质意志指引下会自然而然地形成共同体。共同体的本质是一个有机体。用马克思主

---

① 陈秀武：《"海洋命运共同体"的相关理论问题探讨》，《亚太安全与海洋研究》2019年第3期。

② 邹克渊：《国际海洋法对构建人类命运共同体的意涵》，《中国海洋大学学报》（社会科学版）2019年第3期。

义辩证法来解释，它并非部分的简单相加，而是各部分有机结合起来的整体。"它的全部现实存在都表现为自然的全体，同时，作为全体，它在同其各部分的关联中运动并发挥作用，这样的群体就是有机体。"共同体是自然形成的，而不是人为构造的。在滕尼斯看来，共同体最原初的形态表现为母子关系、夫妻关系和兄弟姐妹关系。这些关系的形成植根于天性，而后又进一步在共同生活基础上，经由喜好、习惯、记忆等维系着共同体状态。

共同体的形成，包含着主客观两方面因素。主观方面的因素表现在，共同体的存在和维系需要所谓的本质意志，如血缘关系、乡缘关系、精神关系等来维系。主观意志的作用存在着特定的场域，这个场域的最小规模便是家庭，并逐步扩大为村落、城镇，甚至更大的地理范围。人们可能离开这一场域，但这一场域无论如何都仍会是成员间精神联系的纽带。在一个屋檐下，家庭成员曾经共同生活，有共同的记忆。这也就涉及共同体的客观要素——共同生活的场域。滕尼斯总结认为："只要在人们通过自己意志、以有机的方式相互结合和彼此肯定的地方，就会存在这样或那样的共同体形式。"换言之，共同体的构建，除血缘共同体这种共同体的胚胎形式以外，首先需要主观上存在构建共同体关系的意愿。其次，这种群体关系必须是一种有机的方式。作为整体中的部分，个体虽相互独立但同时又相互依赖、相互依存，或者存在着某种共同的精神纽带、共同的价值追求等，以此实现分离中的统一。最后，构成整体的部分应以相互肯定的方式展开互动。此外，共同体的形成当然也离不开相应的物质基础，比如地缘共同体的形成以对耕地、农田、草场等的共同占有的基础，而血缘共同体一般也需要共同生活的空间。[①]

与社会相比，共同体在秩序维系和运作方面存在着以下几个方面的特点：首先，共同体强调权威而不是权力。[②] 详言之，一如共同体的最小单位——家庭中所存在的现象，一般而言，父母在家庭秩序中具有权威，但这种权威并非全然是让家庭其他成员产生畏惧的强力，而更多来自其他家

[①] ［德］费迪南·滕尼斯：《共同体与社会》，张魏卓译，商务印书馆1999年版，第87—88页。

[②] ［德］费迪南·滕尼斯：《共同体与社会》，张魏卓译，商务印书馆1999年版，第108页。

庭成员的尊敬。诚如安德鲁·赫里尔等英国国际关系学派所言,国际关系中虽无法摆脱权力的影子,但权力要持续维持其影响力,并以一种最有效率的方式运行,就必须获得正当性,即从权力转变为其他国际社会成员所认可的权威。① 其次,共同体内部存在分配但不存在交换。共同体成员共同劳作,并对劳动成果进行分配,但共同体内部本质上却不会允许交换的存在。尽管在一个比家庭更大的共同体,如乡村、城镇内部可能存在类似于交换的现象,但这种交换,在滕尼斯看来与现代意义上的交换相去甚远,其虽然隐含着某种隐蔽的交换理念,但本质上仍是分配理念主导着物质成果的分享秩序。他解释道,分配与交换最大的区别在于,分配并非基于等价原则,而是按照成员需要和共同体维系出发来进行,如按劳分配、按需分配,皆是如此;而现代意义上的交换则建立在等价原则基础之上。② 在滕尼斯看来,真正的交换违背了共同体的本质。③ 最后,在共同体所生活的空间中,虽然会存在私有财产和契约关系,但支配共同场域使用和场域上活动的根本要素仍是成员间心照不宣的"共同领会"。滕尼斯在讨论共同体内部的公地利用及其规则时提到,在乡村会存在着一些公共地,这些公共地就像一个家庭内部尚未分家析产前的家庭用地。它们是乡村社团活动的场所,也是它日常关切的对象。公共地的存在,部分的是为满足统一体的共同目的,部分的是为着满足成员一致的、共同的目的。④ 换言之,对于共同体而言,公共地是共同体目的与共同体成员的共同目的的统一载体。共同体成员在追求自身利益的同时,要将共同体目的放在首位,同时受到超越它们之上的整体法的限制。

2. 海洋是人类生活的共同地理疆域

整体和开放的海洋是人类海洋命运共同体构建的客观物质和现实基础。海洋是人类生存的摇篮,海洋维持生命,联结着世界,促进着人类社

---

① [英]安德鲁·赫里尔:《全球秩序与全球治理》,白云真等译,中国人民大学出版社2018年版,第231页。
② [德]费迪南·滕尼斯:《共同体与社会》,张魏卓译,商务印书馆1999年版,第110—111页。
③ [德]费迪南·滕尼斯:《共同体与社会》,张魏卓译,商务印书馆1999年版,第110页。
④ [德]费迪南·滕尼斯:《共同体与社会》,张魏卓译,商务印书馆1999年版,第119—120页。

会的发展。这个蓝色星球，不是被海洋分割成了各个孤岛，而是被海洋联结成命运共同体，海洋环境的保护、海洋资源的可持续利用是人类作为一个整体实现可持续发展的前提和基础。人类诞生于海洋，并依赖海洋而持续生存繁衍，海洋已然成为人类共同生活的场域。海洋在人类历史的漫长岁月中一直被视为人类共同生活的场域，无边无际的海洋如同空气、阳光和水一样被视为全人类共用的空间和资源，没有任何君主或国家对海洋主张主权。直到近代以来，随着人类航海技术和海洋探索能力的迅猛发展，海洋才逐渐被沿海国从法律和政治意义上分割出不同的主权和管辖海域，少部分的海洋空间及其资源才成为沿海国的"禁脔"。然而，即便如此也没有国家真正完全占有了这个没有边界、流动性的海洋，某种意义上，人类基于海洋这一实体存在形成了一个占有或地缘共同体，如同人们基于占有农田、森林、草场而形成村庄共同体一样。人类依然通过海洋进行贸易和交流，共享海洋生态环境，共同享用海洋所带来的雨水、气候变化等诸多公共产品；当然，人类同时也共同承担着海洋环境污染与生态恶化所带来的恶果。任何一个沿海国在海洋生物资源养护方面的努力，都有可能惠益其他国家和地区的人；同样，任何沿海国向海洋排放的污水和废弃物，也会随着季风和洋流在整个海洋扩散，殃及其他无辜者。海洋的整体性，以及它客观上作为人类共同生存繁衍的场域，为海洋命运共同体的形成提供了客观的物质条件和基础。

  海洋的这种整体性也为目前作为"海洋宪章"的《海洋法公约》所肯定，公约序言就明确提到，意识到各海洋区域的种种问题都是彼此密切相关的，有必要作为一个整体来加以考虑。这种整体观在公约各个具体制度当中也得以体现。例如沿海国对本国领海主权与外国船舶在领海无害通过制度，沿海国对专属经济区自然资源主权权利与他国传统捕鱼权、航行、飞越自由权的保留等。类似的，沿海国在享有对大陆架矿物资源和定居种生物主权权利的同时也必须兼顾到他国铺设海底电缆和管道、建设人工岛屿和设施等方面的自由。《海洋法公约》当中这些制度和规定某种程度上已经证明，对于海洋，现代人类社会已然意识到了人类这个群体依托于海洋，已然形成了一个休戚与共的命运共同体的现实。而这一现实也为我们进一步诠释和推进价值和制度层面的共同体建构提供了客观基础。

  相较于社会对个体的强调，共同体的视角是一种整体的视角。海洋命运共同体的形成，不仅表现在价值和理念上的共通性上。共同的生活场域还只是人类海洋共同体构建的物质基础,实际上,从目前社会学的研究结论来看,比滕尼斯所言的血缘共同体或张康之等学者口中的家园共同体更高阶的共同体形态,[①] 更多表现为一种价值共同体,即当一个群体共享着某些共同的价值,这些价值是吸引他们心灵层面积聚在一起的引力,同时他们也会按照这些价值来组织和安排群体行为。因此,所谓海洋命运共同体同样需要有一个哲学化的、普世性的精神内核。[②]

3. 海洋命运共同体是一个价值共同体

对于海洋,人类历经数个世纪的探索早已形成了某些共同的海洋治理基本价值,这些价值同时也是我们今天构建海洋命运共同体的价值基础。维持海洋共用物属性是人类历史上确立和发展而来的基本价值。海洋,在远古时代被视为人类共用物(Res Communes),没有任何人、任何古代城邦或帝国曾经对海洋主张过主权或领有权。即便是古罗马帝国全盛时期,在地中海已经在事实上成为帝国内海的情况下,它也并未明确主张过对地中海的主权。相反,《查士丁尼法学汇编》一再强调,海洋如同空气、阳光和水一样不属于任何人,人人可得自由使用。此后,尽管不断有强权试图垄断海洋,《海洋法公约》也将狭窄的沿海水域划归了沿海国,但实际上海洋共用物的属性并未从根本上发生改变。前述提到的那些有关沿海国权利与非沿海国权利之间的妥协与调和,本质上都是在海洋私有与海洋共用物张力下不断地进行动态的平衡。共用物本身就是一个共同体形态的产物和表现。共用物虽然名义上为物,但却不是财产法上的物。尽管它通常被认为是罗马法中常见的四种物的类型之一,与公有物、无主物、私有物并列,但实际上,共用物从来就不强调所有权的意思,它表征的是一种物的消极共有状态。共用物天然地就是共同体中物以及物的使用秩序的一种描绘。就像在家这样一个最小的共同体形态当中,日常生活中没有家庭成员会去计较放在冰箱中的一个鸡蛋的所有权一样。在人类长期的历史岁月中,同样没有人去特意关注海洋的所有权归属。直到工业革命之前,对于海洋,人类一直奉行着"各取所需、各得其所"的原始的物的秩序。

之所以说共用物天然地符合共同体形态,是因为,在共同体中,没有

[①] 张康之、张乾友:《共同体的进化》,中国社会科学出版社2012年版,第1—2页。

[②] 陈秀武:《东南亚海域"海洋命运共同体"的构建基础与进路》,《华中师范大学学报》(人文社会科学版)2020年第2期。

财产制度和私有制，没有"我的"和"你的"之分。这一点从家庭这一最小共同体形态可以很清楚地看出。即便在现代家庭中，往往也只有在家庭崩解的时候才会分家析产。海洋同样如此，人类历史中，相当长一段时间内，对于海洋都没有"你的"和"我的"之分；在欧洲基督教社会，地球上的一切包括海洋，都是上帝赐予人类子民的。只是随着人类认识和利用海洋能力的不断发展，海洋才成为可以被占有，或至少是部分可占有之物。海洋作为共用物的客观形态开始发生变化，在某种程度上，作为整体的海洋及其资源最起码在法律和政治上开始和陆地一样被分属不同国家所有。国家之间开始出现海洋利益争夺、利益交换、妥协和分配。工业革命让原始的海洋共同体崩解。海洋空间和资源利益被分割成"我国的"和"其他国家的"。国家海洋利益的对立取代了原始的海洋共同体形态下的共同使用。但这种碎片化的海洋利益也因此导致了海洋环境的恶化、海洋生物资源的不断衰竭，以及海洋秩序的动荡。海洋的整体性与海洋利益和管理碎片化的问题也因此导致了海洋环境问题丛生。海洋环境的日益恶化，海洋生物资源的日益枯竭，以及因为海洋冲突所带来的沉重海洋管理成本，使得民族国家逐渐开始反思，到底有什么海洋利益确定无疑是属于自己的？某沿海国在本国领海和专属经济区单边采取的海洋生物资源养护与海洋环境保护措施真的就能完全由本国人民享有吗？其他国家在本国主权和管辖海域内的海洋环境污染与滥捕滥捞行为真的只会对它本国造成影响吗？结果当然是否定的，海洋空间的整体性和开放性使得任何海洋行为的负外部性和正外部性都不可能完全由行为者单独承受和享有，它们始终会或多或少地向外溢出由全人类一体承担。这些问题也因此让人类反思社会化的海洋秩序，思考重新回到共同体形态的海洋秩序。

向海洋共同体的回归，关键是消除海洋空间及其资源"私有化"所造成的公共领域和私人领域之间的分野。当然这样做并非要去否定民族国家特殊的海洋利益，而是主张在维护和促进人类海洋共同利益的过程中去实现个体的、国家的海洋利益。简言之，就是要实现国家利益和全人类海洋利益的融合。

当然，人类海洋命运共同体显然不可能是回到那种原始共产主义式的共同体形态。尽管当时的人们并没有"你的"或"我的"海洋的自觉，但显然也并没有所谓共同海洋利益的观念。这也是在情理之中的，原始的共同体成员既然无从意识到个体差异性，则也不可能存在共同的观念。因此，工业革命以前的海洋共同体本质上是一种自然形成的共同体，一种自发秩序。人们可能没有意识到自己处于这样一个共同体当中，但他们的确在一个共同体当中生活和生存。

4. 海洋命运共同体是人与人、人与海洋和谐共存的有机体

除了表现为人与人之间的高度相互依存，海洋命运共同体还有另一层更高的含义，即人与海洋的协调统一。人与人之间的和谐共存，主要表现在不同国家、不同地区、不同国家集团之间的人民在开发和利用海洋时应该注意和体认到其他国家与地区人民在开发利用海洋方面的特殊要求和利益诉求。例如发达国家在占据海洋开发利用资金和技术优势的情况下，不应该滥用自己的优势地位而垄断海洋利益；而应该对发展中国家、最不发达国家的海洋利益予以妥善关切。人与人之间的和谐共存还不仅仅体现在当代人之间，还表现为当代人与后代人之间关系的处理上。海洋命运共同体，诚如其对应的英文概念所揭示的那样，是一个面向共同未来的（shared future）的共同体。因此，海洋命运共同体理念天然地包含着可持续发展的内涵。可持续发展，包含着代内公平和代际公平。所谓代际公平是指人类在海洋利用与开发过程中不仅应关注到当前时代的利益，同时也应该关注到后代的利益。因此，在海洋资源开发与利用过程中，内含着养护与利用并重的要求。

在这一层面上，人与海洋同样也是相互影响、生死相依的有机统一体。海洋环境的恶化，生物多样性和生物资源的退化和衰竭将会直接影响到人类自身的生存和社会发展。例如当海水遭到核废水污染之后，人类可能被迫吃到遭到放射性废弃物污染的海鱼，海洋生态系统的衰竭可能降低海水对温室气体的捕获和容纳的能力，海洋渔业资源的枯竭会直接影响到人类蛋白质的获取和发展中国家沿海渔民的生计。反过来，人类的活动，无论是陆上的活动，还是海上的活动，同样都会或多或少影响到海洋环境。人与海洋这种高度相互依存、共生共荣的关系正表现了海洋命运共同体"天人合一"的传统思想和理念。"天人合一"是中国传统思想中处理人与自然关系的最高哲学价值。其核心在于反对人类中心主义，将人与自然放在同一个尺度上。人与自然和谐共存的生态文明观正是海洋命运共同体的当然内涵，也因此成为中国参与全球海洋环境与生态治理合作的基本原则和指导思想。

5. 海洋命运共同体是一个追求实质正义的共同体

要驱动人们为实现可持续发展的海洋而合作，就必须建立起更为体现

实质公平和正义的海洋秩序。海洋命运共同体和其他任何共同体一样，其建构和长期维系需要建立在对成员利益和诉求的公平对待上。共同体之所以称为有机体，并不是因为它消除或掩盖了个体利益；相反在于其对个体正当合理利益的高度关切，在于它能够在成员间实现实质公平与正义。共同体内部不会极力去追求形式公平，而是更倾向于按照亚里士多德所说的那样，给予不同人以不同待遇。只有当共同体中每个成员自身自然条件的差异、需求的差异、能力的差异等均被考虑，并在考虑这些差异的基础上进行共同体内部任务和收益的分配，共同体的成员才会各安其分，一起为共同体利益的实现而努力。换言之，在责任分配上应该遵循"共同但有区别"的原则；在利益分享上应体现实质分配正义，尤其是对发展中国家和最不发达国家利益给予特殊关注。

二 "海洋命运共同体"之于公海保护区建设的价值指引

海洋命运共同体理念的提出为包括公海保护区在内的全球海洋公域治理众多议题的推进提供了充分的理论基础。在海洋命运共同体理念的指引下，公海保护区建设应在遵循整体性和系统性基础上，强调人类共同利益优先性，以及共同利益和国家利益之间的融合发展，同时积极推动当前《海洋法公约》框架下"ABNJ生物多样性养护与持续利用实施协定"立法，为公海保护区建设提供明确的国际法依据。

（一）以整体论为视角推动全球代表性海洋保护区网络

海洋命运共同体所彰显的整体论视角为当前公海保护区的建设提供了充分的理论指引。海洋保护区与任何其他保护区或划区管理工具一样，这种养护工具和手段本身就是一种系统和整体养护观的体现。与传统针对单一物种进行养护或针对单一海洋污染源进行治理的做法不同，海洋保护区之设，其根本目的就在于通过对特定海洋生态系统，包括对其中的生物与非生物环境因素的全面管理来实现综合治理。因此，其必然要求在公海保护区建设过程中破除部门之间的藩篱，实现综合养护和管理。

此外，海洋命运共同体的整体论之于公海保护区建设还要求将公海保护区建设放在全球海洋治理的整体框架当中协调看待。换言之，公海保护区保护的不只是公海生物资源，更不是特定的海洋物种，而应该从海洋生态环境治理全局出发，考虑公海保护区的选址与养护规则的制定。也因此，公海保护区建设过程中应该考虑沿海国管辖范围以内海域的环境现状，以及相应的国内海洋环境保护政策和立法措施，当然也包括与"区域"环境保护与资源开发利用制度之间的协调。针对某些高度迁徙海洋鱼类种群的长期养护而设立的海洋保护区时，尤其要注意与沿海国之间的协调，必要时应与沿海国积极协调，以建立起跨区域的海洋保护区网络，实现对鱼类育种地、栖息地、觅食地等重要和关键海区的系统管理。整体论视角同时也要求在公海保护区建设过程中注意到保护与利用之间的平衡，以养护促利用，在利用中寻求保护和养护，二者不可偏废。

海洋命运共同体理念指引下的公海保护区建设也因此要求在公海保护区建设中关注各国利益，在追求海洋生物多样性养护过程中也应该关注各国特殊需求，尤其是发展中国家和小岛屿国家的特殊需求。在差异中寻求和谐统一是海洋命运共同体的基本要求。整体是部分构成的整体，追求和谐统一，首先需要关注、认同个体的差异和多样性。公海保护区的设立固然有利于实现海洋生物多样性的长期养护，但毋庸讳言也会给部分国家航海和捕鱼等海洋自由权利的行使造成障碍。例如，特定海域公海保护区的设立，对于一些依靠这些海域从事传统捕鱼的发展中国家而言，可能意味着经济发展和渔民生计的受损；或者意味着某些重要海上航行通道利用的受阻。对于这些特殊利益和需求，公海保护区选址和制度设计过程中都应该予以考虑。对于发展中国家可能因此遭受的利益损失，国际社会可以考虑予以补偿。更重要的是，对于任何公海保护区都应该有相应的定期评估机制和"毕业"机制，在达到其既定养护目标的情况下，应在科学和技术机构的建议下考虑中止或终止公海保护区。同时，国际社会还应该努力提升发展中国家参与公海保护区建设的能力，在公海保护区建设合作过程中，在发展中国家参与公海保护区的能力建设和科学技术方面给予相应的支持与帮助。

（二）以利益共同体理念为指引推动公海保护区建设的国际合作

公海保护区作为实现全球海洋公域生物多样性长期养护与可持续利用的政策工具，其实现目的有赖于国际社会的广泛和深入的合作，而合作的驱动力则来自利益。利益，简言之即客观见之于主观需求的能力，它代表着价值关系的实现。[①] 现实主义认为，国家利益是推动国家之间展开合作的根本动因。主权国家是否会采取或参与国际集体行动，关键在于它能否

---

① 许建：《论国际法之"人类共同利益"》，《北京理工大学学报》2011年第5期。

从中获得国家利益,包括绝对和相对利益。对于公海等全球公域而言,主权国家显然会如同哈特"公地悲剧"中所描述的牧人一样,理性的决策似乎是尽可能地攫取更多的公海资源,至于由此造成的负外部性则交由牧场全体使用人一体承担。当前的公海便面临这种困境,在公海自由原则下,各国竞相开发和利用公海资源,但也由此造成了公海海洋环境的日益恶化,以及生物资源的不断衰竭。

自20世纪七八十年代以来,不同学科和领域的学者纷纷从自身学科角度提出了解决公地悲剧问题的集体行动方案。埃莉诺·奥斯特罗姆、曼瑟尔·奥尔森等从经济学视角提出了相应的集体行动解决方案;而建构主义国际关系理论则通过探讨约束社会人的传统、习俗、身份等因素来解释国际合作的驱动。但这些工具理性层面的思考始终没有触及根本的、人的行为驱动问题。人的行为最终要受到他所接受或信仰的价值所驱动。个体的利益固然是国家寻求合作的主要动力,但共同体理念认为,在个体利益之外,人类共同利益同样也会驱使主权国家展开合作。所谓人类共同利益不是国家共同利益,后者可以是双边、多边或区域的形态,但人类共同利益则是人类作为一个整体所享有的,全局的、可持续的利益。此种利益关乎人类这个整体的生存与发展。[①] 海洋等公域及其资源共用物地位的形成,在早期同样也是在服务于这种共同利益。海洋不为任何国家和个人所独占,任何人均可自由取用海洋资源,以实现自己的生存与发展。这本质上便也是今天公海自由原则的自然伦理基础。但这是以人类海洋资源开发利用能力有限和海洋资源相对充裕为前提的,随着人类海洋资源开发能力的大幅度提升,海洋生物与非生物资源逐渐从格劳秀斯所认知的不可耗竭资源成为可耗竭资源。资源的竞争性使得公海逐渐从原本的利益共享区域成为利益竞争的场域。国家利益取代了人类共同利益,在此背景下,人类需要重新树立起利益共同体意识,方能从根本上解决当前公海所面临的困境。海洋命运共同体理念的提出,恰逢其时地为这种国际秩序的变革提供了新的国际政治理念和伦理指引,有助于在全球层面形成共同利益观,进而促进海洋保护区建设在全球海洋的展开,通过对那些重要、敏感、脆弱海洋生态系统和生态环境的保护,以及那些濒危物种及其栖息地的在地养护,实现对海洋空间及其资源的长期可持续利用。也唯有在价值层面达成

---

① 许建:《论国际法之"人类共同利益"》,《北京理工大学学报》2011年第5期。

这种共同利益观，主权国家才有可能在公海保护区建设问题上达成共识，愿意放弃传统公海自由原则下的各种短期利益和国家特殊利益，转而在维护和追求人类共同利益过程中实现国家利益。同时，利益共同体理念的形成也有助于形成责任共同体。尽管在高度全球化的今天，国际社会高度的组织化使得国际社会已经在某种程度上初步展现出某种温和的超国家主义的特点，但今天的国际社会依然是由平等主权国家所组成的共同体，主权之上并无超越主权的执行机构和权威。也因此，诸如海洋等全球公域的治理本质上依然是一种自组织治理。自组织治理不仅表现在治理主体、治理方式的自我组织上，同时也表现在义务履行和责任承担的自主性上。简言之，国际法上的责任，终归主要依靠主权国家的自觉承担。对于建立在公海之上的海洋保护区而言尤其如此。如前所述，公海之上主要依靠的是船旗国管辖，公海保护区养护和管理措施的落实在很大程度上倚赖于船旗国对本国船舶及其船员的有效监督。任何有关公海治理的国际组织也不可能是一个超主权性质的组织机构，它不能对国家发号施令，它对国家行为的影响基本上靠的是国家对共同体意识认同下的自觉行为。[1]

当然，以追求共同利益为基本目标的公海保护区并不是要排斥和消灭个体的国家利益；相反，在海洋命运共同体理念指导下，公海保护区建设过程中将实现国家利益和国际社会共同利益的和谐统一。以追求共同利益为目的的公海保护区建设将从根本上改变当前以国家利益为导向的公海保护区建设所带来的各种弊端。以南极罗斯海保护区建设为例，在海洋保护区设计讨论过程中，狭隘的国家利益之间的竞争是罗斯海保护区未能完全实现其既定养护目标的主要障碍。南极主权声索国利用保护区实现对声索海域"软控制"的诉求，现实和潜在渔业国家对本国南极渔业权益的过分关注使得保护区提案延宕日久方才通过，而最终通过的保护区方案也不过是各方利益妥协的产物。为了照顾个别南极成员国南极磷虾捕捞利益，关键的生态海洋区域最终被排除出罗斯海保护区的范围。[2] 罗斯海保护区设立的曲折经历客观上也呼吁国际社会树立起"天下为公"的全球观和

---

[1] 王帆、凌胜利主编：《人类命运共同体：全球治理的中国方案》，湖南人民出版社2017年版，第6页。

[2] 邹磊磊：《权益诉求视角下的罗斯海保护区设立过程分析及其启示》，《极地研究》2020年第3期。

利益观。

（三）以公道正义为基本价值推动公海保护区全球法律制度建构

公平是构建世界秩序的基本价值取向，也是人类命运共同体理念的基本内涵。国际公平正义首先体现在主权正义。[①] 尊重各国平等参与国际事务的政治权是公海保护区全球立法协商中应该予以坚持的首要原则。公海保护区建立在所有主权国家享有公海自由权利的公域之上，任何有关限制主权国家自由权利的国际法律制度，理应由各国在平等协商基础上共同制订。同时，主权平等也因此意味着，非基于任何普遍国际法所赋予的权利和职权，任何双边、多边或区域公海保护区制度都不能约束非缔约国。全球层面的公海保护区建设应该在一个全球法治化的框架内进行，以避免公海保护区建设成为少数国家推行新的"海洋圈地运动"的工具。同时，在公海保护区国际管理程序和机制建设方面，应尽量体现国际民主和公平。在决策议事程序上，应坚持协商一致，而不是投票表决，更不是通过所谓的加权投票表决来决定公海保护区建设和管理的相关事宜，以避免公海保护区的管理权事实上落入少数国家之手。

此外，在当前"ABNJ实施协定"中，公海保护区与公海生物遗传资源开发利用是"一揽子"立法事项当中的两个基本组成部分，同时也是当前国际立法中相互关联的两个议题。公海保护区目的在于实现生物多样性养护，进而为人类持续利用公海生物资源，包括海洋生物遗传资源创造条件，二者是手段与目的的关系。公海保护区对国家而言，意味着对其公海自由权利的限制和养护责任的承担，而海洋生物遗传资源的利用则是对养护成果的享用。因此，在当前国际立法协商中应尤其注意在公海生物资源利用方面实现分配正义，做到养护责任与利用权利的平衡，避免公海生物多样性的养护义务和责任由包括广大发展中国家在内的国际社会全体成员承担，养护成果却在事实上仅由少数技术和资金占优势的发达国家所享有的不公平局面的出现。

[①] 王帆、凌胜利主编：《人类命运共同体：全球治理的中国方案》，湖南人民出版社2017年版，第39页。

第三节 中国参与公海保护区建设的具体方略

目前，国际社会普遍认可公海保护区和其他划区管理工具在实现海洋生物多样性养护与持续利用方面的功能和效用。公海保护区目前也被视为ABNJ海洋生物多样性养护与可持续利用实施协定的基本议题之一。与此同时，在其他部门、区域层面，公海保护区和其他划区管理工具也在逐步实施当中。作为快速发展中的海洋大国，中国全球海洋利益正日益凸显，对于包括公海保护区在内的海洋议题，中国也应该予以高度关注，并应该积极参与其中，在维护本国正当海洋利益的同时，在海洋命运共同体理念的指引下，推动海洋秩序朝着更加公平正义的方向改革发展。

总的来看，中国当前参与公海保护区建设的"战场"主要集中在两个层面或领域。第一个领域便是当前正在协商中的"ABNJ实施协定"；第二个领域则是在区域、部门国际机制层面的有关公海保护区建设的政策讨论。这两个场域相互影响，相互牵制。前者作为联合国框架下一个已经进行了长期准备的立法议程，大多数联合国成员都参与了本次立法协商，作为《海洋法公约》的一个补充性实施协定，与区域、诸边公海环境保护国际协定相比，其国际法地位和影响力将更为深远。与此同时，当前的实施协定立法也正是为了弥补当前区域、部门层面上公海生物资源养护中存在的空白，修正某些不足。而在当前公海保护区全球立法的同时，在区域和部门层面上，公海保护区和其他划区管理工具仍在实践当中。这些区域和部门实践不可避免地会反过来影响当前的全球立法。因此，中国应同时重视这两个与公海保护区建设有关的场域，重视国际机制间的互动。在参与当前联合国框架内有关公海保护区立法协商的同时，积极参与到包括南极、东北大西洋、北极等区域海洋治理机制当中。与此同时，在南中国海，中国也应考虑联合南海沿岸国家和地区共同建立海洋保护区方案。

一 推进公海保护区全球立法进程

自 2004 年 ABNJ 海洋生物多样性养护和可持续利用议题被纳入联合国议程以来，公海保护区建设、海洋生物遗传资源开发利用与惠益分享等问题便一直是国际海洋法领域的热点问题。2004 年第 59 届联合国大会正式就ABNJ生物多样性养护与可持续利用问题成立特设工作组，讨论和研究加强ABNJ海洋生物多样性养护与持续利用的可行方案。在历经11年9次特设工作组会议的讨论和协商之后，联合国大会最终在2015年第69/292号决议中决定在《海洋法公约》框架下就ABNJ海洋生物多样性养护与持续利用问题制订具有法律约束力的国际文书，并建立谈判预备委员会，就国际文书草案的要素进行讨论并向联合国大会提出实质建议。在历时两年四次会议之后，2017年7月，预委会正式向联合国大会提交了要素建议草案。在此基础上，联合国大会第72/249号决议决定在联合国主持下开始就制订相关国际文书展开政府间谈判。中国作为新兴海洋大国全面参与了各阶段会议和谈判，积极发出中国声音，努力贡献中国智慧和方案，在不少问题上发挥了引领作用，在扩大中国影响力和话语权的同时，也有力推动了公海生物多样性养护与持续利用国际立法协商的进展。[①]

（一）公海保护区国际立法中我国的基本立场与主要建议

中国全程参与了"ABNJ实施协定"立法进程，在不同阶段分别单独或与"77国集团"一道表达了相应立场，提出了有关立法建议。

1. 中国对公海保护区建设和国际立法的基本立场

中国作为负责任大国，对于公海生物多样性养护议题表达了一贯的支持。在中国不同阶段提交的提案和意见当中，中国一再表达了支持促进ABNJ海洋生物多样性养护和可持续利用，高度重视海洋保护区等划区管理工具建设的立场。事实上，海洋保护区对中国自身而言也并不陌生，自1988年建立第一批海洋自然保护区起，截至2016年，中国已经建立了各级海洋自然/特别保护区（海洋公园）250多个，总面积已达约12.40万平方千米。目前，中国仍在继续扩大海洋保护区的建设。按计划，到2020年，中国海洋保护区总面积会达到中国管辖海域总面积的5%。[②] 在海洋保护区数量、面积、规模不断扩大的同时，中国沿海海洋环境也的确得到了显著改善和提升。公海保护区不过是在中国管辖范围以外区域建设的海洋保护区，且公海生物资源养护水平的提升最终也将惠及中国自身，

[①] 郑苗壮等编：《BBNJ国际协定谈判中国代表团发言汇编》，中国社会科学出版社2019年版，第2页。

[②] 胡斌、陈妍：《论海洋生态红线制度对中国海洋生态安全保障法律制度的发展》，《中国海商法研究》2018年第4期。

因此，中国对公海保护区建设议题本身必然会持支持的立场。

在有关公海保护区的国际法律文书地位的问题上，中国主张应根据联合国大会第 69/292 号决议规定，将其定位为查漏补缺、填补空白的实施协定。新协定中有关公海保护区和其他划区管理工具的法律制度和规则不应该与现有国际机制相冲突，其重点在于落实公约有关海洋生物资源养护和利用的规定。换言之，对于"ABNJ 实施协定"，中方主张将其视为一个补充性协定，而不是一个关于 ABNJ 海洋生物多样性养护与持续利用的独立国际条约。

在公海保护区和其他划区管理工具建设和具体制度设计问题上，中国政府在不同阶段和不同场合也发表了自己的具体建议和意见。

2. 中国关于公海保护区建设的基本原则

在公海保护区角色定位上，中国主张，依照《海洋法公约》序言的规定："意识到各海洋区域的种种问题都是彼此密切相关的，有必要作为一个整体来加以考虑。"据此，中方认为公海保护区体现了公约这种整体论的精神，是目前解决海洋生物多样性养护与持续利用中因分区域、按部门管理方法所带来的问题的有效解决办法。①

在公海保护区和其他划区管理工具设立问题上，中国从预委会协商开始便提出并坚持了有关公海保护区建设的五个基本原则：必要性原则、比例原则、科学证据原则、区别保护原则、国际合作原则。其中，必要性原则主要认为，公海保护区是手段而非目的，因此建立公海保护区应以必要性为前提。除非出现了非采取这种在地养护和管理措施不能解决的海洋生态问题，就不应该使用公海保护区这种可能严重限制各国公海自由活动之权利的措施。比例原则要求公海保护区设立应适当考虑保护区的养护、管理成本与收益之间的平衡。海洋保护区相对较高的养护和管理成本一直都是影响沿海国海洋环境决策的主要因素。除非沿海国有充足的人员、技术、执法船舶和飞机的支持，否则海洋保护区就会彻底沦为纸面上的保护区。对于毗邻本国沿海的海域尚且如此，对划定在远洋的公海保护区，其执法难度无疑会更大。也因此，任何公海保护区的设立都必须考虑其现实成本，以及养护成本与养护目标和效果是否相适应的问题。科学证据原则

---

① 郑苗壮等编：《BBNJ 国际协定谈判中国代表团发言汇编》，中国社会科学出版社 2019 年版，第 5 页。

是指设立公海保护区需要有坚实的科学证据,评估受保护生态系统、栖息地和种群等潜在威胁和风险。科学证据原则是当前海洋环境法中的一项基本原则,同时也是《海洋法公约》所确立的一项基本原则。公约第 61 条、第 234 条等多处提及"最佳(可靠)科学证据"的措辞,为特定情况下利益攸关国家是否有权采取相应措施限制他国海洋自由提供了一个判断标准。当然,所谓最佳科学证据在不同情境下还是有差别的。例如在第 61 条下,沿海国可以根据自己确定的最佳科学证据来决定本国专属经济区的可捕捞量;而第 234 条则规定沿海国必须按照一般可得最佳科学证据方可对冰封区域采取特殊保护措施,后者远比前者严格。第四项原则是所谓的区别保护原则,即公海保护区和其他划区管理工具应按照不同海域、生态系统、栖息地和种群特点,适用不同的管理工具予以保护。这一建议无疑是合理的,因为并非所有海域都需要建立起综合的海洋保护区。例如如果科学证据表明某一海域生物资源和生态环境面临的主要威胁是船舶航行活动,则完全可以要求将其纳入 IMO 的特别敏感海域或特殊海域来加以解决;如果滥捕活动是海洋生态环境面临的主要威胁,则可以在 RFMO/As 中加以管理。最后一个原则是国际合作原则,根据这一原则,中国主张各国及国际组织应在建立海洋保护区问题上加强合作。合作包括主权国家之间、主权国家和国际组织之间,以及国际组织之间。在解决公海保护区建设与现有全球、区域和部门国际机制之间的职权重叠问题上,国际合作尤为重要。

3. 中国关于公海保护区设立的具体建议

在协商过程中,中国代表团就公海保护区和其他划区管理工具的设立提出了一些具体的制度设计建议。按照中国代表的主张,有关公海保护区的立法应该满足相应的实体和程序要件。实体层面,公海保护区应就有关保护区目标、保护对象、保护范围(包括地理范围)、保护措施、保护期限等做出相应规定。在程序方面,要求就保护区设立过程中的申请、咨询、审查、决策、管理和监督等程序性事项予以明确。[①]

在公海保护区基本目标上,中国代表团一再强调将养护和可持续利用确立为保护区的两大基本目标,二者为手段与目的的关系,养护的目的在

---

① 郑苗壮等编:《BBNJ 国际协定谈判中国代表团发言汇编》,中国社会科学出版社 2019 年版,第 6 页。

于利用，不能为了养护而养护，也不能一味为了经济利益而忽视养护，二者应合理平衡，不能偏废。在区域识别问题上，中国主张综合科学依据、社会经济因素和不同区域具体情况确定公海保护区的位置。公海保护区的设立首先应有客观的科学标准和依据。除此以外，中国特别结合本国海洋保护区实践，提出在设立海洋保护区时将经济社会因素考虑在内。简言之，海洋保护区建设中应顾及各国的社会和经济发展需要。最后，公海保护区的设立应结合特定海域生态环境、栖息地的特点，具体问题具体分析，逐案处理。因此，中国代表团认为，可以借鉴目前 IMO 等国际组织框架下有关划区管理工具的做法，仅在协定中订立原则性标准，而将具体标准留待专门机构日后制订。[①]

关于设立公海保护区的程序和条件，中国代表团一再强调公海保护区的设立应遵循特定程序。具体而言，在提案主体方面，中国代表团主张将提案主体限定为主权国家，至于非主权实体，则可以通过给予充分参与谘商的机会来实现其参与。在最终决策方面，中国代表团提案主张，缔约方大会在最终决定是否建立公海保护区时，应以协商一致的方式决定，即坚持共识决定，以增加公海保护区管理措施的合法性和正当性。

主张从联系的视角看待公海保护区和其他立法议题的关系。在国际协定谈判预备委员会第三次会议发言中，中国代表团又进一步针对养护与利用之间的平衡问题指出了公海保护区与海洋遗传资源利用等其他立法议题之间的关系。提出公海保护区和其他划区管理工具与海洋遗传资源开发利用、环境影响评价、能力建设和技术转让等不可分割，对这些问题应平等对待、平行推进，孤立地强调其中某一个问题可能会背离磋商的初衷。[②] 事实上也的确如此，在当前实施协定的"一揽子"议题当中，没有哪个问题应该被孤立看待。海洋保护区的建设与维护依靠的是世界各国的协同努力，其养护成果，包括海洋生物遗传资源的开发利用也理应由全体成员共享，即便不从"人类共同继承财产"原则出发主张海洋遗传资源利用的惠益分享，发达国家也应基于交换正义，在惠益分享方面给予发展

---

① 郑苗壮等编：《BBNJ 国际协定谈判中国代表团发言汇编》，中国社会科学出版社 2019 年版，第 86 页。

② 郑苗壮等编：《BBNJ 国际协定谈判中国代表团发言汇编》，中国社会科学出版社 2019 年版，第 51 页。

中国家特殊考虑，在包括但不限于货币性惠益分享方面做出相应的承诺。在海洋保护区与能力建设、技术转让关系问题上，中国代表团同样认为，海洋保护区的设立、管理和环境影响评价等，都离不开经济社会支撑和专业技术能力。若公海生物资源分配制度无法体现实质正义，海洋生物资源养护成果最终将由少数国家所专享。

总之，在公海保护区和其他划区管理管理工具的制度安排问题上，中国代表认为，制度安排在形式上应该采取全球性框架还是区域办法并不是立法协商应该重点关注的问题，关键是有关海洋生物多样性可以得到应有的保护。如果排除现有区域和部门办法，而将公海保护区设立职权完全归于一个全球性机制，可能会与现有国际机制发生职权冲突。在不妨碍现有区域、部门性机构职权基础上，中方认为，在确立缔约方大会作为最高决策机构基础上，可以设立理事会、科学和技术委员会、法律委员会等，分别作为执行机构和咨询机构来处理包括公海保护区建设等相关事务。

二 参与公海治理区域机制提升公海保护区建设全球话语权

公海保护区建设的全球立法并不意味着抛弃长期以来海洋治理中形成的区域主义传统。事实上，海洋及其治理本身的特殊性使得任何海洋问题实际上都是在全球与区域互动过程中实现的，二者并不是非此即彼，而是并行不悖地推动着全球海洋治理的进程。因此，在公海保护区建设中，中国除了积极参与当下公海保护区全球立法协商的同时，还应该把握时机，努力参与到各类公海区域治理区域机制以及这些机制下的公海保护区或其他划区管理工具的建设当中，为中国在公海保护区全球建设议题中提升话语权奠定实践基础。

（一）中国参与区域公海保护区实践的现状

黄海、东海、南海、渤海均为半闭海或边缘海，因此，中国毗邻的公海区域并不多。在很长一段时间内，中国并未过多地参与区域海洋治理机制。尽管中国已经是全球最大的远洋渔业国家，远洋渔船队的足迹遍布全球各大洋，但中国参与的 RFMO/As 并不多。截至 2020 年，中国仍只参与了大西洋金枪鱼国际委员会、印度洋金枪鱼委员会、北太平洋渔业委员会、南太平洋区域渔业管理组织、南印度洋渔业协定等有限的 RF-

MO/As。[1]

在公海保护区建设的区域实践的参与中,中国主要参与了CCAMLR主持下的罗斯海公海保护区建设。尽管中国参与区域公海保护区建设经验有限,但仅从中国对南大洋公海保护区建设的有限实践中依然可以看出中国对于公海保护区建设态度、立场和策略的转变。2011年,在CCAMLR框架内有关罗斯海和东南极海域保护区建设的讨论伊始,中国其实并不赞成罗斯海保护区建设提案,在初步协商过程中,中国代表重申了对于公海保护区对海域的合理利用和科研活动潜在影响的关切。在2012年CCAMLR科学委员会的会议中,中俄两国代表再一次表达了对罗斯海公海保护区建设的疑虑,认为当前该海域所面临的某些环境保护和生物资源养护威胁完全可以通过其他措施来应对,无须设立海洋保护区。直到2013年罗斯海公海保护区协商最后阶段,中俄两国仍对此持高度谨慎的态度。在2014年的年度会议中,中国代表团又再一次提出,在威胁尚不存在,且不具备强有力管理措施的情况下没有设立公海保护区的必要;还进一步指出,罗斯海公海保护区的设立不能损害CCAMLR成员国的捕鱼权。在本次会议上,中国对罗斯海保护区的设立提出了一系列疑问:海洋保护区如何实现生物资源的合理利用?保护区如何实现对科研的促进?如何对它们进行监督和管理?保护区持续多久?[2] 从中国代表团所提出的这些疑问可以看出,中国政府并不反对设立公海保护区,其对公海保护区设立的审慎态度,从根本上而言,在于对养护与合理利用能否取得有效平衡的关切。[3] 中俄等国家显然意识到,单纯强调养护,而完全忽视对海洋生物资源合理利用的公海保护区不仅无助于保护区本身长期持续发展,更有可能沦为澳大利亚等少数近南极国家扩张其在南极影响力和管辖权的工具。2015年,美国和新西兰代表接受了中方建议,在罗斯海旁边引入了一个新的捕鱼区,并根据中方建议,为罗斯海保护区设置了一个"日落期限"。

中国是全球治理体系的后来者,对于全球海洋治理,尤其是全球公海

---

[1] 中华人民共和国农业农村部:《中国远洋渔业履约白皮书(2020)》,2020年11月。

[2] Nengye Liu etc., "China's Changing Position Towards Marine Protected Areas in the Southern Ocean: Implications for Future Antarctic Governance", *Marine Policy*, Vol. 94, 2018, pp. 189-195.

[3] Nengye Liu etc., "China's Changing Position Towards Marine Protected Areas in the Southern Ocean: Implications for Future Antarctic Governance", *Marine Policy*, Vol. 94, 2018, pp. 189-195.

治理，中国存在一个逐渐学习、融入的过程。随着中国国际地位的日益提升，在全球事务参与中正逐渐从一个接受者和学习者转变成为一个进取的、发挥重要影响力的参与者。以南极海洋治理为例，中国虽然是《南极条约》首批缔约国之一，但只是在 1980 年以后才逐渐开始南极科考探索。甚至直到 2007 年加入 CAMLR，而且当时加入主要动机之一也仅仅在于解除四艘中国籍船舶在 CCAMLR 上的"黑名单"。但随着中国南极渔业利益、科研利益和国家实力的提升，中国开始逐渐在南极事务当中"崭露头角"，在包括南极公海保护区设置等议题中发挥更大影响力。总体而言，中国参与地区公海保护区实践的事例也大概仅止于此。在中国远洋渔业活动频繁的太平洋地区，中国虽然有参与其中主要的 RFMO/As，但中国并未主导或推动在这些区域进行公海保护区或类似划区管理工具的建设。为确保公海渔业资源的可持续利用，中国的着力点仍主要放在加强对国内远洋渔业的监管，如进行远洋渔业许可、严格控制本国渔船队规模、强化对本国远洋捕鱼的监督、公海自主休渔等。单方面强化对本国远洋捕鱼的监管和控制，防止本国远洋渔船从事不可持续捕捞固然是中国善尽国际义务的表现，但中国也应注意到，公海渔业资源养护的多边问题属性，公海渔业资源的长期可持续利用并非中国单方面自我限制和自我约束即可实现。在中国国内已经建立起了行之有效的海洋保护区法律制度体系，也充分意识到了海洋保护区之于海洋生物资源养护的有效性前提下，未来中国有必要在本国主要远洋渔业区积极推进公海保护区建设。在深度参与当前公海保护区全球立法协商的同时，通过推动区域公海保护区实践为公海保护区全球立法提供实践参考，从多角度平衡自身的海洋利益，促进全球立法与相关制度之间的协调合作。[①]

（二）中国参与公海区域治理的基本思路

首先，应重新审视中国全球海洋治理参与策略，在深入参与全球合作的同时，重视并更加广泛和积极地参与到各类型区域海洋治理机制当中。要更好参与包括公海保护区建设在内的公海全球治理进程，中国应充分意识到，公海生物多样性养护与可持续利用虽然是一个全球海洋问题，但全球海洋问题并非全然依靠全球办法来解决。海洋本身的开放性、流动性的确使得很多海洋问题表现为典型的全球性问题，但全球性问题并非必然依

---

① 李洁：《BBNJ 协定与公海渔业制度的关联与协调》，《边界与海洋研究》2021 年第 2 期。

靠或主要依靠全球办法来解决。回顾国际海洋治理的演变和发展历史可以清楚发现，海洋治理，尤其是海洋生物资源养护领域，有相当一部分发端于区域合作；或者说是在以一种"自下而上"的方式在推进。即便此后签订了相应的国际公约，这些国际公约也并未因此而完全放弃区域办法，而是以一种区域和全球并重的办法构建全球海洋治理体系。

实际上，在海洋治理当中，区域和全球办法并无主次之分，而是分别扮演着各自不同的角色，并且常常在互动过程中相互影响、相互促进。一方面，在国际社会尚未就特定海洋治理议题达成普遍共识，短期内无法在全球范围内协调更为广泛的利益和政治立场情况下，区域办法往往扮演着先驱探索的角色。在公海保护区建设方面便是如此。另一方面，区域海洋治理实践和探索过程中所得出的经验教训往往会随后反馈于全球治理议程当中，对全球性框架的构建带来深远影响。而在这一过程中，参与了区域实践的国家往往能够凭借其先驱者的角色，在全球议题的讨论中获得更多的话语权。无论是气候变化议题，还是当前的公海生物多样性养护与可持续利用议题，欧盟在全球层面论坛上的话语权很大程度上源于此。对此，中国有必要借鉴欧盟做法，在包括海洋治理在内的众多全球治理领域，努力从一个追随者向倡议者和先驱者的角色转变，以此提升话语权。而实现这一转变的主要平台很大程度上便依赖于范围相对有限的区域内的先驱实践。

在解决全球海洋问题过程中，全球条约和机制的主要角色通常在于为全球性问题的解决提供一般原则和总括性合作框架；在此基础上，缔约国往往再通过区域合作来落实全球框架的内容。《鱼类种群协定》框架下形成的海洋渔业资源养护国际法律体系便是如此。如前所述，国际社会在处理"ABNJ实施协定"与现有区域法律文书、机制关系问题上的基本立场便是"不损害"现有区域法律文书和机制。因此，可以预见，在公海生物多样性养护领域，区域办法将始终扮演重要角色。有鉴于此，中国应重新审视当前全球海洋治理参与战略，在重视全球办法的同时，更为积极和主动地参与到区域海洋治理机制当中。

其次，我国应以ABNJ区域渔业合作为切入点展开区域公海保护区和其他公海划区管理工具合作。ABNJ生物多样性养护与公海渔业可持续发展在内涵范畴、养护措施和治理目标等方面存在着显著的共通性，在二者关系得到妥善协调情况下，以生物多样性养护为目标的严格意义上，公海保护区和以公海渔业资源养护为主要目标的公海渔业养护区之间完全可以做到相互促进、协同发展。另外，从中国地缘位置而言，以远洋渔业大国的身份参与公海区域治理机制也是中国参与区域海洋治理最为恰当的切入点。中国周边海域大部分属于边缘海，并不毗邻大范围公海，中国不太可能像地中海、东北大西洋等沿海国一样，具备以保护毗邻公海环境和生物资源为名推动区域公海治理合作的现实条件。因此，对于中国而言，从国家利益出发参与公海事务，除了全球海洋科研、航运利益以外，最主要的利益契合点便是公海渔业资源的养护与可持续利用。也因此，在切实履行国际法义务，强化对本国远洋渔船监督和管理的同时，作为中国参与公海全球治理的一个重要环节，对于现在中国已经加入 RFMO/As，中国可以国内海洋特别保护区、海洋自然保护区等国内实践为蓝本推动建立多种功能并存、符合区域环境和现实地缘政治条件的公海渔业资源养护区或类似划区管理工具。与此同时，鉴于中国远洋渔船队的足迹已经逐渐从传统的太平洋、印度洋捕鱼区逐渐向大西洋、南极等更宽广海域扩展，故在 RFMO/As 参与范围方面也应该适当进行扩展。

参考文献

一 中文著作

［英］安德鲁·赫里尔：《全球秩序与全球治理》，林曦译，中国人民大学出版社2018年版。

［美］奥兰·扬：《世界事务中的治理》，陈玉刚、薄燕译，上海世纪出版集团2007年版。

范晓婷：《公海保护区的法律与实践》，海洋出版社2015年版。

范晓婷主编：《公海保护区的法律与实践》，海洋出版社2015年版。

［德］费迪南·滕尼斯：《共同体与社会》，张巍单译，商务印书馆1999年版。

胡斌：《欧盟海洋碳排放交易机制的国际法分析》，中国社会科学出版社2017年版。

黄异：《国际海洋法》，渤海堂文化事业有限公司1992年版。

杰克·索贝尔等：《海洋自然保护区》，马志华等译，海洋出版社2008年版。

［德］卡尔·施米特：《大地的法》，刘毅等译，上海人民出版社2013年版。

［德］卡尔·施米特：《陆地与海洋：世界史的考察》，林国基译，上海三联书店2018年版。

栗战书：《文明激励与制度规范——生态可持续发展理论与实践研究》，社会科学文献出版社2012年版。

刘宏滨等编著：《海洋保护区——概念与应用》，海洋出版社 2007 年版。

刘志云：《国家利益视角下的国际法与中国的和平崛起》，法律出版社 2014 年版。

[美] 路易斯·B. 宋恩：《海洋法精要》，傅崐成等译，上海交通大学出版社 2014 年版。

[美] 路易斯·亨金：《国际法：政治与价值》，中国政法大学出版社 2005 年版。

[美] 罗伯特·基欧汉：《权力与相互依赖》，北京大学出版社 2012 年版。

[美] 曼瑟尔·奥尔森：《集体行动的逻辑》，陈郁等译，上海人民出版社 2011 年版。

秦天宝：《生物多样性国际法原理》，中国政法大学出版社 2014 年版。

秦亚青：《全球治理：多元世界的秩序重建》，世界知识出版社 2019 年版。

屈广清等：《海洋法》，中国人民大学出版社 2017 年版。

世界环境与发展委员会：《我们共同的未来》，国家环境局外事办公室译，世界知识出版社 1989 年版。

[澳] 斯蒂芬·巴克勒：《自然法与财产权理论——从格劳秀斯到休谟》，法律出版社 2014 年版。

苏长河：《全球共同问题与国际合作：一种制度的分析》，上海人民出版社 2009 年版。

万霞编：《国际环境法资料选编》，中国政法大学出版社 2011 年版。

王帆等：《人类命运共同体：全球治理的中国方案》，湖南人民出版社 2017 年版。

肖泽晟：《公物法研究》，法律出版社 2009 年版。

余谋昌：《环境哲学：生态文明的理论基础》，中国环境科学出版社 2010 年版。

[荷] 雨果·格劳秀斯：《论海洋自由或荷兰参与东印度贸易的权利》，马忠法译，上海人民出版社 2013 年版。

郑苗壮等编：《BBNJ 国际协定谈判中国代表团发言汇编》，中国社会科学出版社 2019 年版。

周鲠生：《国际法》，商务印书馆 2018 年版。

二　中文论文

陈秀武：《"海洋命运共同体"的相关理论问题探讨》，《亚太安全与海洋研究》2019 年第 3 期。

陈秀武：《东南亚海域"海洋命运共同体"的构建基础与进路》，《华中师范大学学报》（人文社会科学版）2020 年第 2 期。

陈力：《南极海洋保护区的国际法依据辨析》，《复旦学报》（社会科学版）2016 年第 2 期。

陈连增、雷波：《中国海洋科学技术发展 70 年》，《海洋学报》2019 年第 10 期。

蔡壮标：《论船舶登记中的"真正联系"原则》，《天津航海》2006 年第 3 期。

高潮：《国际关系的权利转向与国际法》，《河北法学》2016 年第 11 期。

何志鹏、姜晨曦：《南极海洋保护区建立之中国立场》，《河北法学》2018 年第 7 期。

何志鹏：《在国家管辖外海域推进海洋保护区的制度反思与发展前瞻》，《社会科学》2016 年第 5 期。

胡德坤、唐静瑶：《南极领土争端与〈南极条约〉的缔结》，《武汉大学学报》（人文社会科学版）2010 年第 1 期。

胡斌、陈妍：《论海洋生态红线制度对中国海洋生态安全保障法律制度的发展》，《中国海洋法研究》2018 年第 4 期。

胡斌：《论海洋生态红线制度对我国海洋生态安全保障法律制度的发展》，《中国海商法研究》2019 年第 2 期。

胡斌：《国家管辖外海域遗传资源开发中的国际立法争议与消解——兼谈"南北对峙"中的中国角色》，《太平洋学报》2020 年第 6 期。

胡斌：《南海 MPAs 区域网络构建：现实需求、法律基础和路径选择》，《海南大学学报》（人文社会科学版）2019 年第 4 期。

韩雪晴：《自由、正义与秩序——全球公域治理的伦理之思》，《世界经济与政治》2017 年第 1 期。

贾大山：《中国海运发展的历史性转变》（二），《中国远洋海运》2018年第9期。

李洁：《BBNJ协定与公海渔业制度的关联与协调》，《边界与海洋研究》2021年第2期。

刘天琦、张丽娜：《南海海洋环境区域合作治理：问题审视、模式借鉴与路径选择》，《海南大学学报（人文社会科学版）》2021年第2期。

刘志云：《国际机制理论与国际法学的互动：从概念联系到跨学科合作》，《法学论坛》2010年第2期。

李晓欢：《中华海洋文化的基本特征及发展特点》，《时代金融》2019年第17期。

李文杰：《海洋保护区制度与中国海洋安全利益关系辨析》，《国际安全研究》2019年第2期。

刘惠荣：《海洋战略新疆域的法治思考》，《亚太安全与海洋研究》2018年第4期。

马得懿：《公海元叙事与公海保护区的构建》，《武汉大学学报》（哲学社会科学版）2018年第3期。

石源华：《全球公域秩序与中国的"未来战略新边疆"》，《党政论坛（干部文摘）》2016年第3期。

吴依林：《〈南极条约〉的背景意义及展望》，《中国海洋大学学报》（社会科学版）2009年第3期。

王金鹏：《论国家管辖范围以外区域海洋保护区的实践困境与国际立法要点》，《太平洋学报》2020年第9期。

王明国：《机制复杂性及其对国际合作的影响》，《外交评论》2012年第3期。

王勇、孟令浩：《论BBNJ协定中公海保护区宜采取全球管理模式》，《太平洋学报》2019年第5期。

王勇：《论"公海保护区"对公海自由的合理限制——基于实证的视角》，《法学》2019年第1期。

许建：《论国际法之"人类共同利益"》，《北京理工大学学报》2011年第5期。

邢望望：《公海保护区法律概念界定》，《武大国际法评论》2019年第2期。

邢望望:《从海洋保护区到公海保护区之法律概念的争辩》,载《中国海洋法年刊》,知识产权出版社 2018 年版。

姚莹:《"海洋命运共同体"的国际法意涵:理念创新与制度构建》,《当代法学》2019 年第 5 期。

姚小兰、顾佳:《WTO 环保一般例外条款的发展趋势和我国对策研究》,《亚太经济》2003 年第 5 期。

杨雷、唐建业:《欧盟法院南极海洋保护区案评析——南极海洋保护区的属性之争》,《武大国际法评论》2020 年第 5 期。

于康震:《做负责任渔业国家为世界渔业贡献中国力量》,《中国水产》2018 年第 12 期。

邹磊磊:《权益诉求视角下的罗斯海保护区设立过程分析及其启示》,《极地研究》2020 年第 3 期。

邹克渊:《国际海洋法对构建人类命运共同体的意涵》,《中国海洋大学学报》(社会科学版) 2019 年第 3 期。

张辉:《人类命运共同体:国际法社会基础理论的当代发展》,《中国社会科学》2018 年第 5 期。

张辉:《南海环境保护引入特别区域制度研究》,《海南大学学报》2014 年第 3 期。

张业源:《国际机制的基本理论范式及其价值缺陷与治理》,《内蒙古农业大学学报》(社会科学版) 2009 年第 3 期。

张顺等:《太平洋克拉里昂—克利伯顿断裂带嘴刺目线虫多样性》,《生态学报》2017 年第 5 期。

三 外文著作

Arie Teouwborst, *Evolution and Status of the Precautionary Principle in International Law*, The Hague/London/Boston: Kluwer Law International, 2002.

A Kirchner ed., *International Maritime Environmental Law*, Kluwer Law International, 2003.

A Proelss ed., *The United Nations Convention on the Law of the Sea: A Commentary*, London: Hart Publishing, 2017.

David Anderson, *Modern Law of the Sea: Selected Essays*, Rotterdam: Martinus Nijhoff Publishers, 2008.

Douglas M. Johnston, *Regionalization of the Law of the Sea*, New York: Balllinger Publishing Company published, 1977.

Daniela Diz Pereira Pinto, *Fisheries Management in Areas beyond National Jurisdiction—The Impact of Ecosystem Based Law-Making*, New York: Martinus NIJHOFF Publishers, 2013.

Eugene Pleasants Odum, *Ecology and Our Endangered Life-support Systems*, Sunderland: Sinauer Associates published, 1989.

Erik J Molenaar, etc., eds., *The Law of the Sea and the Polar Regions: Interactions between Global and Regional Regimes*, Martinus Nijhoff Publishers, 2019.

Gordon W. J., *Flags of the World*, London: Frederick Warne & Co., London published, 1915.

Hjalmar Thiel and J. A. Koslow eds., *Managing Risks to Biodiversity and the Environment on the High Sea, Including Tools Such as Marine Protected Areas, Scientific Requirements and Legal Aspects*, Hamburg: Bundesamt für Naturschutz (BfN) published, 2001.

Hegley Bull, Benedict Kingsbury etc. eds., *Are Grotius' Ideas Obsolete in an Expanded World? in Hugo Grotius and International Relations*, Oxford University Press, 1990.

John N. K. Mansell, *Flag State Responsibility: Historical Development and Contemporary Issues*, London: Springer published, 2009.

Joachim Claudet, *Marine Protected Areas—A Multidisciplinary Approach*, Cambridge: Cambridge University Press, 2011.

Natalie Bown, etc., *Contested Forms of Governance in Marine Protected Areas: A Study of Co—manangement and Adaptive Co—management*, Oxon: Routledge published, 2013.

Maria Gavouneli, Functional Jurisdiction in the Law of the Sea, Leiden/Boston: Martinus Nijhoff Publishers, 2007.

Myres S. McDougal & William T. Burke, *The Public Order of the Oceans—A Contemporary International Law of the Sea*, Yale: Yale University Press, 1962.

Malcolm N. Shaw, *International Law*, Cambridge: Cambridge University

Press, 2003.

M. Fitzmaurice and O. Elias, *Contemporary Issues in the Law of Treaties*, Utrecht: Eleven International Publishing, 2005.

Oran R. Young, *Creating Regimes: Arctic Accords and International Governance*, Cornell: Cornell University Press, 1998.

Oran R. Young, *The Institutional Dimensions of Environmental Change: Fit, Interplay, and Scale*, Cambridge: MA: MIT press, 2002.

Peter J. S. Jones, *Governing Marine Protected Areas—Resilience through Diversity*, London and New York: Routledge Taylor & Francis Group pressed, 2014.

Philippe Sands, etc., *Principles of International Environmental Law*, Cambridge: Cambridge University Press, 2012.

Roger B. Porter eds., *Efficiency, Equity and legitimacy: the Multilateral Trading System at the Millennium*, Brookings Institution Press, 2001.

Robert O. Keohane, *After Hegemony: Cooperation and Discord in the World Political Economy*, Princeton University press, 1984.

Robert M. Crawford, *Regime Theory in the Post-cold War World: Rethinking Neoliberal Approaches to International Relations*, Dartmouth: Dartmouth Publishing Company, 1996.

Sebastian Oberthür and Thomas Gehring eds., *Institutional Interaction in Global Environmental Governance, Synergy and Conflict among International and EU Policies*, Cambridge: The MIT Press, 2005.

Susan J. Buck, *The Global Commons: An Introduction*, California: Island Press, 1998.

四 外文论文

A. N. Wright, "Beyond the Sea and Spector: Reconciling Port and Flag State Control over Cruise Ship on Board Environmental Procedures and Policies", *Duke Environmental Law and Policy Forum*, Vol. 18, 2007.

Atsuko Kanehara, "Challenge the Fundamental Principle of the Freedom of the High Seas and the Flag State Principle Expressed by Recent Non-flag State Measures on the High Seas", *Japanese Yearbook of International Law*,

Vol. 21, 2008.

Adriana Fabra and Virginia Gascon, "The Convention on the Conservation of Antarctic Marine Living Resources (CCAMLR) and the Ecosystem Approach", *International Journal of Maritime and Coastal Law*, Vol. 23, 2008.

A. Boyler, "Further Development of the Law of the Sea Convention: Mechanisms for Change", *International & Comparative Law Quarterly*, Vol. 54, No. 3, 2005.

Alex G. Oude Elferink, "Coastal States and MPAs in ABNJ: Ensuring Consistency with the LOSC", *The International Journal of Marine and Coastal Law*, Vol. 33, 2018.

Atsugi Kanehara, "Non-flag State Measures in the High Seas Fisheries", *St. Paul's Review of Law and Politics*, No. 75, 2008.

BS Halpern, etc., "A Global Map of Human Impact on Marine Ecosystems", *Science*, Vol. 319, No. 5865, 2008.

Birnie and Boyle, "The Roles of Flag States, Port States, Coastal States and International Organizations in the Enforcement of International Rules and Standards Governing the Safety of Navigation and the Prevention of Pollution from Ships under the UN Convention on the Law of the Sea and Other International Agreements", *Singapore Journal of International & Comparative Law*, Vol. 2, 1998.

B. C. O's Leary and Others, "The First Network of Marine Protected Areas in the High Seas: the Process, the Challenges and Where Next", *Marine Policy*, Vol. 36, 2012.

Chung-Ling Chen, "Realization of High Seas Enforcement by Non-flag States in WCPFC: A Signal for Enhanced Cooperative Enforcement in Fisheries Management", *Marine Policy*, Vol. 50, 2014.

Cassandra M. Brooks, "Competing Values on the Antarctic High Seas: CCAMLR and the Challenge of Marine Protected Areas", *The Polar Journal*, No. 1, 2013.

Danielle Smith and Julia Jabour, "MPAs in ABNJ: Lessons from two High Seas Regimes", *ICES Journal of Marine Science*, Vol. 75, No. 1, 2018.

D. Smith, J. Jabour, "MPAs in ABNJ: Lessons from Two High Seas Regimes", *ICES Journal of Marine Science*, Vol. 75, No. 1, 2018.

David Freestone, "International Governance, Responsibility and Management of Areas beyond National Jurisdiction", *The International Journal of Marine and Coastal Law*, Vol. 27, 2012.

Erik J Molenaar, "Managing Biodiversity in Areas Beyond National Jurisdiction", *The International Journal of Marine and Coastal Law*, Vol. 22, No. 1, 2007.

Erik J. Molenaar, Alex Oude Elferink, "Marine Protected Areas in Areas Beyond National Jurisdiction: The Pioneering Efforts under the OSPAR Convention", *Utrecht Law Review*, Vol. 5, No. 1, 2009.

Elizabeth M. De Santo, "Implementation Challenges of Area-based Management Tools (ABMTs) for Biodiversity beyond National Jurisdiction (BBNJ)", *Marine policy*, Vol. 97, 2018.

Friedman, A., "Beyond 'Not Undermining': Possibilities for Global Cooperation to Improve Environmental Protection in Areas beyond National Jurisdiction", *ICES Journal of Marine Science*, Vol. 76, 2016.

Hayashi, M., "Enforcement by Non-flag States on the High Seas under the 1995 Agreement on Straddling and Highly Migratory Fish Stocks", *Georgetown International Environmental Law Review*, Vol. 9, No. 1, 1996.

Harriet L. Nash & Richar J. Mclaughlin, "A Policy Approach to Establish an International Network of Marine Protected Areas in the Gulf of Mexico Region", *Australian Journal of Maritime & Ocean Affairs*, Vol. 6, No. 3, 2014.

Ingrid Kvalvik, "Managing Institutional Overlap in the Protection of Marine Ecosystems on the High Seas, The Case of the North East Atlantic", *Ocean & Coastal Management*, Vol. 56, 2012.

Julien Rochette, Sebastian Unger, etc., "The Regional Approach to the Conservation and Sustainable Use of Marine Biodiversity in Areas beyond National Jurisdiction", *Marine Policy*, Vol. 49, 2014.

John Meyer, etc., "World Society and the Nation State", *American Journal of Sociology*, Vol. 103, No. 2, 1997.

John G. Ruggie, "International Responses to Technology: Concept and Trends", *International Organization*, Vol. 29, No. 3, 1975.

Jimena Murillo Chavarro, "Common Concern of Humankind and Its Implications in International Environmental Law", *Macquarie Journal of International and Comparative Environmental Law*, Vol. 5, No. 2, 2008.

Jean-Francois Noel, etc., "Marine Protected Areas: From Conservation to Sustainable Developmnt", *International Journal of Sustainable Development*, Vol. 10, No. 3, 2007.

Kal Raustiala and David G. Victor, "The Regime Complex for Plant Genetic Resources", *International Organization*, Vol. 58, No. 2, 2004.

Karen J. Alter and Sophie Meunier, "The Politics of International Regime Complexity", *Perspectives on Politics*, Vol. 7, No. 1, 2009.

Kenneth W. Abbott, "The Transnational Regime Complex for Climate Change, Environment and Planning", *Government and Policy*, Vol. 30, 2012.

Katrina M. Wyman, "Unilateral Steps to End High Seas Fishing", *Texas. A&M Law Review*, Vol. 6, No. 1, 2018.

Kees Bastmeijer & Steven van Hengel, "The Role of theProtected Area Concept in Protecting the World's Largest Natural Reserve: Antarctica", *Utrecht Law Review*, Vol. 5, No. 1, 2009.

Kevin A. Hughes etc., "Invasive Non-native Species Likely to Threaten Biodiversity and Ecosystems in the Antarctic Peninsula Region", *Global Change Biology*, 2020.

Kapil Narula, "Ocean Governance: Strengthening the Legal Framework for Conservation of Marine Biological Diversity beyond Areas of National Jurisdiction", *Journal of the National Maritime Foundation of India*, Vol. 12, No. 1, 2016.

Kevern L. Cochrane, etc., "MPAs: What's in a Name", *Ocean Yearbook*, Vol. 22, 2008.

Kristina M. Gjerde, "Protecting Earth's Last Conservation Frontier: Scientific, Management and Legal Priorities for MPAs beyond National Boundaries", *Aquatic Conservation: Marine and Freshwater Ecosystems*, Vol. 26, 2016.

Laurence Cordonnery, etc., "Nexus and Imbroglio: CCAMLR, the Madrid Protocol and Designating Antarctic Marine Protected Areas in the

Southern Ocean", *The International Journal of Marine and Coastal Law*, Vol. 30, 2015.

Nengye Liu, Cassandra M. Brooks, "China's Changing Position Towards Marine Protected Areas in the Southern Ocean: Implications for Future Antarctic Governance", *Marine Policy*, Vol. 94, 2018.

Nele Matz-Lück Johannes Fuchs, "The Impact of OSPAR on Protected Area Management beyond National Jurisdiction: Effective Regional Cooperation or a Network of Paper Parks?", *Marine Policy*, Vol. 49, 2014.

Molenaar, E. J., "Managing Biodiversity in Areas Beyond National Jurisdiction", *The International Journal of Marine and Coastal Law*, Vol. 22, No. 1, 2007.

Glen Wright, etc., "The Long and Winding Road: Negotiating a Treaty for the Conservation and Sustainable Use of Marine Biodiversity in Areas Beyond National Jurisdiction", *IDDRI Paris*, 2018.

G. Kristin Rosendal, "Impacts of Overlapping International Regimes: The Case of Biodiversity", *Global Governance*, Vol. 7, 2001.

Guiseppe Notarbartolo-Di-Sciara, ets., "The Pelagos Senctuary for Mediterranean Marine Mammals", *Aquatic Conservation Marine and Freshwater Ecosystems*, Vol. 18, No. 4, 2008.

Gjerde, K. M. & Rulska-Domino, A., "Marine Protected Areas beyond National Jurisdiction: Some Practical Perspectives for Moving Ahead", *International Journal of Marine and Coastal Law*, Vol. 27, No. 2, 2012.

Grafton R Q, T Kompas, V Schneider, "The Bioeconomics of Marine Reserves: a Selected Review with Policy Implications", *Journal of Bioeconomics*, Vol. 7, 2005.

Julien Rochette etc., "The Regional Approach to the Conservation and Sustainable use of marine Biodiversity in Areas beyond National Jurisdiction", *Marine Policy*, Vol. 49, 2014.

John Lanchbery, "The Convention on International Trade in Endangered Species of Wild Fauna and Flora (CITES): Responding to Calls for Action from Other Nature Conservation Regimes", *Queensland University of Technology Law and Justice Journal*, Vol. 6, 2002.

Jessica Green & Bryce Rudyk, "Closing the High Seas to Fishing: A Club Approach", *Marine Policy*, Vol. 115, 2020.

Jeff A. Ardron, etc., "The Sustainable Use and Conservation of Biodiversity in ABNJ: What can be Achieved Using Existing International Agreements?", *Marine Policy*, Vol. 49, 2014.

Michael Byers, "Custom, Power, and the Power of Rules", *Michigan Journal of International Law*, Vol. 17, No. 1, 1995.

Mostafa K. Tolba, "The Implications of the Common Concern Mankind Concept on Global Environmental Issues", *Revista Instituto Interamericano de Derechos Humanos*, 1991.

Matthew T. Craig & Daniel J. Pondella, "A Survey of the Fishes of the Cabrillo National Monument", *California Fish and Game*, Vol. 92, 2006.

Oran R. Young, "Institutional Linkage in International Society: Polar Perspectives", *Global Governance*, Vol. 1, No. 2, 1996.

Oran R. Young, "International Regimes: Problems of Concept Formation", *World Politics*, Vol. 32, No. 3, 1980.

Patra Drankier, "Marine Protected Areas in Areas beyond National Jurisdiction", *The International Journal of Marine and Coastal Law*, Vo. 27, 2012.

Robert Howse, "The World Trade Organization 20 Years on: Global Governance by Judiciary", *European Journal of International Law*, Vol. 27, No. 1, 2016.

R. P. Anand, "Origin and Development of the Law of the Sea: History of International Law Revisited", *International Comparative Law Quarterly*, 2008.

Ronan Long and Anthony Grehan, "Marine Habitat Protection in Sea Area under the Jurisdiction of a Coastal Member State of the European Union: The Case of Deep-water Coral Conservation in Ireland", *International Journal of Marine and Coastal Law*, Vol. 17, 2002.

Robert Costanza, etc., "The Value of the World's Ecosystem Services and Natural Capital", *Nature*, Vol. 25, No. 1, 1997.

Robert E. Johannes, "Traditional Marine Conservation Methods in Oceania and Their Demise", *Annual Review of Ecology and Systematics*, Vol. 9, 1978.

Steven L. Chown, etc., "Antarctica and the Strategic Plan for Biodiversity", *Ocean Sciences*, Vol. 3, 2017.

Scanlon, Z., "The Art of 'Not Undermining': Possibilities within Existing Architecture to Improve Environmental Protections in Areas beyond National Jurisdiction", *ICES Journal of Marine Science*, Vol. 75, 2017.

S. Pavithran, B. etc., "Macrofaunal Diversity in the Central Indian Ocean Basin", *Biodiversity*, Vol. 8, No. 3, 2007.

Sondre Torp Helmersen, "The Sui Generis Nature of Flag State Jurisdiction", *Japanese Yearbook of International Law*, Vol. 58, 2015.

Tamo Zwinge, "Duties of Flag States to Implement and Enforce International Standards and Regulations and Measures to Counter Their Failure to Do So", *The Journal of International Business & Law*, Vol. 10, No. 2, 2011.

Thomas D. Lehrman, "Enhancing the Proliferation Security Initiative: The Case for a Decentralized Non-proliferation Architecture", *Virginia Journal of International Law*, Vol. 45, 2004.

Tullio Scovazzi, "Marine Protected Areas on the High Seas: Some Legal and Policy Considerations", *International Journal of Marine & Coastal Law*, Vol. 1, 2004.

Tara Davenport, "The High Seas Freedom to Lay Submarine Cables and the Protection of the Marine Environment: Challenges in High Seas Governance", *Symposium on Governing High Sea Biodiversity*, Vol. 11, 2018.

Tundi Agardy, etc., "Mind the Gap: Addressing the Shortcomings of Marine Protected Areas through Large Scale Marine Spatial Planning", *Marine Policy*, Vol. 35, 2011.

T. Scovazzi, "The Declaration of a Sanctuary for the Protection of Marine Mammals in the Mediterranean", *International Journal of Marine and Coastal Law*, Vol. 8, 1993.

Vithanage, A. C., "Deep Dive into the High Seas: Harmonizing Regional Frameworks for Marine Protected Areas with the UNCLOS Convention on the Conservation and Sustainable Use of Marine Biological Diversity in Areas beyond National Jurisdiction", *Global Environmental Law Annual*, Vol. 7, 2020.

Wright, G. etc., "Advancing Marine Biodiversity Protection through Regional Fisheries Management: A Review of Bottom Fisheries Closures in Areas beyond National Jurisdiction", *Marine Policy*, Vol. 61, 2015.

Wilfried C. Jenks, "The Conflict of Law-making Treaties", *British Yearbook of International Law*, Vol. 30, 1953.

William D. Coplin, "International Law and Assumptions about the State System", *World Policy*, Vol. 17, 1965.

Yoshinobu Takei, "International Legal Responses to the Flag State in Breach of Its Duties: Possibilities for Other States to take Action against the Flag State", *Nordic Journal of International Law*, No. 82, 2013.